中国文物艺术品的鉴定与保护

李承先／著

新 华 出 版 社

图书在版编目 (CIP) 数据

中国文物艺术品的鉴定与保护 / 李承先著 . — 北京：新华出版社 , 2021.3

ISBN 978-7-5166-5698-3

Ⅰ . ①中… Ⅱ . ①李… Ⅲ . ①艺术品 – 历史文物 – 鉴定 – 中国②艺术品 – 历史文物 – 文物保护 – 中国 Ⅳ . ① K854.2 ② K87

中国版本图书馆 CIP 数据核字（2021）第 039277 号

中国文物艺术品的鉴定与保护

著　　者：李承先

责任编辑：蒋小云　　　　　　　　　　封面设计：马静静

出版发行：新华出版社

地　　址：北京石景山区京原路 8 号　　　邮　　编：100040

网　　址：http：//www.xinhuapub.com

经　　销：新华书店
　　　　　新华出版社天猫旗舰店、京东旗舰店及各大网店

购书热线：010-63077122　　　　中国新闻书店购书热线：010-63072012

照　　排：北京亚吉飞数码科技有限公司

印　　刷：三河市铭浩彩色印装有限公司

成品尺寸：170mm×240mm

印　　张：14.5　　　　　　　　　　字　　数：260 千字

版　　次：2021 年 8 月第一版　　　　印　　次：2021 年 8 月第一次印刷

书　　号：ISBN 978-7-5166-5698-3　　印　　数：1-3000

定　　价：70.00 元

前　言

　　文物是人类在历史发展过程中遗留下来的遗物、遗迹。各类文物从不同的侧面反映了各个历史时期人类的社会活动、社会关系、意识形态以及利用自然、改造自然和当时生态环境的状况，是人类宝贵的历史文化遗产。

　　随着我国社会的进步、经济的发展、物质文化生活水平的提高，人们对生活的追求多元化，爱好收藏文物的人日益增多。其中不仅有知识分子，同时还有工人、农民、军人及离退休干部职工等。收藏文物不仅可以丰富充实人们的业余文化生活，陶冶情操，启迪智慧，还能使人们从中学到各种历史和专业知识，给人们带来了情趣，使生命充满生机与活力。对于一些离退休的老年人来说，可以增加乐趣，延年益寿。在国外，收藏爱好文物的人就更多，特别是在欧美发达国家表现得更为突出。而要收藏，首先就要学会鉴定，或者懂得一些鉴定的知识。基于此，本书对文物艺术品的鉴定展开了分析。

　　中国作为历史悠久的文明古国，历史上遗留下来的文物异常丰富，但由于文物自身制成材料和时间的原因，这些文物大多遭到程度轻重不等的损坏，运用科学的技术方法对它们进行保护既是一项十分紧迫的任务，也是广大文物科技工作者义不容辞的责任。

　　文物是人类遗留下的具有历史、艺术等价值的文化遗物，它是人类社会历史发展的重要实物见证。由于历史文物种类繁多，数量很大，分布面广且十分珍贵，为了避免各种人为的和自然的破坏因素，也特别需要加强对文物的社会保护和科技保护工作。

　　文物保护工作的任务十分艰巨。多年来，广大文物工作者在很困难的条件下，做出了可贵的努力，取得了很大的成绩。但过去往往忙于完成各项具体任务，缺乏对工作经验的科学总结，已由实践证明的经验和教训，也未及时上升到理论的高度来进行说明。当前，随着国家建设事业的发展，又有不少新情况、新问题亟待研究解决和进行新的探索。基于此，本书也分析了文物的保护。

本书系综合性的研究著作,对文化鉴定与保护的论述既有理论分析,又有实践指导。本书前两章为理论内容的分析,后六章为各类文物艺术品鉴定与保护的实践性分析,内容广博,克服了单类文物鉴定书籍的缺陷。全书深入浅出,便于理解。

由于文物保护技术覆盖范围特别广,涉及内容又特别多;加之作者学术水平有限,经验不足,书中肯定存在着不妥之处,敬请广大读者批评指正。

文物是艺术家取之不尽、用之不竭的艺术资源宝库,我们一定要善于利用这笔宝贵的遗产,推陈出新,创造出既具有中国气派、中国风格,又能体现现代生活气息的艺术精品。

作　者

2020 年 12 月

目 录 ◀◀◀

绪　论　文物艺术

一、文物的概念

文物,顾名思义即文化遗物。它首先是古代人们创造的文化遗物,是人类物质文明和精神文明发展史的遗迹。文物被用来研究人类历史及其发展规律,有其特定的科学价值。文物作为以往人类社会的物质资料,它包括存在于社会上和埋藏在地下的历史文化遗物。作为人类社会物质文明和精神文明历史的遗物,它的内容是十分庞杂的。研究文物的科学门类很多,最主要的是考古学。

目前,各个国家对文物的称谓并不一致,其所指含义和范围也不尽相同,因而国际上迄今尚未形成一个对文物共同确认的统一定义。

在中国,“文物”二字联系在一起使用,始见于《左传》。《左传·桓公二年》记载:“夫德,俭而有度登降有数,文、物以纪之,声、明以发之,以临照百官。百官于是乎戒惧,而不敢易纪律。”之后,《后汉书·南匈奴传》有:“制衣裳,备文物。”以上所说的“文、物”原是指当时的礼乐典章制度,与现代所指文物的含义不同。到唐代,骆宾王诗:“文物俄迁谢,英灵有盛衰”;杜牧诗:“六朝文物草连天,天淡云闲今古同”。这里所指的“文物”即是前代遗物,其含义已接近于现代所指文物的含义。

北宋中期(11世纪),以青铜器、石刻为主要研究对象的金石学兴起,以后又逐渐扩大到研究其他各种古代器物,把这些器物统称为“古器物”或“古物”。

对于前朝遗物,明代和清初比较普遍使用的名称是“古董”或“骨董”。到清朝乾隆年间(18世纪)又开始使用“古玩”一词。这些不同名称的含义基本相同,但在很多场合,古董、骨董和古玩是指书画、碑帖以外的古器物。

中国社会科学院语言研究所词典编辑室编的《现代汉语词典》中,称文物是:“历史遗留下来的在文化发展史上有价值的东西,如建筑、碑刻、工具、武器、生活器皿和各种艺术品。

《辞海》对文物的解释是："遗存在社会上或埋藏在地下的历史文化遗物,一般包括:(1)与重大历史事件、革命运动和重要人物有关的、具有纪念意义和历史价值的建筑物、遗址、纪念物等;(2)具有历史、艺术、科学价值的古文化遗址、古墓葬、古建筑、石窟寺、石刻等;(3)各时代有价值的艺术品、工艺美术品;(4)革命文献资料以及具有历史、艺术和科学价值的古旧图书资料;(5)反映各时代社会制度、社会生产、社会生活的代表性实物;(6)反革命的历史罪证。"现在看来,这六条中除(6)外,其余(1)至(5)均属于1961年国务院公布的《文物保护管理暂行条例》第二条规定的关于保护文物的范围。

世界上不同国家或组织对文物的称谓也不一致。日本国称"文化财",联合国教科文组织等叫"文化遗产"或"文化财产"。联合国教科文组织1970年11月14日于巴黎通过的《关于禁止和防止非法进口、出口及转移文物所有权公约》写道:"文物"这个词只表示对于考古、史前史、历史、文学、艺术或科学等方面具有重要意义的文化财产。

由此看来,文物是指历史上的物质文明和精神文明的遗物。它具有历史、艺术、科学价值,是重要的文化遗产。

各类文物从不同的侧面、不同的角度反映了特定历史时期人类的社会活动、社会关系、意识形态,以及利用自然、改造自然和当时生态环境的状况,是人类宝贵的历史文化遗产。因此,加强对文物的保护、管理及科学研究,对于人类认识自己的发展历史,揭示社会发展的客观规律,认识并促进当代和未来社会的发展,具有极为重要的意义。

从文物的基本特征来看,它具有两个特点:第一,必须是由人类创造的,或者是与人类活动有关的;第二,必须是已经成为历史的过去,不可能再重新创造的。

从文物的属性来看,它具有以下六个特性:(1)物质性;(2)时代性;(3)不可再生性;(4)不可替代性;(5)客观性;(6)永续性。

二、文物的分类

由于文物所包含的内容甚广,而且研究文物的科学门类较多,所以也就难以形成一种固定的分类法,往往是人们根据对文物收藏、管理、研究、展览、出版、销售等不同的需要,采取相应的分类方法。常见的是断代分类法、专题分类法和地域分类法。

文物内容极为广泛,此书所研究的只是具有艺术价值的文物,就是说在造型上、色彩上、装饰上具有审美意义,能够给人们以美的享受的古人遗物。当然在文物的海洋中,并非所有文物都具有艺术价值。本书着重介绍具有一定艺术价值的文物,也就是具有某种造型艺术特征、有相应的审美意义的文物。

文物的研究工作必须结合有关学科,有些学科就是文物研究的分支。所以按专题分类是常见的分类法,如:彩陶、历代陶瓷、青铜器、古钱、铜镜、铜鼓、金文、碑刻、古建筑、寺庙、石窟石刻、墓室、瓦当、印玺、封泥、兵器、玉器、丝绸、壁画、帛画、漆器等。

文物收藏、研究、陈列单位往往是综合运用几种分类法。特别是陈列文物进行展览时,多以断代为纲,时代以下再划分专题。

我们从旅游和鉴赏的角度来研究文物,不必划分得十分详细。总的来看不外以下三大方面。

(1)遗址、建筑物:属于遗址、建筑的有远古文化遗存、墓葬、石窟寺、宫殿、寺观、桥梁、古塔、石刻等(图1-1)。作为文物的古建筑,一般同重大历史事件、革命运动、重要人物有关,因而这些建筑具有特定的纪念意义和历史价值。另一类建筑是有科学、艺术价值的建筑物或建筑群(包括附属建筑物和装饰)。

图1-1 甘肃敦煌莫高窟 [1]

---

[1] 图片来源:http://www.mafengwo.cn/gonglve/ziyouxing/258856.html?cid=1010616

（2）反映各时代社会制度、社会生产、社会生活的代表性物品：这方面的实物不胜枚举，如礼、乐、刑、衡器，衣、食、住、行方面的遗物，还有工、农、商、战方面的遗物，这类遗物最丰富，因而也最生动，往往是旅游者最感兴趣的东西。

（3）具有历史、艺术、科学价值的古代字画、图书、文献资料：这类文物包括不同阶级、不同社会集团、党派对内对外活动的文书档案。它是社会变革、历史前进中各个侧面的见证，是研究历史发展规律的第一手资料。

文物，是人类在自身发展过程中遗留下来的遗物或遗迹。从时间上分类，文物有古代的、近代的和当代的；从空间上分类，文物有地上的、出土的和传世的；从管理上分类，文物有可移动的和不可移动的两大类。

不可移动文物包括古遗址、古墓葬、古建筑、石窟寺及石刻、近现代重要史迹、近现代典型建筑等；可移动文物包括古器物、古文献、古书画等。

在上述各类文物中，有的又分为若干小类，如古器物即按照文物质地分为青铜器、玉器、铁器、陶器、瓷器等，也可以根据不同的功能和属性进行分类。

目前，有的文物科学研究已经发展成为专门的学科，如钱币学、铭刻学等。今后，随着科学研究的深入和发展，有些类别的文物还将会形成一些新的专门学科。

三、文物的价值

文物收藏要注重其历史价值、艺术价值和经济价值。历史价值是文物收藏的首选，可以这样讲，收藏品的传承，使后人能看到几百年、几千年甚至是上万年前人类智慧的结晶，历史就是通过收藏而被人们所认识的。试想，如果没有先民们遗留下来的打制粗糙的石器，我们怎能将约距今三百万年前至距今约一万年前的时间断定为石器时代？文物的历史价值不仅可以使我们了解先民的生产生活情况，而且也直接或间接地反映了一定历史时期的社会意识形态，如通过古印的收藏，对探索中国文字的起源和发展变化具有很大帮助，官印反映了历代职官制度及政治史，从私印中则可窥出民族学、姓氏学、甚至家族学、谱牒学研究的有价值的信息。文物所体现的历史价值丝毫不逊于翔实可信的历史文献。

文物的艺术价值并不单纯是华丽的外表和精美的造型等外在的表现形式，它与历史价值是不可分割的，如商代的青铜器，造型凝重优美，装饰精致细腻，给人以震撼的艺术美感。透过这些外在的表现形式，我们可以探知商代青铜的冶炼及铸造工艺,了解商代的社会风俗。又如古代书画作品不仅仅反映了画家本人的艺术造诣,而且也反映了某一历史时期的社会风俗等方面的信息。所以,艺术价值是伴随着历史价值而存在的,单纯艺术价值的器物是不会有长久生命力的。

文物的经济价值取决于历史价值和艺术价值。私有财产和贸易活动出现以后,文物收藏成为经济积累、保值和增值的重要手段。货币,特别是贵金属货币和手工业的发展使金钱、珍宝、精美手工艺品及其他文物的收藏成为财富的代名词。现代社会则更重视文物的保值和增值作用,货币可能贬值,而珍贵的收藏品的价值却与日俱增。如翡翠,从人们认识它的那一天起,其价格就没有降过,而且上升的空间仍很大。而那些不可再生性文物所浓缩的巨额价值,使收藏成为一种重要的投资,而且能赚取远远高于股票的丰厚收益。如要达到保值增值的目的,收藏品必须具备历史价值和艺术价值,如果没有了上述两种价值,便不是文物,而又不具备使用价值,那它就是垃圾。

第一章　文物鉴定与保护的理论分析

　　所谓文物鉴定，就是确定文物的年代、真伪和价值的一种活动。文物鉴定首先需要进行的是断代和辨伪，如果文物的时代不明、真伪莫辨，就无从确定文物的价值。只有在断代、辨伪的基础上，才能通过科学研究，不断深化对文物价值的认识。同时，文物不仅记载了一个国家的历史和文化，而且表明了一个民族的身份和个性，划定了它们在人类文明中的位置。这就要求我们对它进行保护。

第一节　文物鉴定的渊源

　　文物是一定历史背景下的产物，是还原历史真实而形象的见证物，具有不可再生性。文物鉴定就是指运用科学的方法分析、判定、诠释文物的年代、质地、价值、用途以及文物的真伪，为文物研究和其他学科利用文物研究历史或专门史提供可靠的资料，也为文物保管提供科学依据。同时，文物鉴定是建立在对文物的研究基础上的，所以，文物鉴定本身也是一门专门学问，是文物学的重要分支学科之一。

　　在人类历史斗转星移的漫长岁月里，一些文物的原貌被掩盖，人们对它难以判断真假。此外，不同时代的人们出于种种目的，制作了不少文物复制品或伪品，在我们所遇到的"文物"中往往真真假假、鱼目混珠。因此，收藏文物之前，首要任务就是鉴定。

一、文物鉴定的起源

　　一般地说，我国文物鉴定始于春秋时期。根据《韩非子·说林下》载："齐伐鲁，索谗鼎，鲁以其雁往。"齐人曰："雁也。"鲁人曰："真也。"清代黄生《义府》卷下载："雁当读伪，古字音近而借用。古伪读作讹。古之所之雁，即今之所之鹅，疑古雁正作鹅音，则雁、伪之声，可通转矣。"由此可知，雁鼎即伪鼎。今称伪造的文物为"赝品"，即源于此。

从文献记载看，今天所说的文物鉴定始于春秋末期，其代表人物是孔子。《国语·鲁语下》载有孔子鉴定西周时期东北地区的古代民族"肃慎"所贡"楛矢石磬"的故事。说明最早的文物鉴定不只是辨伪，还有考证。

韩非在入秦路上，对所见历史遗物，从纹饰和制作方面进行鉴定。他说的大禹祭器，正是古代的彩绘漆器，殷人用的雕琢食器和镂刻的酒器，正是古代铜簋和铜觚之类的铜器。根据器物的纹饰和制作特点给文物断代，以战国时期的《韩非子》为最早。

二、文物鉴定的形成

汉代史学家司马迁非常注重文物研究，许慎在编写《说文解字》时，同样注意研究古代的青铜器铭文。汉代对青铜器铭文的鉴定，诱发了金石学的萌芽。两宋时期的史学研究成就，在我国史学史上是突出的。金石学作为历史学的一个分支，得到空前发展，逐步形成了一支专业鉴定队伍。

北宋学者吕大临是宫廷中的专职文物保管员，也是宋代著名的文物鉴赏家。他编辑的《考古图》（十卷）收录铜器210件、玉器13件。此书将器物按时代排队，同时代的按形制分类，每物绘图，再摹铭文，并附释文和实测文物的有关数据，记有出土地点、收藏者及考证鉴定的意见。吕大临认为，文物本身和它的铭文可以"证经补史"，著录以后，可公布于世，供人们研究。从此，文物鉴定与学术研究融合在一起，这在宋代以前是没有的。这种著录在文物鉴定史上是一种创举，为后世文物研究开了先河。

南宋赵希鹄的《洞天清录》，是一部以文物鉴赏为主要内容的杂著。从记载看，宋代作伪主要是铜器和字画两大类。《洞天清录》对铜器的鉴定比较全面，包括锈色、气味、声音、铭文、款识等项目，对字画的鉴定已从纸张、墨迹等多方面入手。《洞天清录》作为我国第一部以辨伪为主要内容的文物鉴赏著作，在文物鉴定史上占有一定的地位。

三、文物鉴定的发展

由于南宋理学的影响，使明代思想领域陷于僵化，金石学发展缓慢。为了牟利赚钱，社会上文物复制品大量出现，因此，文物鉴定的侧重点由金石研究转为文物辨伪。如明朝洪武时期曹昭著《格古要论》，将文物分为13门，从文物概述到作伪的方法及真伪识别，都有所论述。这是我国

第一部全面关于文物的专著。后有王佐增补成《新增格古要论》，全书13卷，鉴定项目40多个。《格古要论》著作的问世，标志着明代文物鉴定已由金石学范畴发展到古器物学范畴。《格古要论》之后，有高濂的《遵生八笺》，其中《燕闲清赏》篇是文物鉴定的专论。它涵盖面很广，在书画、铜器的鉴定中，许多地方对《格古要论》作了纠正和补充。特别值得注意的是他确定铜器辨伪的两条原则。

（1）残器修复不算伪品："三代秦汉时物，或落一足，或伤器体，一孔一缺者"修配后，"此非伪造"。这就是现今所说的"十铜九补"。

（2）真品的残件拼成一个新物，应属伪品："屑凑旧器破败者，件件皆古，唯做手乃新，谓之改锹"；"其伪法以古壶盖作肚……以旧鼎耳作耳，造成一炉，谓非真正物也"。这就是现今所指的"插篷车"。

清朝对知识分子的思想禁锢十分严厉，许多文人为了避祸致力于经学研究，在考订古代的器物时，需要金石学。到了乾隆、嘉庆时期，清朝的统治更加稳定，考据之风大盛，并且发展成为一种专门的学问。乾隆时，梁诗正奉命将宫廷所藏古铜器编成《西清古鉴》《宁寿鉴古》。嘉庆时，阮元著的《积古斋钟鼎彝器款识》，专录铜器铭文。在朝廷的提倡下，金石学的研究蔚然成风，所以伪造器物款识是清朝铜器作伪的一个突出标志。由于金石学日盛，文物造假成风，清政府开始大力提倡文物鉴定。在《四库全书总目》中，从宋、元、明到清代中叶以前，关于金石学论著共收入58种。在学术研究的基础上，清代的文物鉴定逐步发展成一套比较完整的体系，文物鉴定已做到分类鉴定，鉴定专著多达几十部。

民国以后的文物鉴定，其方法比清朝有所发展，水平也有所提高。1914年，北洋政府在故宫成立"古物陈列所"，首设"鉴定委员会"，内分书画、陶瓷、金石、杂品四组，每逢星期六，有两组进行鉴定，并制定《鉴定古物细则》共八条。其中第三条规定："鉴定各物，分别真伪，其可疑者另列一项，本会备有印鉴签条，鉴定后即填明真、伪、疑字样，粘贴其物之上。"1925年，故宫博物院成立，设"古物审查会"，负责鉴定真伪、划分等级。"古物审查会"内分铜器、瓷器、书画三组，每周定期工作若干次。

民国时期，随着我国报刊业的发展，文物鉴定的专论不断刊登，研究文物的专著纷纷出版。如黄峻的《尊古斋所见吉金图》《古玉图录》《尊古斋陶佛留真》等。

四、文物鉴定的高峰

当今社会，随着史学研究的深入和文物事业的快速发展，人们对文物价值的认识越来越高,文物鉴定的内容也越来越广泛,鉴定技术更科学。现代科学技术高速发展,文物鉴定不仅限于宏观考察,通过人体的感官辨伪、断代及考证,而且采用高科技。如用古磁法鉴定人类化石的年代;用热释光检查陶瓷的年代;用光谱分析、比较文物的化学成分;用电子显微镜和金相显微镜鉴定文物的质地、结构;用 X 射线探伤的办法,检定金属文物的残缺和修复;采用红外线照相显示反差极小的画面、痕迹和墨迹;等等。

第二节　文物鉴定的原则与标准

　　1957 年 2 月 3 日文化部颁发的《文物藏品定级标准》规定,我国博物馆文物藏品依据其价值分别定为一、二、三级藏品。一级藏品为具有特别重要价值的代表性文物,即珍贵藏品;二级藏品为具有重要价值的文物,即重要藏品;三级藏品为具有一定价值的文物,即一般藏品。

　　这些规定综合了各种类别的文物,综合了文物具有的各种价值,但这只是一个总的原则,对于一件具体的器物来说,还有更加具体的要求。例如:古代陶器,定为一级藏品,必须要求时代确切,质地优良,保存完整,遗存稀少,而且在艺术上和工艺上有特色或有重要研究价值。如果是出土文物,必须有明确的出土地点、款识或其他重要特征,以此能作为断代标准器物。当然,某件器物虽然不能在全国性同类文物中起很突出的作用,但是有明显的地方特点,能够反映一个地区或作坊的文化类型的代表器物,它应视为珍贵文物藏品。如新石器时代马家窑文代的代表性陶器作品“人首彩陶瓶”,它反映了这一时期特定文化区域的最高雕塑和绘画工艺水平,是典型器物,应定为一级藏品。又如明代唐卡,传世较少,制作精美,是明代藏传佛教唐卡制造水平的代表,可以定为一级藏品。再如历代瓷器中,时代确切,遗存稀少,在艺术和工艺上有重要研究价值的文物,或有年款或有确切出土地点可作为断定同时代器物的标准器物的,应作为一级藏品收存,如明代中期正统、景泰、天顺的官窑瓷器,很少见到底款,人们一般将其称为“空白期”,当发现有年款或有明确出土依据的这一时期完整、精美的瓷器,自然会十分珍爱。同时对瓷器造型、纹饰、釉色等方面能反映时代独特风格的典型器物,以及在文献记载中著名窑口的瓷器,如宋代哥窑、官窑、钧窑、定窑的作品和历代著名瓷窑的代表作,目前发现的末代著名窑口的完整器物能代表这一窑口的最高水平的器物,都应定为一级藏品。宜兴紫砂陶器在明代有许多著名制作艺匠,如时大彬等,一经鉴定确认是他的代表作,就能定为一级藏品。这是在参照了国家文物藏品定级标准后对具体器物的举例说明,在后面有关章节中还要具体详细加以分析。

二级藏品是上述文物中较一级藏品略差的部分,这些文物也称作重要藏品。在国家文物收藏单位中一、二级藏品仅占全部藏品的较少部分,最多的是三级藏品,从文物价值来看,较为一般,因此称作一般藏品。这一部分文物,比流散在外,甚至文物商店对外出售的文物更有价值。在是否收藏的取舍问题上,一定要严格把关,使博物馆文物藏品的质量始终保持在较高的水平上。

对于私人收藏家来说,在收集文物问题上就没有上述的界限了,收藏范围相对要宽泛,数额也不受任何限制,但仍可以将博物馆文物定级标准作为衡量自己收藏文物价值高低的依据,以此来确定档次,指导征集。

文物鉴定虽然不是无法做到的事情,但是绝非任何人都可以承担。作为文物鉴定人员必须具备一定的条件,应考虑如下几个方面:

首先,文物鉴定人员必须树立历史唯物主义的正确观点并通晓历史知识,如果连起码的历史知识都不具备,就根本谈不上对文物的了解了。历史发展的每一阶段都有一定的政治、经济、军事、文化等不同背景,一定的历史环境只能产生与此相应的文化。没有对历史的全面了解,就很难分析出当时的社会风貌;不抓住时代的特点,文物的鉴定就会不准确,失去依据。当然,这里必须强调的是正确的观点和方法,历史唯物主义的分析和研究方法是我们判断文物价值的指南。

其次,懂得历史未必就懂得文物的鉴定。文物是一种物质遗存,它可以起到证史的作用。从历史文献得来的历史知识虽然对了解文物有很大作用,但是仍有不足。例如:要了解古代陶器,除了历史知识外,还要掌握陶器制作工艺,了解我国陶器分布情况,会分辨陶质,了解各时代纹饰变化规律,了解陶器作伪的各种手段等。分析古代书画作品也需要在了解历史知识外,对历代人物的头饰、服饰变化有准确认识,要会分析历代纸质变化、用墨特点及装饰材质的区别,还要熟悉历代用印状况,尤其需要掌握书法知识,能通识各种字体,精通古文,也就是说,在进行文物鉴定工作中需要掌握多方面的知识。

最后,对于鉴定工作者来说,既然要具备多种知识,就要在实践中不断丰富自己,要多学、多问、多看,在有条件的时候,要多接触实物。俗话说"熟能生巧"。东西看多了,就可以从细微变化中寻出规律性的东西来。因为有些文物真伪区别,不容易一眼看出。专家们在总结实际经验时常常感到,有些问题眼力很重要,但只能意会,很难言传,只有看多了,才能悟出门道。例如:各代瓷器的釉色变化很大,同种釉色不尽相同,很难用一两句话讲清,如果不常见真器,就难以分辨,所以多看是相当重要的。博物馆的陈列展览是最有益的课堂,经常观赏文物展览,不仅能陶冶人们的情趣,而且能不断丰富自己对文物的认识。希望更多的人们能进入这展示古代文明的艺术殿堂,去领略丰富多彩的古代世界。

第三节 文物鉴定的一般规律

自唐、宋以来,历史上仿制、伪造古物的风气日盛一日,甚至近代一些文物作伪水平几乎达到以假乱真、真假难辨的程度,这就需要我们根据器物外形和内涵,从质地、铭文、造型、纹饰、工艺技术作品风格诸方面认真加以综合分析,以便做出准确判断。今天,科技水平的提高使我们有可能对文物通过先进科学仪器的测试,判断其真伪。采用现代科学仪器测试与传统经验判断相结合的方法,是文物鉴定学的发展方向。当然两者的结合绝不是顾此失彼。因为传统方式虽然有时会出现疏漏或误断,但是有一些技术性的问题并不是现代科学仪器完全能够取代的。例如:明代书画大家董其昌的书画,有的是他的学生所作,代为应酬,他甚至还在这样的画上题字铃章。至于画的作者是谁,从纸的质地和年代来说用科学检测、光谱分析都无法加以解决,只能通过一些专家学者根据对董其昌画风、画法的认识、理解加以辨别。

鉴定一件文物的真伪,主要掌握文物的时代风格和特点。每一个历史时代都有它特定的环境,不同的历史环境规定了那一时代的风俗习惯、礼仪规范、人们特有的心理素质,加上那一时代生产力的发展水平、制作技术水平,这就使我们在判断时有了重要的参考依据。凡符合这些时代特征的文物,一般就可以断定它的真实可靠性。同样,不符合时代特征的文物则是赝品。即使有些伪作是参照了那一时代的真品仿制的,也因品味不到那件文物的内涵底蕴,从风格到形制上显得笨拙、生涩,甚至画蛇添足,弄巧成拙,颇似东施效颦。例如:宋代铜器中仿殷周青铜器者颇多,由于制作技术高于殷周时期,所以制作时往往过于纤细精巧,在纹饰上多镶金、银细线,耳足呈异状,纹饰呆板,虽精美有余,但失于古朴。玉璧历代均有发现,有的玉璧正面仿成周代蒲纹、云纹等式样,但背面又琢磨出八卦图形,从而显露出明代崇尚道教的风格。

当然,历史上的仿品、伪品和作伪应有一定的区分,不可一概而论。仿品作为后代的仿制品有一个质量优劣、时代早晚的问题需要具体分析。如上述所讲宋代的青铜仿制品在制作上是相当精巧的,而且流传至今有千百年历史。它体现了宋代青铜业的制造水平,应当说是十分难得的文物,保存它具有一定价值。因此,不能简单地因为它是仿品就认为没有留存价值。晋代大书法家王羲之的真迹至今十分罕见,因此,各代的摹本就显得十分珍贵。即使不是真迹,但后人能从真迹的临摹、勾填本中见到他的书法风姿,这是十分难得的。目前故宫博物院珍藏的唐代神龙本《兰亭集序》、天津艺术博物馆藏宋代摹本《寒切帖》等均被我们视为国宝。这些仿品、摹本与低质伪劣的赝品当然不能相提并论。目前流传的清代至民国时期伪作字画,如河南片子、苏州片子等,确无保留价值,博物馆中的业务人员应当将此类作品剔除,个人收藏者也无须将其珍藏。它只能使我们的文物水平降低,造成不应有的混乱。如果将其在文物市场上转卖,则遗祸无穷。

辨别文物真伪,可以从文物的制作水平、质地、铭文、器形、纹饰等体察出历史的风貌,这也是鉴定的主要依据。制作水平的高低是由历史上生产力发展水平所决定的,人们不可能在生产力水平达不到的情况下去制作超出历史限定的作品。当然也不排除目前考古发现及文献记载中尚为不知的情况。我们不应该把不知道的东西当作绝对不可能的事情而加以否定,例如:我国新石器时代北方红山文化,近年来出土了大量生动的动物造型玉雕工艺品。长江下游的良渚文化发现了许多精致的玉琮、玉璧等祭物。这些玉器的打磨和雕刻都是在没有出现金属工具的历史条件下完成的,十分令人惊讶,考古的科学发掘提供了可靠的年代证据,毋庸置疑。过去的一些研究者在没有考古发现为佐证的情况下,对传世的许多新石器时代玉雕艺术品感到不可思议,从而断定它们是后世作品,断代时将其制作年代下延了上千年,甚至个别的还定为伪品。通过科学的论证,今天人们改变了认识,并开始研究在远古时期先人是怎样将玉石原料剖开,打磨雕刻成如此完美的艺术品的,从而推动了科学研究的深入。当然,在一般情况下,生产力水平的高下是不能忽视的。如瓷器的施釉方法,随着工艺水平的提高,从素釉、刻花、青花到粉彩、斗彩、珐琅彩的相继出现,总是有一个发展的过程。目前认为青花瓷出现于唐、宋时期,但这时绝不会出现斗彩瓷器,因为制造水平不可能达到,这也是判断其时代及真伪的一项标准。

同样,考察文物的质地是人们研究文物真伪及断定年代的重要方法。任何一件文物的质地都会从一个侧面体现出一个时代的政治、经济、地域的特殊情况。青铜器最早出现于新石器时代的马家窑文化，一般情况下，青铜器的年限不会早于马家窑文化，这是人们的共识。

玉器质地有很大差异，由于产地不同，质料不同，在远古时代由于交通不便，人们只能就近取材，即使出现简单的交换，也不会在地域上相距很远。新石器时代玉器的质地大都为青玉，如果在内地发现新疆和阗玉雕刻的玉器，那就让人费解了，因此，它的可靠性就值得研究。当然有些问题的学术探讨工作仍在深入，一时还无法有一个圆满的解释。如商代妇好墓中出土的玉器，一些专家认为大多是新疆和阗玉质，而少量是河南本地的南阳玉。这种情况是否准确，则需要进一步考证。一个时代有它的特定风尚。清代乾隆朝御用品中的玉器一般喜欢用和阗玉。目前仿制、伪造乾隆御题的玉器较多，单从质地上分析，许多玉质不好，无疑应被视为伪品。文物造型千姿百态，不同时代应有其特定的要求。器形的变化为我们提供了鉴定文物的依据。青铜时代铜器类型相当多，但由于时代不同，风尚不同，变化自然很大。商代崇尚酒器，青铜器中爵最为常见。从河南二里头出土的夏代铜爵开始，至商代盛行，至西周后逐渐消失，这可以作为我们断代的一个重要线索。考古发现使我们形成了一种鉴定文物的规律性方法，人们把它称为"器物排队"。同一种器物，不同时期有不同的局部变化，而这些变化就能体现出时间的早晚，这在我们鉴定工作中是常常用到的。许多文物周身装饰美丽的纹饰，或铸刻了铭文，这对文物辨伪工作也是一个十分重要的参考依据。纹饰的变化最能体现出时代风尚，人们在一定历史时期崇尚和喜爱什么样的纹饰，这已经被千百年来的研究者所反复推敲，大体有定论，这和人们的服饰、饮食等文化现象一样，也是有一定规律可循的。铭文的铸刻不仅内容不同，而且字体有变化。例如：青铜器的作伪手段中有一种填补法，即将文物真品的残件相互拼接、修补，使其浑然一体，然后再经过上锈，甚至土埋，达到理想效果，乍一看，很有味道，但仔细琢磨，不同时代纹饰和铭文的拼接现象就会暴露出来。如某博物馆曾藏有一件青铜瓿，从器形看应是商代器物，周身锈斑，不易觉察拼接痕迹。但器身有一部分纹饰不清，仔细分辨与其他部位纹饰有出入，后经研究，小心地加以清洗处理，假锈剥落，终于现出原形。因此，一件器物的综合分析是十分重要的。当然，文物的辨伪和鉴定是一件十分复杂的工作，需要我们掌握多方面的知识和技能。这项工作并非玄而又玄、无法学通，只要我们不断实践，勤于学习，还是能够较好地掌握要领，完成这项工作。

第四节 文物保护的理论

一、文物保护工作的社会功能

《文物保护法》指出,保护文物的目的是为了有利于开展科学研究工作,继承我国优秀的历史文化遗产,进行爱国主义和革命传统教育,建设社会主义精神文明。这就明确指出了文物保护工作所体现的社会功能。

(一)为科学研究提供实物资料

研究历史,除运用文献资料外,还必须充分利用文物资料。文物的重要特点,是具有真实性和形象性,因而它能如实地反映其时代的某些侧面,为人们提供多方面的历史信息,我们可以通过文物,形象地复原当时的社会状况。这些都是任何史料所不能取代的。因为历史文献常因残缺、讹载和阶级局限性等原因而失去其真实性,且历史文献不能反映史前文化,文物则在这方面弥补了历史文献可能存在的简、偏、误和未能记载等缺陷。因此,发掘文物,修复已被损坏的文物,保护好文物,使现有文物保持原貌,符合历史的真实,这是文物保护在历史科学研究工作中所具有的特殊功能。

(二)继承优秀的文化遗产

古代文物是珍贵历史文化遗产的重要组成部分。建设现代文明需要在继承古代优秀文化的基础上发展。例如,我们保护一座庙宇是因为它有历史文化、建筑科学、建筑艺术、建筑美学等方面的价值;对于其中的塑像等文物,则是从史料及雕塑艺术的角度加以保护,而不是为了保护其有害的内容。

例如,甘肃省歌舞团对敦煌壁画进行了深入研究,吸取其艺术精华,经过再创造,创作出舞剧《丝路花雨》,受到国内外观众的好评。

历史文物还可以为物质文明提供有益的借鉴。如我国河北省赵县安济桥,是一千三百多年前隋代工匠李春修造的。安济桥"敞肩"型式的结构设计,不仅为后世的石拱桥普遍继承,而且也为现代的钢筋混凝土桥梁所广泛应用。又如举世闻名的秦始皇兵马俑遗址出土了大量的兵器,它们在地下沉睡了两千多年,发掘出的物件其腐蚀深度还不足 1000A (110cm),机械性能至今完好。这批宝贵的历史遗物,为现代科学技术研究提供了非常有价值的实物。现代物理化学分析方法(金相分析、电子探针和质子 X 荧光分析)证实,兵器表面有一层氧化膜,其中含铬 2%。正是这层含铬的氧化膜,起着防锈作用。大量的研究证明这完全是一种有意识的行为,说明当时已经掌握了实用防锈技术。兵器经历二千多年不锈不朽,这在世界冶金史上都是奇迹。这种先进的科学成果,早已失传,但在出土文物中又重新出现。大量事实说明,古代文物是科学文化遗产的宝贵财富,是进行现代科学技术研究的宝贵物料。

（三）进行爱国主义和革命传统教育的好教材

我国历史文物、名胜古迹和革命文物、革命圣地遍布全国,十分丰富。我国文物体现了中华民族在长期的斗争中形成的共同的思想感情和心理素质。例如,一讲到长城、运河、丝绸之路、四大发明等,凡是炎黄子孙,都会感到骄傲和自豪。文物是一个国家和民族历史发展的无可替代的实物见证,可以潜移默化地、深刻地影响和培养人们的爱国主义感情,成为团结全体人民的自聚力量。

由上述可知:文物是我们祖先在长期生活和斗争实践中遗留下来的科学遗产和文化遗产,是我们研究人类历史、文化、艺术和古代技术发展的实物资料;是进行爱国主义和革命传统教育、建设现代文明的重要教材。保护文物是为了充分发挥文物的社会功能,因而,文物管理和文物保护也就是我们进行文化建设的一个重要的组成部分。

二、我国的文物保护

进入 21 世纪,面对瞬息万变的经济社会发展形势,体验思想文化领域各种思潮的相互激荡,人们不断总结文化遗产保护工作实践的成果,保护文化遗产的概念不断扩大、理念不断深化。今天,文化遗产保护已不再是单纯的物质文化遗产的保护,而是更多地立足于对自然生态环境、历史变迁轨迹、人的内心世界的尊重。因此,重新认识人类社会复合系统中的现有资源,不断丰富文化遗产的内涵和外延,是新的时代文化遗产保护的重要任务所在,也是我国几代文化遗产保护工作者的夙愿。

（一）早期文物保护理念的形成

我国素有保护古代遗物的悠久传统，正像商周时期的青铜器上常见铭文"子子孙孙永保用"所表达的理念，人们在祈愿江山社稷世代相传的同时，对前朝的珍贵器物，也有了妥善保存、永续利用的愿望。商周时期，皇室、贵族宗庙内"多名器重宝"，保存着为数不少的青铜器、玉器以及其他前朝的遗物。汉代皇室收藏亦十分丰富，"创置秘阁，以聚图书"，其中既有典籍，也有绘画。但是，长期以来统治阶层只是将这些器物看作赋予其政权合法性的某种依据，或仅为满足个人私好。唐代文化鼎盛，从此时的诗句"每著新衣看药灶，多收古器在书楼"（张籍《赠王秘书》）、"唯爱图书兼古器，在官犹自未离贫"（朱庆馀《寄刘少府》）中可以看出，当时文人雅士热衷于收藏和鉴赏前朝器物。宋代文化再兴，被视为中国考古学前身的金石学，即形成于北宋时期，主要是以青铜器和石刻为主要对象，进行比较系统的分类著录并加以考证和研究。北宋曾巩的《金石录》最早使用"金石"一词，之后，吕大临的《考古图》及《释文》是现存最早而较有系统的古代器物图录；赵明诚的《金石录》著录金石拓本已多达两千种。至南宋，无论是钱币、玺印、铜镜、还是画像石、砖瓦等物均有著录。于是，金石学开始在我国成为专门之学，为研究五代以前，尤其是研究商周秦汉史，提供了宝贵的资料。

在我国，20世纪初通过对古代遗存发掘和研究，重建古代历史的现代考古学出现，才带来了现代意义上的"文物"的概念，古代遗存的文化内涵和价值通过考古研究得以不断揭示。这一概念的转变，改变了人们对待古代遗存的思维习惯和行为方式，对待古代遗存价值的认识也更多地从"物质"转到了"文化"。但是，以上无论是古代文献中所称"古物"还是民间所称"古董"或"古玩"以及现代意义上的"文物"，尽管名称不同，含义基本相同，即主要是指可移动的古代器物。

与金石学研究已有上千年的悠久历史相比，我国古代虽有宋《营造法式》和清工部《工程做法则例》等研究成果，但古代建筑则往往被视为工匠之作，长期以来未能纳入保护之列。当然，我国的传统建筑多为砖木结构，不易长期保存，但是造成它们所剩无几的原因，却多与人祸有关。回顾漫长的古代历史，除了个别王朝在改朝换代之时对前朝的宫殿加以利用之外，大多数的朝代或是将前朝的宫殿付之一炬，或是有意加以拆毁。在历史上许多古代著名的寺观、坛庙建筑，也被人们以重建殿宇、再塑金身的名义，改造得面目全非，甚至推倒重来，使一些古代建筑、塑像、壁画等珍贵文物的历史、艺术价值破坏殆尽。

1860 年英法联军侵入北京,火烧圆明园,更是犯下了滔天罪行。如此结果,造成我国早期的古代建筑数量很少,例如我国现存最早的古代建筑仅是为数不多的汉代石阙;最早的完整的木构建筑仅有唐朝的南禅寺和佛光寺大殿;明朝时期的成片传统民居也已经难以寻觅。我国古代建筑保护的这一状况,与我国悠久的古代文明史极不相称,相对于其他一些文明古国中保留至今的文物建筑和历史街区而言,存在较大差距。

我国在政府层面开始重视文物古迹的保护至今已有百年以上的历史。光绪三十二年(1906 年),清廷设民政部,拟定《保存古物推广办法》,通令各省执行。"早在清光绪十四年(1908 年)颁布的《城镇乡地方自治章程》中,就将'保存古迹'与'救贫事业、贫民工艺、救生会、救火会'一道作为'城镇乡之善举',列为城镇乡的'自治事宜'。这也许才是我国最早涉及保存古迹的法律文件。"[1] 宣统元年(1909 年),清廷又组织官员学者调查国内碑碣、造像、绘画、陵墓、庙宇等文物古迹。"全国各地现存之古代桥梁、寺庙,几乎绝大部分均在清代进行过修葺。"[2] 博物馆事业在我国发展较晚,1905 年民族实业家张謇创建的南通博物苑是我国第一座博物馆。直到 1912 年民国政府才筹建了国立历史博物馆,1914 年在故宫外朝成立古物陈列所,同年,民国政府颁布古物保护法令《大总统禁止古物出口令》。1919 年,朱启钤先生在南京图书馆发现宋《营造法式》抄本后,1925 年由商务印书馆大量印制引起国内外学术界对我国古代建筑的重视和研究热情。

现代意义的文物保护工作,在我国始于 20 世纪 20、30 年代。随着文物保护观念的建立与社会的进步,衍生出对文物进行科学保护与展示传播等公益性的工作。1922 年在北京大学成立了以马衡先生为主任的考古学研究室,是我国最早的文物保护相关研究机构。

1925 年故宫博物院成立。1928 年为了制止外国在华机构和人员的随意考察,更好地保护文物和科学标本,维护国家的合法权益,在学术界的推动下,国民政府设立了"中央古物保管委员会",这也是由国家设立的第一个专门保护管理文物的机构。同年,国民政府内务部颁发《名胜古迹古物保存条例》,其中"名胜古迹"项目包含湖山、建筑、遗迹三类,"古物"则包括碑碣、金石、陶器、织物、文玩、武器、服饰、雕刻、礼器、杂物十类。1930 年 6 月,国民政府颁布的《古物保存法》,是我国历史上由国家

---

① 张松.中国文化遗产保护关键词解[N].中国文报.2005-12-16(8).
② 谢辰生.文物中国大百科全书(文物博物馆)[M].北京:中国大百科全书出版社,1993.

公布的第一个文物保护法规。其中明确规定"本法所称古物是指与考古学历史学古生物学及其他与文化有关之一切古物而言",可见此时"古物"的概念和所包含的内容较之过去大为拓展。1931 年 7 月,又颁布了《古物保存法细则》,开始将古代建筑纳入文物保护的范畴。

1935 年,民国政府颁布《暂定古物之范围及种类大纲》,内容涉及古生物、史前遗物、建筑物、绘画、雕塑、铭刻、图书、货币、舆服、兵器、器具、杂物十一类,其中建筑物又包括城郭、关塞、宫殿、衙署、书院、宅第、园林、寺塔、祠庙、陵墓、桥梁、堤闸及一切遗址。同年,北平市政府编辑出版了《旧都文物略》。该书所记录内容颇为宽泛,既包括了"城垣略""宫殿略""坛庙略""园囿略""坊巷略""陵墓略""名胜略""河渠关隘略"等不可移动文物,也包括了"金石略"等可移动文物,甚至包括了"技艺略"和"杂事略"等涉及今日非物质文化遗产的内容,其中不但记录了建筑、造花、篆刻、塑像、绘画以及各项杂艺,而且包括礼俗习尚、生活状况、杂剧评话、市井琐闻等丰富内容。而"坊巷略"中的记载涉及今日历史文化街区保护的相关内容。由此可见,此时对"文物"已经有了初步的整体认识。1935 年还成立了专门负责研究、修整古代建筑的"旧都文物整理委员会"。

自 20 世纪初,一些开明人士和进步学者认为我国古代建筑为传统文化之精华,应该进行系统调查,整理出版研究成果,使之发扬光大。1929年由朱启钤先生等人发起成立了中国营造学社,其宗旨是系统地运用现代科学方法,对我国古代建筑进行"法式"和文献方面的实地调查测绘和研究考证。中国营造学社内设法式组和文献组,分别由梁思成先生和刘敦桢先生担任组长。从 1932 年至 1937 年抗日战争爆发前,短短 5 年时间内,先后对我国 137 个县市 1823 座各类古代建筑进行调查,详细测绘古代建筑 206 组,绘制测绘图稿 1898 张。经过长期努力,揭示出古代建筑的历史、艺术、科学价值,编辑出版《中国营造学社汇刊》共 7 卷 22 期,并出版《清式营造则例》等专门书刊,广泛进行宣传,唤起了社会各界对古代建筑的重视。

"营造学社连续工作了 20 年,有两大历史贡献:一是开创了中国古建筑保护研究这门学科,调查测绘了大量实物资料;二是把中国古代建筑列入中国文化遗产加以保护"①。即使在烽火连天的抗日战争中,中国营造学社的先驱们仍推进了中国传统建筑的研究工作。更为重要的贡献是,

---

① 罗哲文 . 中国营造学社及其对古建筑保护与研究的功绩 [J]. 中国营造学研究,2005（1）.

在从事历史研究的同时,提出了对古代建筑的保护要保持其历史风貌,对古代建筑的维修要保存其历史原状等观点,形成了较为系统的理论体系,奠定了我国文物建筑保护的基本原则。中华人民共和国成立前夕清华大学梁思成先生主持编录了《全国重要建筑文物简目》,其中共登录古代建筑450余处,1949年6月正式出版,被分发到各省市相关单位,对解放战争中的文物保护以及新中国成立后的文物普查发挥了重要作用。其中提出将"北京城全部"作为一个项目列入保护范围,应视为我国历史性城市保护思想的开端。

(二)多层次文物保护体系的建立

新中国建立以后,文物保护才开始作为国家文化事业的重要组成部分,由政府统筹进行管理。由政务院以及后来的国务院所颁布的一系列有关文物保护的法规,均沿用了"文物"一词,直到1982年《文物保护法》公布实施,才将"文物"一词及其包括的内容用法律形式固定了下来。"文物是人类在历史发展过程中遗留下来的遗物、遗迹"。"文物是指具体的物质遗存,它的基本特征是:第一,必须是由人类创造的,或者是与人类活动有关的;第二,必须是已经成为历史的过去,不可能再重新创造的"。"当代中国根据文物的特征,结合中国保存文物的具体情况,把'文物'一词作为人类社会历史发展进程中遗留下来的,由人类创造或者与人类活动有关的一切有价值的物质遗存的总称"。"其范围实际上包括了可移动的和不可移动的一切历史文化遗存,在年代上已不仅限于古代,而是包括了近、现代,直到当代"[①]。

2002年新修订的《文物保护法》,无论是可移动文物,还是不可移动文物,对于文物的概念不断深化,文物保护的范围不断扩大。经过不断调整充实,形成了目前国家立法保护文物的基本范围,即包括具有历史、艺术、科学价值的古文化遗址、古墓葬、古建筑、石窟寺和石刻、壁画;与重大历史事件、革命运动或者著名人物有关的以及具有重要纪念意义、教育意义或者史料价值的近代现代重要史迹、实物、代表性建筑;历史上各时代珍贵的艺术品、工艺美术品;历史上各时代重要的文献资料以及具有历史、艺术、科学价值的手稿和图书资料等;反映历史上各时代、各民族社会制度、社会生产、社会生活的代表性实物。同时,具有科学价值的古脊椎动物化石和古人类化石同文物一样受国家保护。这一鲜明的文物概

---

① 谢辰生.文物中国大百科全书(文物博物馆)[M].北京:中国大百科全书出版社,1993.

念的产生无疑是保护认识上的一次飞跃,也为文物保护事业明确了工作目标和努力方向。

我国不可移动文物保护管理所实行的文物保护单位制度始于20世纪50年代。1953年10月,为保证在"第一个五年计划"的基本建设工程中做好文物保护工作,中央人民政府政务院及时颁布了《关于在基本建设工程中保护历史及革命文物的指示》。1956年,国务院发布了《关于在农业生产建设中保护文物的通知》,在总结新中国成立7年以来文物保护工作的经验及参考世界各国经验的基础上,提出广泛宣传文物保护政策法令,普及文物知识,开展群众性的文物保护工作,并要求"必须在全国范围内对历史和革命文物遗迹进行普查调查工作",首先对已知的重要的古文化遗址、古墓葬、革命遗址、纪念建筑物、古建筑、碑碣等,由省、自治区、直辖市人民委员会公布为保护单位,做出保护标志。

该文件首次提出"保护单位"的概念。这是在全国范围内进行的第一次文物普查,是文物保护工作中十分重要的一项基础措施。根据第一次文物普查的成果,编印了各省、自治区、直辖市文物保护单位名单,共计7000多处。

1961年,国务院颁布了《文物保护管理暂行条例》,规定各级文化行政管理部门必须进行经常性的文物调查工作,并选择重要文物,根据其价值大小,报人民政府核定公布为文物保护单位。《条例》正式提出"文物保护单位"的名称及内容界定,明确规定根据文物保护单位的价值分为三个不同的保护级别,即全国重点文物保护单位、省级文物保护单位和县(市)级文物保护单位。《条例》的颁布,标志着我国不可移动文物保护单位制度的初步形成。同时,国务院公布了第一批全国重点文物保护单位180处。1974年8月,国务院颁布《关于加强文物保护工作的通知》,使"文化大革命"期间一批珍贵文物免遭损失。此后,公布文物保护单位成为文物保护的一项重要的基础工作。"文物保护单位是需要一批一批地不断陆续公布的,这是因为一方面文物普查是一个不断反复进行的工作,在文物普查、复查和配合基本建设考古发掘过程中还会不断有新的发现,其中可能很多都是有重大价值的,应该积极加以保护"①。

1981年,我国又开展了第二次全国文物普查,参加普查人员94万余人,普查的规模和成果都远远超过第一次普查。这是我国由政府组织的规模最大,投入人力、财力最多,成效十分显著的文物调查活动,也是全国范围内文物家底的大调查、大清理,实现了对文物资源的抢救性发现和

① 谢辰生.关于认识文物价值的一点看法[N].中国文物报.2006-08-04(3).

超常规积聚,对我国文物保护事业的发展起到了巨大的推动作用。在第二次文物普查的基础上,我国共调查登记不可移动文物40余万处,并先后公布了235处全国重点文物保护单位,8000余处省级文物保护单位,60000余处市县级文物保护单位。

几十年来,文物保护制度不断完善,使大量的不可移动文物依照法定程序公布为文物保护单位,作为保护的重点,纳入有计划的、科学的和法制的管理之中。同时,对文物保护单位的保护管理工作做出了一系列规定,其中包括分级核定公布文物保护单位、划定保护范围、竖立标志说明、建立记录档案、设立保管机构、划出建设控制地带等。目前,文物保护单位分为古文化遗址、古墓葬、古建筑、石窟寺及石刻、近现代重要史迹及代表性建筑、其他六大类。其中,古建筑始终被列为文物保护单位中的重要内容,并不断得到加强,特别是在历次国务院公布的全国重点文物保护单位中古建筑所占比例最大,文物保护资金投入量也最多。但是由于全国各地古建筑数量众多,保护状况仍然堪忧。例如以山西南部为中心,东到河北蔚县,西到陕西韩城一带,至今保存有相当数量的宋、金、元和明代早期木结构建筑群,但是未能引起足够的重视,直到近年才被陆续公布为全国重点文物保护单位。

1982年11月,《文物保护法》公布实施,这是我国文化领域第一部由国家最高立法机构颁布的法律。该法规定"保存文物特别丰富、具有重大历史价值和革命意义的城市"由国务院核定公布为历史文化名城,建立起了历史文化名城保护制度。国务院分别于1982年、1986年和1994年核定公布了第一批至第三批国家历史文化名城名单,目前数量仍有所增加。历史文化名城制度确立之后,各历史文化名城普遍制定了历史文化名城保护规划,一些历史文化名城制定了专项保护法规。历史文化名城制度的确立,在城市的规划建设和文物保护方面引发了新的思考,即以弘扬城市文化为基点处理保护与建设的矛盾;从传统文化、地域文化的角度,研究城市的生长过程和发展方向。但是与此同时,历史文化名城保护立法和管理长期滞后。20多年来,尽管多方努力,国家层面的历史文化名城保护法规迟迟未能出台,其间伴随着大多数历史文化名城的保护状况日益恶化,特别是20世纪90年代以来,大规模的所谓"旧城改造""危旧房改造",对历史文化名城造成了严重破坏,历史文化名城的整体保护已经普遍失控。

1997年3月,国务院发出《关于加强和改善文物工作的通知》,强调要努力建立适应社会主义经济体制要求、遵循文物工作自身规律,国家保护为主并动员全社会参与的文物保护体制,要求各部门、各地方做到"五纳入"，即"各地方、各有关部门应把文物保护纳入当地经济和社会发展计划、纳入城乡建设规划、纳入财政预算、纳入体制改革、纳入各级领导责任制"。这对在社会主义市场经济条件下加强文物保护具有重要指导意义。2002年10月，新修订的《文物保护法》公布实施，确立了"保护为主，抢救第一，合理利用，加强管理"的工作方针，为新时期文物事业的发展奠定了坚实的法律基础。该法规定："保存文物特别丰富并且具有重大历史价值或者革命纪念意义的城镇、街道、村庄"，由省级人民政府核定公布为历史文化街区、村镇，并报国务院备案。在国家层面上建立起了历史文化街区、历史文化村镇保护制度。至此，我国在文物保护领域形成了单体文物历史地段、历史性城市的多层次保护体系。

新中国的文物保护工作，取得了旧中国无法比拟的巨大成就。新中国成立之初，面对经济发展和城乡建设高潮，郑振铎、王冶秋先生等文物保护的先驱者们，为保护抢救文化遗产，据理力争，做了大量工作。同时在组建机构、制定法规、科学研究、培训人才、宣传教育等方面，取得了开拓性的工作业绩和理论成果，做出了多方面的重要贡献。逐步在全国范围内，形成了日臻完善的文物保护法律法规体系；形成了与文物保护相关的调查、发掘、记录、保护、展示、传播等工作领域；形成了日趋庞大的文物博物馆机构和系统；形成了从事文物保护的工作者队伍和专家学者群体。今日细读《郑振铎文博文集》和《王冶秋文博文集》，字里行间无不反映出他们在极其困难的条件下努力拼搏、积极进取的工作精神，特别是在文物系统树立了坚持原则、坚守职责、不畏艰苦、不断创新的优良传统。

此后，我国文物保护事业从未停滞。发展的道路尽管曲折、崎岖、险峻，但是后来人总是在奋勇攀登。特别是改革开放以后，文物保护的情况发生很大变化，城乡建设规模不断加大，文物保护要求不断加强，保护与建设之间矛盾冲突不断加剧，破坏文物的行为日有所闻，保护工作的艰巨性和复杂性与日俱增。但是，经过不懈努力，法规建设不完善、保护规划不到位、文物家底不明晰、人员结构不合理的状况逐渐有所缓解。

进入21世纪，随着经济的发展、科学的昌明、社会的进步，人们对于文化的理解和感受发生了深刻的变化，文物保护事业也随之处于重要的战略转型期。一方面，人们认真回顾20世纪既充满艰辛曲折，又不断开拓进取的难忘历程，对新的世纪文物保护事业满怀憧憬和希望。另一方面，社会各界对文物的认知理念日臻成熟，逐渐成为一种充满智慧的理性行为，更加鼓励多样化地理解文物的概念、评价文物的价值、完善文物保护的理念。

"我国城市遗产保护已经有了长足的进展，但是从更高标准要求来看,则还显得缺乏完整的体系和丰富的层次,使得城市文化遗产这部交响乐显得单薄并缺乏力度"①。

(三)新时期文化遗产保护理念的扩展与实践

面临新的形势,准确把握文化遗产保护的发展趋势,深刻理解正确的保护理念,是关系文化遗产保护发展全局的重大课题。2005年12月,《国务院关于加强文化遗产保护的通知》发布,这是新的历史时期文化遗产事业的一件大事,既体现了我国政府对保护文化遗产的重视,又对全面提升文化遗产保护水平具有重要的意义和深远的影响。"国家对文化遗产的保护采取的这些重大举措,标志着新世纪我国文化遗产保护事业进入一个新的历史发展阶段的里程碑"。面对快速发展的形势,有必要对国务院通知发布以来,文化遗产保护工作进行梳理和反思,以利于新的实践。

---

① 张天新,山村高淑.从"世界遗产"走向"世间遗产"[J].理想空间,2006(15).

第二章 文物保护的影响因素与技术

　　文物是一定历史时期人类文明发展的产物,表现为各种物质文化遗存。这些实物性文化遗存是人类文明信息的一种储存形式,包含着特定历史时期的政治、经济、军事、科技、工艺美术等各种信息,对于人类今天所进行的生产活动和科学研究来说,它们都是极有价值的资料。要使它们长久地为人类文明服务,必须熟知影响文物保护的各种因素,掌握文物保护的各种保护技术。

第一节 文物保护的影响因素

　　从根本上讲,文物寿命主要取决于两个方面,一方面是文物制成材料本身的耐久性,即载体材料各种理化性能的稳定性,如力学稳定性、热学稳定性、电磁稳定性、化学稳定性等,而这又取决于材料分子的化学组成成分与结构。另一方面是保存文物的外界环境,同样载体材料的文物,不同的保存环境使文物寿命有着很大差异,有时甚至是完全相反的结果,如:分别于1957年、1978年在苏州虎丘塔"空弄"、瑞光塔"窖穴"中发现的两部《妙法莲华经》,经分析研究,均为百分之百桑皮纤维制成,加工过程中均施过胶矾,其制成均不晚于10世纪中叶,但虎丘塔地基土层走动、塔身不均匀下沉等原因造成封存经卷的"空弄"遭受严重破坏,外界的温湿度变化直接作用于经卷,致使发现时塔中经卷已干缩呈棒状,纸面相互黏合几乎分不清层次,外层为深蓝色至黑色,近似"炭化";而瑞光塔由于塔身稳固、少有裂缝,"窖穴"内温湿度几乎总是恒定的,结果发现时塔中经卷基本上完好如初。历经千年之后,二者差异可谓天壤之别。

　　一般而言,凡为文物,不论是出土文物还是传世文物,均有数十年、数百年或上千年乃至数千年的历史,于今人来说,其质地材料是已经固化了的,不可能重新再来做一遍,若如此,也不再是文物了。因此,从某种意义上说,今人所能做的工作主要是在进行必要的修复之后为其创造和提供一个良好的保存环境。要做到这一点,首先就要明了影响文物保存的因素有哪些? 其次影响机理是什么? 最后采取何种有效措施? 因此,探讨分析和研究影响文物保存的因素不仅十分重要,而且十分必要。当然在影响文物保存的因素中,除了环境因素外,还有人为因素,如文物保护法律、法规的制定及其贯彻执行,文物管理规章制度的制定与落实,文物工作者特别是库房管理工作人员的日常工作状况等,都会对文物寿命产生大小不等、程度不同的影响,但由于人为因素属于文物保护的研究内容而不属于文物保护技术的研究范围,故本章不对这部分内容进行论述。当然这并不是说人为因素不重要,恰恰相反,于文物寿命而言,其重要性甚至超过自然环境因素,因为任何保护最终都要靠人去落实。在这里,管理学界流行的"三分技术,七分管理"同样是适用的。

影响文物保存的环境因素很多,但归纳起来,最主要的有温度、湿度、光线、空气污染物、地质环境和有害微生物及有害昆虫等。

一、温度、湿度和光线

(一)温度、湿度

温、湿度是影响文物保存的首要因素,在文物保存环境的诸因素中,最基本、经常起作用的因素就是温度和湿度,不适宜的温、湿度不仅会对文物材质的耐久性造成直接的影响,而且会加速其他不利因素对文物材质的破坏作用。

1. 温度、湿度对文物的影响

任何材料的文物都有自己适宜的温、湿度范围,一旦超过这个范围,文物材料就要发生病变,如:大多数古籍、字画、档案等纸类文物,当纸张的含水量维持在 7% 左右时,纸张的强度最好,而要使纸张含水量维持在7% 左右,就必须要求周围环境的湿度在 50% ~ 65%;若湿度经常处于50% 以下,纤维素就容易损坏,产生干裂、翘曲等现象。表 2-1 列出了不同质地文物适宜的温、湿度范围,可以作为参考。

表 2-1　各类不同材质文物温、湿度标准

质地	藏品种类	适宜温度 /℃	适宜相对湿度 /%
纤维质类	书法、绘画、碑帖、手稿、纸张	14 ~ 18	50 ~ 65
	织绣、服饰、皮革	16 ~ 20	55 ~ 65

质地	藏品种类	适宜温度 /℃	适宜相对湿度 /%
金属类	金、银、铜、铁、锡、铅、镍	18～24	50～60
陶瓷类	陶、壁画、瓦当、瓷	18～24	50～60
竹木类	竹、木、漆	16～20	50～60
牙、骨、角	墨、牙、骨、角	12～18	58～62

2. 温度、湿度的控制

鉴于温、湿度对文物材料危害的严重性,对其实施有效控制不仅十分必要同时十分重要。要控制好温、湿度,应主要做好以下几个方面的工作。

（1）研究温度、湿度变化的规律。这里主要是指文物库房内外温、湿度变化的规律,只有将这种规律研究清楚了,才能为制定调控库房温、湿度的方案提供科学依据。目前,在这方面已经取得了一些初步研究成果。如库外温度日变化一般规律是凌晨日出前温度最低,日出后温度逐渐升高,至 13～15 时(夏季 14～15 时,冬季 13～14 时)达到最高值,再缓慢降低,直到次日日出前温度又降至最低值;9 时前后气温上升较快,19 时前后气温下降较快。年变化一般规律是我国内陆大部分地区 1 月最冷,7 月最热;沿海地区则一般分别在 2 月和 8 月最冷和最热。而库外相对湿度日变化规律与气温变化相反;年变化规律则有两种不同类型:一种是内陆干燥而全年绝对湿度变化不大的地区,冬季高而夏季低。另一种是冬季低、夏季高,我国大部分地区属后者。库内温、湿度变化规律与库外变化基本一致,但时间通常较库外为迟,幅度为小。总体看来,这方面的研究与实际需要还有较大差距,亟需加强。

（2）制定文物库房温度、湿度标准。标准的制定非常重要,它对实际工作具有直接的指导意义,并具有约束力。但要制定标准,必须要首先研究清楚不同质地的文物随温、湿度变化损坏的规律性,确定其最适宜温、湿度范围,目前这方面的科学研究还是相当初步的;同时,问题的复杂性艰巨性还在于标准的制定必须要考虑现实中的各方面条件限制,如财力、物力、地区差异等,使其具有实际可行性。因此,文物库房温、湿度标准的制定是科学性与可行性相统一的结果。

（3）文物库房建筑的建设。文物库房建筑对温、湿度的调控至关重要,它是中长期起作用的基本因素,应通过科学选址、合理设计达到控制温、湿度的目标,做到防热、防潮,保持库内温、湿度的稳定。

（4）具体措施的采取。日常工作中,主要还是通过采取各种不同的具体措施来达到调控温、湿度的目的,常用主要措施有密闭通风、增温、降温、加湿、减湿等,这些措施需根据不同的具体情况需要,运用适当的手段分别有选择地进行。

（二）光线

光与温、湿度一样是文物保存和利用中最基本的、最常遇到的外界环境因素。光主要来自太阳的光辐射,其次是来自人工光源。光对文物材料的危害主要有三个方面:光对文物材料具有热效应、使有关化学反应加速和产生光化学反应。研究表明,光对所有有机材料文物都具有破坏作用,引起它们表面变质并加速这种变质反应;而对无机材料文物,如金属、玻璃、陶瓷、石质文物等没有明显的直接破坏作用。

1. 光化学反应破害文物的机理

光对文物材料的破坏作用主要是引发化学变质反应,导致文物材料老化,由光辐射引发的文物材料光老化反应一般主要有光裂解反应和光氧化反应两种类型。

（1）光裂解反应。光裂解反应是指高分子材料吸收光能而直接产生裂解的光化学反应,反应过程无需氧的参与。其反应速度可用链断裂量子产率表示,即单位时间内,断裂的聚合物分子数与吸收的光子数之比。

一般直接光裂解的量子产率很低,如在波长为 253.7nm 紫外光辐射下链断裂的量子产率:纤维素为 1.0×10^{-3}、醋酸纤维素为 2.0×10^{-1}。其原因有二:一是高分子材料对光辐射的吸收速度较低,二是其间荧光、磷光等物理过程又消散了大部分光能。

（2）光氧化反应。光氧化反应是指高分子材料受光辐射时,在氧的参与下发生的光化学反应。它是导致材料变质、老化的主导反应。在光氧化反应过程中,文物材料中存在的重金属离子杂质会起到催化光氧化反应的作用。

2. 光化学反应破害文物的一般特点

（1）光化学反应是激发态分子的反应。物质的分子或原子在其各种运动状态中,能量处于最低的状态称为基态,基态是最稳定状态。分子吸收光能后,分子或原子中的核电子将获得能量而跃迁到能量较高的轨道上运动,此时能量高于基态,称为激发态。激发态很不稳定,会通过各种理化过程返回基态。

在光化学反应中,往往是一个被激发分子和同一个品种或不同品种的没被激发分子之间的反应,这是光化学反应有别于其他类型化学反应的一个显著特点。

(2)材料对光的吸收具有选择性。文物材料受光辐射发生光化学反应的前提是必须有一个对光的吸收过程。而材料对光的吸收,是以光子为单位进行的,其选择性决定于材料分子终态与初态之间的能量差,只有当某种波长或频率的光子的能量正好等于两能级之差时,光才能被材料吸收。

由于各种有机材料的分子结构不同,其能量差也不同,因而对光的吸收便产生了选择性。如:聚酯材料对 $300 \sim 330nm$ 的紫外线最敏感,而聚氯乙烯对 $320nm$ 的光最敏感。

(3)光的波长愈短,其光化学效应愈大。由 $E=hv=hc/\lambda$ 可知,光波波长越短,其光能越大,材料分子键越易断裂,光化学效应也就越显著。

(4)光化学反应具有后效性。光裂解反应使材料裂解成自由基、分解成小分子等,一旦生成自由基,即使不再受光辐射作用,光化学反应仍能够继续下去:如材料基态分子与自由基的反应、自由基与空气中的氧或液态氧的反应,这就是光化学反应的后效性。

(5)部分光化学反应具有光敏性。吸收光的物质叫光敏剂。敏化剂分子将激发态时的超额能量在碰撞中全部转移给周围的另一分子而发生的化学反应称为敏化作用。高分子材料在制作过程中不可避免地要残留某些重金属离子或混入一定的杂质,它们均是光敏剂。如在纸质文物的制造过程或保管过程中,存留的铁、锰等重金属元素和施胶剂、木素、游离氯、染料等物质都是重要的光敏剂。由于光敏剂的作用,能使文物材料对光的敏感范围向长波方向扩展,并进而引发光化学反应。

3. 光的防控

(1)合理确定库房照度标准。照度是指物体表面得到的光通量与被照射表面的面积之比,单位为勒克司(lx)。照度标准是指一定环境所要求的最低照度,其标准制定既要能满足实际工作需要,有益于库房工作人员的视力健康,又要能最大限度地减少光对文物材料的危害。

(2)限制光的照度值。可以通过合理设计窗户的位置和结构达到目的,如东西方向不宜开窗,南北向窗户要小而窄;也可以通过设置遮阳措施达到目的,如加设窗帘或百叶窗、使用毛玻璃、花纹玻璃或双层玻璃等。

(3)过滤紫外线。紫外线由于其波长短,能量大,对文物材料危害大,一定要设法过滤。方法可以使用窗帘、百叶窗,在窗帘上涂刷紫外线吸收剂,库内光源使用白炽灯等。

（4）避光保存。文物在保管期间除提供利用、展览等用外,应尽量做到避光保存,特别是贵重受光影响大的文物应放置于柜、箱、盒、袋等中保存。

此外,文物在利用过程中也应减少光的辐射强度与作用时间;文物被淋湿或受潮时,不能放在烈日下曝晒,应置于阴凉通风处晾干,珍贵文物避免或减少拍照次数,容易褪色的文物不宜长期在柜中陈放等。

二、空气污染物

空气污染物是影响文物寿命的因素之一,特别是近年来随着环境污染的日趋严重,空气污染物对文物的危害也日趋突出,因此,空气污染物对文物的影响引起了人们的普遍高度关注。

(一)空气污染和空气污染物

1. 空气污染

大气一般具有自净能力,当空气中不定组成成分的量低于大气容许的本底值时,空气仍为洁净空气,只有当有害物质积累的数量超过了大气自净能力容许的本底值时,才会形成污染空气。

国际标准化组织(ISO)对空气污染的定义是:空气污染通常系指由于人类活动和自然过程引起某种物质进入大气中,呈现出足够的浓度,达到足够的时间,并因此而危害了人体健康、舒适感或环境。

2. 空气污染物及其来源

空气污染物按其是否直接由污染源排出,存在一次污染物(如 SO_2、H_2S 等)和二次污染物(如 SO_3、H_2SO_4 等)之分。按其成分和形成,空气污染物一般可分为有害气体、气溶胶物质、灰尘和光化学烟雾等。

空气污染物的来源主要有两大类:一是自然污染源,如火山爆发、材料失火、地震等。二是人工污染源,主要有工业污染源、农业污染源、生活污染源等。

(二)空气污染物的防治

1. 对空气进行监测

了解空气污染的状况及变化规律、空气污染物种类构成及变动是制定科学防治对策和采取有效防治措施的前提和基础,十分重要。对空气的监测涉及空气样品的采集及空气污染物的测定,必须在科学理论指导下,运用科学的方法、程序进行。

2. 优化文物保护区周围环境

（1）提高文物保护区周围绿化覆盖率。

原因是：①绿色植物具有吸收有害气体的功能。有研究表明,SO_2被植物叶片吸收后,有92.5%的SO_2转化成硫酸盐积存在叶内,剩下的7.5%被利用形成氨基酸和蛋白质成为植物的养分。据测量,$100m^2$杉树每年可吸收720kg的SO_2;生长在距污染源400～$500m^2$的杨槐、银桦树每年可吸收80kg氯气。

②植物体对大气粉尘有滞尘、过滤、吸附作用。有研究结果表明,绿化区的飘尘浓度一般比非绿化区的飘尘浓度低10%～50%。同时,花卉和草坪也有一定的吸附有害气体和减尘作用,据测量,草地空气含尘量比街道少1/3～1/2;铺草足球场上空含尘量比未铺草坪的少2/3～5/6。

（2）合理选择文物建筑地址。应建造在远离污染源的地方,工矿区、居民集中区及交通主要干道等,都是空气污染较为严重的地方,库房建筑应远离这些环境。同时,应避免建在下风地带。

3. 进行空气净化和过滤

对空气的净化主要是除去空气中的有害气体,可以采取让有害气体通过具有碱性的材料、使用喷水器、使用活性碳过滤器等措施。

对空气的过滤主要是除去空气中的颗粒污染物,为此主要是使用各种不同的过滤器,如滤纸过滤器、纤维层过滤器、发泡材料过滤器及静电自净器等。

4. 减少文物库房与室外空气的自由流通

减少文物库房与室外空气的自由流通也就是提高库房和文物存放的密闭程度。提高库房的封闭性主要是注意门、窗的结构与设计,如采用旋转门、门窗缝隙用硅橡胶条、聚氨酯、海绵橡胶等填料填塞密闭,将单层窗改为双层窗等。提高文物有效的封密性可以采用相对密闭或多层密闭的方法,如用柜、箱、盒等。

此外,还有其他一些措施,如做好库房内的清洁卫生工作、地面及墙面的防尘处理、建立健全的规章管理制度等。

三、地质环境因素

众所周知,地球表面的构造可以分为大气圈、水圈、岩石圈和生物圈,影响文物保存的地质环境因素主要是指其中的水圈和岩石圈部分。它们对文物的破坏作用依文物处于地表上或埋藏于地下而大致可分为两类:风化作用和土壤腐蚀作用。风化作用的对象主要是石质文物,包括物理风化、化学风化和生物风化等。这里主要探讨土壤对文物的腐蚀作用。

水溶液腐蚀、大气腐蚀和土壤腐蚀都对文物具有腐蚀作用。它们之间的一个很重要的区别在于氧的传递机制不同:在水溶液中是通过溶液本体输送,在大气腐蚀时是通过电解液薄膜,而在土壤腐蚀时则是通过土壤的微孔输送,其输送速度主要取决于土壤的结构和湿度,在不同的土壤中,氧的渗透速率变化幅度可达 3 ~ 5 个数量级。

四、有害微生物和有害昆虫

(一)有害微生物

微生物是指一大群个体体积微小(一般直径小于 1mm),结构简单,大多是单细胞,少数是多细胞,还有些没有细胞结构的低等生物。人们必须借助光学显微镜甚至电子显微镜才能看清其形态结构。

世界上所有生物大致分为五大界:病毒界、原核生物界、真菌界、植物界和动物界,前三界属于微生物范畴,微生物的特点是体积小、分布广、种类多、繁殖快、代谢能力强、易发生变异、适应性强。此外,微生物也具有生命的一切基本特征,如新陈代谢、遗传变异、生长繁殖、应激性等。

1. 微生物对文物的危害

(1)微生物对纤维质文物(棉麻、纸、木)的危害。

微生物之所以能危害文物材料,主要是它们能以文物材料为培养基,分解或液化其他物质材料。纤维质文物材料多含有纤维素、淀粉、明胶等,微生物能够分泌出分解这些文物材料的酶,使其霉烂。其损害可归纳为以下几个方面。①造成材料结构破坏。微生物代谢过程中产生的各种酶,将纤维素、淀粉、木质素等有机大分子化合物降解为葡萄糖、二糖、芳香族小分子,导致纤维素柔软无力,机械强度大大下降,淀粉胶性失效等。这种物质分子结构的破坏是不可逆的。②形成霉斑。微生物的菌落和孢子大多有色,一般来说颜色较深;有些细菌和霉菌还分泌多种色素。③增加文物材料酸度。微生物细胞呼吸的代谢产物甲酸、乙酸、乳酸、琥珀酸等有机酸长期积累在纤维质文物上,作为催化剂加速纤维素的水解反应。纸张被霉菌作用后,酸度数月内即可增加 1 ~ 2 倍。④增加湿度。有些霉菌和细菌在代谢过程中会从空气中吸收一定的水分,使文物材料的含水量提高,有时还会出现水滴。这些水滴往往与材料中的胶类物质作用使文物黏连成浆状。

（2）微生物对蛋白质文物（丝、毛、皮革类）材料的破坏。

①蛋白质纤维发生降解。在微生物分泌的蛋白酶作用下,蛋白质纤维发生水解生成氨基酸等物质。氨基酸等经微生物进一步分解,脱氨、脱酸之后,生成饱和或不饱和的脂肪酸、酮酸、羧酸、醇、硫醇类物质以及胺、CO_2、NH_3、H_2S、吲哚及甲基吲哚等。H_2S、NH_3 等会使有机物腐败发臭并带毒。最终,蛋白质文物材料强度和光泽都减弱,表面发黏。

对皮革来说,除上述作用过程外,皮革中的脂肪酶作用于油脂而发生水解,生成脂肪酸和甘油,甘油很不稳定,可直接被微生物水解。高级脂肪酸在有氧情况下,能被好氧性微生物进一步分解成低分子酸（如乙酸）、酮（如甲基酮）等类物质。皮革中油脂遭破坏后,其强度、耐水性能、延展性都会显著下降,同时表面发黏。

②霉斑。与纤维质文物材料相似,蛋白质文物材料被微生物侵蚀后会引起霉变,霉变后的文物表面就会产生各种颜色的霉斑。

（3）微生物对金属文物的影响。

目前,微生物对金属文物的腐蚀作用还未受到足够重视。微生物对金属文物的腐蚀由金属文物材料、微生物种类以及文物所处环境三个因素共同决定。其中,金属与其腐蚀产物的能量状态的高低关系至为关键,若前者高后者低,易被腐蚀;若前者低后者高,则不易被腐蚀。

（4）微生物对壁画材料变质及颜料变色的影响。

壁画中的有机质材料（如动植物胶等蛋白质材料,草、麻、棉等纤维质材料）为异养微生物的生长繁殖提供了氮源和碳源,引起了壁画材料变质和颜料变色。有研究表明,铅丹的变色是在高湿度环境条件下,颜料中的蛋白质胶结材料在微生物作用下,分泌出强氧化剂过氧化氢,致使铅丹氧化为黑色二氧化铅。

2. 有害微生物的防治

（1）对有害微生物的预防。

①减少污染菌接触文物。主要是要保持文物库房内外空气的清洁程度,具体手段和措施有:

a.绿化文物保护区周围环境。有些植物能分泌大量的抗生素,如橙树、柠檬圆柏、黑核桃法国梧桐等树木都有较强的杀菌作用。

b.使用空气净化过滤器。由于空气中微生物的大小平均 $12 \mu m$,因此过滤器孔径越小越好;过滤器材料可用棉花、石棉、玻璃纤维等。

c.保持库内清洁卫生。一般来说,库内空气中的微生物比库外多,低层空气中的微生物比高层多,因而库内地面、四墙、天花板都滋生了许多菌类,必须经常扫除库内灰尘,特别要求保持墙和地面的光洁度,有条件的还应在墙面涂上防霉涂料。

d.保持工作人员的清洁卫生。人的皮肤、毛发、衣服都与外界相接触,能将大量污染菌带入库内,如人体的表皮上一般每平方厘米就有 $10^2 \sim 10^5$ 个微生物,鞋子上的微生物更多。

②严格控制库内温度、湿度。库内温、湿度是微生物生长的重要的环境因子,因而严格控制温、湿度是预防的关键。

③采用安全有效的防霉剂。防霉剂的主要作用是影响微生物的形态构造、代谢过程和生理活动,从而达到抑制微生物大量繁殖的目的。高浓度的防霉剂也能杀菌。对防霉剂的要求是:抗菌效力高,即低浓度就有抑菌和杀菌作用;毒性小、安全性好,在使用浓度范围内不伤害人体;稳定性好,即有效期长,在较长时间内不易分解;无副作用,无色无嗅无腐蚀性,不影响文物制成材料的强度色泽和耐久性。能用于防霉的药剂很多,在文物保护中应用较多的主要有香叶醇长效抗霉灵、五氯苯酚钠、麝香草酚等。

（2）对有害微生物的杀灭。

如果文物材料已被微生物侵染,则必须将其隔离,并采取果断的灭菌措施。所谓灭菌,就是应用理化方法,将物体上所有的微生物细菌体、细菌芽孢、放线菌和霉菌的孢子全部杀灭。

①物理灭菌法。物理灭菌法是利用物理因子对有害微生物的作用,使有害微生物死亡的方法。常用方法如下:

a.冷冻真空干燥灭菌。虽然微生物忍受低温的能力很强,但如将温度逐渐降至冰点,菌体原生质内的水分就会形成许多小晶体,使原生质的胶体状态遭到破坏,机械地挤压或刺伤菌体细胞造成菌体破裂死亡。干燥还能引起菌体脱水和盐类浓度增高,阻碍细菌生长或使其死亡。

b.微波灭菌。微波是频率范围为 $300 \sim 30$ 万 MHz 的无线电波。微波灭菌主要是利用微波的加热作用,由于有害微生物自身的含水量比文物材料的含水量高,当它们同时受到微波辐射时,有害微生物自身的温度比文物材料的温度高得多,菌体就会脱水从而造成蛋白质凝固而致其死亡。此外,微波还能直接作用于有害微生物的酶系统、染色体和细胞膜,使其结构分子发生改变而导致死亡。

c. γ 射线灭菌。γ 射线是一种波长短、能量大的电磁波,具有强烈的穿透力,并能使受照射的物质产生电离作用。高剂量的 γ 射线照射可使菌体表面的水分子电离,生成具有强氧化性的 OH^- 和强还原性的 OH^- 直接作用于菌体细胞本身;电离时产生的电子还可与环境中氧结合,氧化菌体内酶的一些化学基因,使酶失去活性;γ 射线辐射出的高能量可导致微生物体内的 DNA 降解及其他物质分解。所以,γ 射线具有杀菌作用。

②化学灭菌法。化学灭菌法是利用化学药剂来杀灭有害微生物的方法,一般最适用的是熏蒸灭菌法。常用的灭菌剂有甲醛和环氧乙烷。

文物种类不同,其载体材料也不同,性能自然存在多种差异,因此在进行有害微生物的预防和杀灭时,必须针对不同文物的特点和要求,采取相应的方法、措施,以取得最好的效果。

(二)有害昆虫

1. 文物害虫的一般特征

(1)耐干性。

主要体现在虫体体壁的蒸腾作用和通透性等方面。由于其表皮具有不透水性,文物害虫具有惊人的抗干旱的能力,它能够只吸收空气和寄生物中的正常含水量,就能满足生存的需要。如粉蠹科的个别虫种能在完全干燥的木器中生存;皮蠹科的个别虫种能在含水量 2% 的纸中生存。

因此,采取控制相对湿度的方法来预防和杀灭害虫,往往收效甚微,甚至适得其反,即昆虫仍然存活(如花斑皮蠹在 35 ~ 40℃,RH 为 35% ~ 50% 时,死亡率仅 10.5%),而文物由于环境的干燥又出现新的损坏。

(2)耐热性与耐寒性。

文物害虫是变温动物,其体温随外界环境变化而变化;同时,它的生长发育和新陈代谢速率也会随外界变化而改变。因此,耐高温与耐低温能力都很强,如:对木器文物危害极大的谷蠹在 35 ~ 40℃、RH 为 50% ~ 60% 的条件下能正常发育繁殖;黑皮蠹、裸蛛甲等能在 –6 ~ –10℃ 的低温下继续生活;烟草甲在 –14℃ 下经过 14 天才死亡;花斑皮蠹幼虫,在 –5℃ 左右可存活数月,–18℃ 可存活 3 天。

（3）耐饥力。

文物害虫的耐饥能力是其他任何昆虫所不能比的，即使在完全无食的情况下，大多数虫种也能存活相当长时间；并且一旦有了食物，它们能迅速恢复正常活动。如：对纸质和皮革文物危害极大的花斑皮蠹的幼虫断食四年之久不致死亡；在断食三年半以后，体长由 7 ～ 8mm 缩到仅1mm。个别虫种能缩到原来的 1/600，当供给食物后又能很快恢复原态。

（4）杂食性。

文物害虫绝大多数属杂食昆虫，几乎所有的有机质文物材料都能被其咬食。如：花斑皮蠹能咬食皮革、丝绸、塑料、尼龙等 160 种仓储物；烟草甲能危害 40 多种储藏物品，甚至将整架的图书咬穿。更有甚者，有些害虫能咬食金属，如：药材甲能咬食锡箔，还能把很厚的铅板咬得千疮百孔；黄蛛甲能把涂在镜子背面的水银吃光。

（5）繁殖力。

文物害虫的繁殖力很强，有些虫种的成虫期可达数年，繁殖期能维持一年之久；有些虫种的成虫期虽只有 1 ～ 2 个月，但一生能产卵百粒以上，且多数都能孵成幼虫。如 25℃时，每只烟草甲雌虫能产卵 103 ～ 126粒，孵化率为 68% ～ 82%，一般一年可产卵 3 ～ 6 代；寒冷地区 1 ～ 2 代，炎热地区可达 7 ～ 8 代。裸蛛甲虽然一年只产卵一次，但一只雌虫可产卵 524 粒，孵化率 72%，幼虫成活率 76%。白蚁是繁殖能力最强的一种害虫，大白蚁的蚁后一天就能产卵 6000 ～ 7000 粒。

2. 文物害虫的危害

（1）危害文物的害虫种类。

能给文物造成危害的害虫种类很多，仅就我国档案保护研究工作者通过对全国档案馆库房所作的调查统计而言，档案害虫就有 54 种，分属于 6 目 19 科。其中，鞘翅目 13 科 41 种，蜚蠊目 2 科 5 种，等翅目 1 科 1种，缨尾目 1 科 1 种，啮虫目 1 科 1 种，鳞翅目 1 科 2 种。当然，随着研究的不断深入，可能还会不断有新的种类发现。

害虫对文物危害最为广泛的是纸、竹木、丝毛、皮革、棉、麻等文物材料。

（2）危害文物材料的机理。

文物害虫危害文物材料的机理是害虫由于生长发育等生活活动的需要（补充营养和能量）而咬食文物材料。它至少会引起文物材料以下三种有害变化：一是改变了文物材料的结构，使文物材料的机械性能和理化性能下降，严重影响了文物的保存使用寿命；二是文物材料经咬食后，洞孔丛生,严重影响了文物的原貌;三是昆虫的排泄物不但严重影响文物的外观,而且成为微生物侵蚀文物的新的源泉。

3. 文物害虫的防治

(1)文物害虫的预防。

①库房建筑防虫。

具体措施是:库房建在地势较高而又干燥的地方,同时远离粮库、饭店和医院;库房的封闭性能要好;地基采用钢筋水泥或石质结构;地板、墙面、屋顶等处不留孔洞、缝隙。

②清洁卫生防虫。

具体措施有:清除库房周围杂草、垃圾、下水沟杂物等;做好库内清洁卫生;建立健全库内外清洁卫生制度,并认真贯彻执行;进入库内的装具用品清洗杀虫;库房门窗应严密;库房周围最好铺设水泥或沥青地面,搞好环境绿化;库内严禁吸烟、饮食等。

③控制温度、湿度防虫。文物害虫喜温畏寒、喜湿畏干,一般温度应控制在 15 ~ 18℃,相对湿度65% 以下。

④做好文物藏品入库前的检疫与处理。

由于文物来源于社会各个方面,文物遭受虫害的可能性和大小程度均有差别,加之害虫及其卵、蛹均很小,不易发现,因此入库前的检疫和杀虫是十分必要的。

⑤对文物进行定期检查。

通过定期检查可以达到两个目的:一是及时发现虫害,及时处理;二是破坏害虫的生态环境。

⑥药物(驱虫剂)防虫。

常用的主要有:萘($C_{10}H_8$),俗称"卫生球",易挥发,具有强烈的气味,可防棉、麻、丝绸、毛、皮革、竹木器、纸张等上的害虫;樟脑($C_{10}H_6O$),为双环萜酮类物质,白色结晶体,极易升华,其作用与卫生球相同;防蠹纸,是具有驱虫功效的一类纸,常用的有黄柏纸、铅丹防蠹纸(万年红)。此外,还有像芸香、麝香、莽草等天然药材也可用来防虫驱虫。

(2)文物害虫的杀灭。

①化学杀虫法。

化学杀虫法是使用化学药剂引起害虫生理机能严重障碍以致死亡的方法。它具有杀虫速度快、作用时间短、杀虫彻底、方法灵活、受客观环境因素影响小等优点,缺点是可能会造成环境污染、对人畜具有一定的危害。

化学杀虫剂种类很多,按药剂的形态可分为固体、液体、气体三种,按化学性质可分为无机杀虫剂、有机杀虫剂和植物杀虫剂,按药剂侵入虫体的途径可分为胃毒剂、触杀剂和熏蒸剂,按毒杀的作用方式可分为原生质毒剂、呼吸毒剂和神经毒剂。

化学杀虫剂应用于文物材料必须具备以下三个条件:一是对文物无副作用,保证文物材料安全及不受不良影响。二是杀虫效率高,能杀死从卵到成虫的各个阶段虫态;同时,对环境污染小,对人畜毒性小。三是具有良好的渗透性,能够把隐藏在文物材料深处的害虫(包括卵蛹)全部消灭。

目前应用于杀虫的熏蒸剂较多。呼吸毒剂有溴甲烷、氰化氢、二硫化碳等,神经毒剂有磷化氢、滴滴畏、硫酰氟等,原生质毒剂有甲醛和环氧乙烷等。

化学杀虫法的杀虫效果会受到以下几方面因素影响:a.熏蒸剂的理化性质如挥发性、扩散性、渗透性、燃烧性及比重等。b.熏蒸环境条件,如密闭程度、温度、湿度、物体的吸附性等。c.害虫的不同虫种、虫态和生理状态等。如不同虫种对药剂的敏感程度存在很大差异,卵、蛹抵抗力较强,而幼虫、成虫抵抗力较弱;处于越冬期、休眠期的害虫抵抗力较强,而处于春、夏季节的害虫抵抗力较弱。d.害虫对化学药剂的抗性。

②物理杀虫法。

物理杀虫法是利用物理方法破坏害虫的生理机能,使之死亡或不育的方法。它具有方便简洁、无残毒、不污染环境等优点。物理杀虫法主要有高低温杀虫法、射线辐照杀虫法、缺氧杀虫法等。

a.高低温杀虫法:高温杀虫的原理是:高温时,害虫体内水分蒸发,新陈代谢急剧加快,呼吸率不断提高,体内氧过度消耗;高温使虫体内酶的活性消失,蛋白质凝固。高温杀虫一般可采用红外线辐照或微波辐照。

低温杀虫的原理是:长时间的低温会中止害虫的新陈代谢活动,在低温致死区内,害虫细胞内的游离水会溢到细胞间隙而结冰,造成细胞膜受到机械破坏,原生质脱水浓缩以致凝固。

b. γ射线辐照杀虫法: γ射线能杀灭害虫的主要原因是促使害虫的行为反常,破坏机体组织,导致畸形变异,破坏胃肠功能引起新陈代谢失调而致死亡;另一方面原因是可以造成雄性不育。

c.缺氧杀虫法:就是将空气中的各种气体的正常比例加以调整,使氧气减少,氮气或二氧化碳增加,从而使害虫的正常活动受到抑制,直至害虫窒息死亡。目前经常采用的方法有真空充氮、置换充氮、二氧化碳杀虫等。

最后,有两点必须强调指出:一是本节只论述了影响文物的几种最主要环境因素。实际上,影响文物的环境因素是十分广泛而众多的。二是所有环境因素是相互交织在一起共同作用于文物材料的,其作用结果具有协同效应。

第二节　文物保护的技术

一、文物保护技术与文物保护概念辨析

文物保护技术与文物保护之间存在非常密切的关系,以致很多文物保护理论研究人员和文物保护工作人员在完全相同的意义上使用这两个概念。其实,如果真正从其科学内涵出发,认真加以细究,二者还是存在很大差别的。

文物保护技术是研究文物制成材料变化规律和保护文物的技术方法的学科。任何文物都有其制成材料,随着时间推移,这些制成材料会发生各种各样的不可逆的物理、化学变化,其变化既有内部原因也有外部原因。内因在于文物制成材料本身,如原料的质量、性质及生产工艺等;研究内因是为了根据文物制成材料的性质,确定保护条件,修复破损文物。

外因是文物保护的自然环境,即围绕文物的空间中影响文物寿命的各种自然因素,主要有温度、湿度、光辐射、污染物、有害生物、水、火、地质环境等。在文物已形成的情况下,文物保护环境因素的控制对保护文物、延长文物寿命起着决定性的作用。

仅仅研究和掌握文物制成材料的变化规律远远不够,还必须进一步科学研究保护文物的技术方法。保护文物的技术方法的内容很多归纳起来有两个方面:第一,改善文物保护条件,即采用一定措施来防止或减缓自然环境中各种有害因素对文物的破坏。第二,文物修复技术,即对已经损坏或存在不利于永久保存因素的文物进行处理,尽力恢复其历史面貌,延长其寿命。

文物保护是通过研究文物制成材料变化规律,运用各种科学技术方法和管理手段,对文物进行防护、保养和修缮。

文物保护技术与文物保护的最大区别在于二者的外延不同。文物保护的外延大于文物保护技术,比如,如何有效阻止人为因素对文物的损坏,不是文物保护技术所要研究的问题,却是文物保护必须加以研究并解

决的问题。从某种意义上可以认为文物保护是由文物保护技术和文物保护管理两大部分所组成,文物保护技术主要从科学技术角度研究如何保护文物,构成文物保护的骨架,是硬件部分;文物保护管理主要从管理角度探讨如何保护文物,形成文物保护的肉体和血液,是软件部分。

二、文物保护技术的研究意义

(一)文物的质变与毁损

在漫长的历史发展过程中,人类创造的大量的具有历史、艺术、科学价值的文化遗存,能够保留至今的仅是其中的极小部分,大部分都已毁灭消失。究其原因,除文物本身的材质外,主要有自然和人为两个方面。

自然因素对文物的影响主要表现为自然力对文物的破坏,包括两种不同情况:一是各种自然灾害对文物的毁灭性破坏,如地震、火山爆发、地壳运动、洪水、台风、潮汐、地下水活动、雷击等。这种灾难性的巨大破坏力,往往难以预防。二是自然破坏力,尽管它不如自然灾害那样来势凶猛,却持久地侵袭着文物。这类自然力包括:气候变化、光线辐射、空气污染、生物危害等。这种自然破坏力虽然力量轻微,其过程缓慢,但其日积月累的效果也可达到十分惊人的程度。在这些自然因素的作用下,文物总是向变形、变质乃至彻底毁灭的方向转化,也就是文物的质变和毁损,这是不以人们的意志为转移的自然规律。如金属腐蚀矿化、砖瓦酥碱粉碎、石雕风化剥离、壁画褪色起甲、织物黏连腐烂、书卷虫蛀霉变、木材干裂糟朽、牙骨龟裂翘曲、皮革脆裂脱毛、文献字迹模糊、建筑倾斜倒塌等。人为因素对文物的破坏是指人类的自身行为作用于文物,从而引起文物的质变与毁损。归纳起来,主要有如下三种情况:一是"建设性"破坏。由于发展经济而进行的大规模建设工程危及原来地上文物和地下文物遗存,如为了城市的现代化,随意将古建筑拆毁,用新建筑取而代之;为开发旅游事业,不适当地在名胜古迹区兴建机构、公路、桥梁、索道、饭店和人造景观,破坏了文化古迹的环境风貌,乃至毁坏了文化古迹;在建筑工程施工过程中,一些施工单位为赶工程进度,发现古墓和古遗址瞒而不报,用推土机一推了之等。二是"维修性"破坏。这是一种好心办坏事的行为。本来,在实施文物维修或修复时,一定要忠实于文物的原状和原貌,绝不允许操作者主观臆造,随意加工或加以改变,但或由于对文物缺乏正确的认识,或由于不事先征求或不听从专家的意见,执意按照自己的主观意愿,对文物进行"改造性维修",以致在实际工作中,"维修性"破坏的事例还时有发生,其中,文物保护单位在这方面尤为突出。三是盗窃性破坏。这种破坏造成的文物损失触目惊心。据有关报道,在全国著名古墓中,未曾被盗的只是少数;地下非法文物交易活跃,文物走私也十分猖獗。盗窃性破坏又有两种情况:其一是将文物拆卸、锯凿割裂后盗走一部分,使文物本身遭到破坏;其二是成组文物中被盗走其中的一部分,破坏了文物的完整性。

防自然力破坏,应主要依靠科学技术,它有待于文物保护科学技术研究拿出更好、更科学的保护措施,改善文物保存的环境。防人为因素破坏,主要属于文物保护管理方面的问题,它有赖于全民族的道德素养、保护文物意识的日益提高和政策、法律、规章、制度等的逐步健全并得到严格执行。

除单纯的自然因素和人为因素外,也还存在由于人为因素作用,致使自然因素发生较大变化,从而导致文物遭到破坏的情况。从宏观上讲,人类活动的频繁和对自然的过度掠取,造成自然灾害加剧、全球气候异常(如温室效应)、生态失衡等,使得文物的宏观保存环境恶化;从微观上讲,在博物馆、文物保护单位附近建工厂企业,烟囱林立,烟雾弥漫,污水废气排放自然会腐蚀文物;城市用水量的增长,使地下水减少,地基下沉,自然会妨害文物安全;水利资源的开发,河流改道,波及地下环境的改变,自然会影响埋藏于地下的文物的保存。这方面的事例在现实生活中举不胜举。

(二)文物保护技术的意义

文物是一定历史时期人类文明发展的产物,表现为各种物质文化遗存。要使这些文化遗存能长久地为人类文明的发展服务,首先必须保护好其物质形态载体,而从物质形态角度而言,文物又是由各种材料组成的。任何物质材料自身都在不停运动,同时各种外界环境因素的长期作用,会引起乃至加速物质材料自身的一系列物理、化学等变化,从而改变文物物质材料的结构和性能,甚至毁灭文物物质材料自身,亦即如前所述,文物的质变与毁损是一种不可逆转的规律。如此一来,文物资源利用期限的长久性与文物物质材料存在期限的有限性便存在不可调和的矛盾。对这一矛盾的内在规律进行探究并加以解决,正是开展文物保护技术研究的意义所在。

具体而言,可以概括为如下几个方面。

(1)只有通过文物保护技术的研究,才能弄清各种不同文物的损坏机理和运动变化规律。不同质地的文物,其构成材料不同,理化性质各异,其损坏机理和运动变化规律自然也就存在非常大的差别,如青铜器和漆木器就截然不同,只有通过具体研究,才能将之弄清。

(2)只有通过文物保护技术的研究,才能为制定和选择文物保护方法,采取文物保护手段及措施提供科学依据。不同的文物需要采取不同的保护方法,运用不同的手段和措施。对于某一具体的文物,到底采取何种方法,运用何种手段、措施最为合适、恰当,这都需要经过反复研究,特别是多次的实验论证,才能为最终方案的选择提供科学的依据。

(3)只有通过文物保护技术的研究,才能最大限度地延长文物寿命,为长久发挥文物价值服务。在现有条件下,文物保护技术的研究,可以为文物保护提供最为科学、安全、可靠的方法、手段及措施,除此之外,没有其他更好的途径。

(4)通过文物保护技术的研究,可以更好地保护古代文化遗产,为经济建设和精神文明建设做出贡献。古代文化遗产是前人留给我们的一笔巨大财富,在经济和精神文明建设中具有重要地位,通过文物保护技术的研究,可以对其进行很好的保护,并留传给后代。

(5)文物保护技术是文物科学的重要分支学科之一,其研究可以丰富完善文物科学的研究,为文物保护研究的繁荣做出应有的贡献。

三、文物保护技术的研究对象和目的

如前所述,文物保护技术是研究文物制成材料变化规律和保护文物的技术方法的学科,这一学科本质决定了它的研究对象就是文物。在这里,有两个问题值得我们特别加以注意。

一是其他文物学学科也基本以文物为研究对象,其间区别何在?可以说区别在于研究的出发点、侧重点不同,运用的研究方法也不同。文物保护技术研究文物的出发点在于采取哪些方法、手段和措施才能最大限度地延长文物寿命?任何事物都有其构成的不同方面,文物也是如此,在这些不同方面中,文物保护技术要研究的是文物的物质构成、成分、运动变化规律、保存规律及保护修复等;在对文物进行研究时,文物保护技术主要是运用一整套的自然科学研究方法。

二是文物的理论研究模型含义,在这里,文物是作为文物保护技术的研究模型出现的。可以说,它既可以是具体的实物,但又必须超越具体实物,进行理性升华。因此,它具有两个十分重要的特征:其一是它的物质属性,即任何文物都是由物质构成的,是有形的物质形态;其二是它的人

文信息属性,凡文物都含有十分重要的人文信息,这也正是文物价值的真正所在,而人文信息属性是无形的。这一研究模型概念的建立,对文物保护技术研究具有重要指导意义,如解决青铜器保护问题,首先应保护青铜器物质实体,在这一过程中,需要利用金属锈蚀理论,研究青铜器锈蚀的机理,再根据电化学、高分子化学、材料学等理论,进行除锈、防锈和表面封护处理。其次,在上述操作过程中,还须将其花纹、铭文、制作工艺、色泽和美学特点尽可能完美地保存下来,即保护文物的人文信息。

文物保护技术研究的最终目的是为了最大限度地延长文物的寿命,使文物尽可能长时间地为人类文明发展服务。而研究文物制成材料的变化规律,寻求保护文物的技术方法,都只是达到这一最终目的的手段。

四、文物保护技术的研究方法

首先,这里所讲的文物保护技术研究方法,并不是指文物保护技术研究特有的专门方法,而是文物保护技术研究中所运用的各种方法的总和。

事实上,文物保护技术和其他保护技术学科一样,很难说哪一种方法是本学科专用的方法,至少就目前的情况来看,文物保护技术还没有形成自己特有的专门的研究方法。其次,从整体上看,文物保护技术所采用的研究方法是自然科学研究方法,这是由文物保护技术的学科属性决定的,文物保护技术是一门综合性的应用技术学科。具体而言,文物保护技术的主要研究方法可概括如下。

（一）现代文物分析鉴定方法

它是现代分析方法在文物保护技术中的运用,在文物保护技术的研究中具有十分重要的地位。因为要进行文物的保护,首先就要进行文物分析,弄清其成分和结构离开了现代文物分析鉴定方法,文物保护就无从谈起。如已知古代青铜器多为铜、锡、铅三种金属的合金,但其含量比例随年代、产地而有所不同,仅用肉眼观察是不够的。1965 年在湖北望山一号楚墓中出土了 2500 年前的越王勾践剑,引起轰动,但其具体组成成分却不得而知。文物科技工作者采用粒子激发 X 射线分析法（PIXE）进行了测试,结果显示：该剑的主要成分是 Cu,次要成分是 Sn（且含量分布不均匀）,还含有少量 Pb、Fe 和 S。此结果的发现,一方面可推测我国古代冶金中早已应用了硫化技术以保持金属剑的光亮锋利,另一方面也为今后对该剑实施保护提供了科学依据。又如我国敦煌研究院文物科技工作者曾对敦煌莫高窟、敦煌西千佛洞的北凉、北魏、北周、隋、唐、五代、宋、西夏、元、清等 11 个朝代 50 多个洞窟中的红、蓝、绿、白、黄及棕黑颜料先后取样 300 个进行 X 射线物相和 X 射线荧光分析,分别得知了这些矿物颜料的结构和成分;陕西省博物馆、考古所等单位曾应用发射光谱分析和 X 射线衍射结构分析等现代测试手段对秦兵马俑彩绘颜料进行综合分析。通过这些分析研究结果,既可了解我国古代对矿物、植物的综合应用、颜料化学及其冶炼技术的发展水平,也为进一步寻求保护、临摹和修复古代壁画及彩塑的方法提供了重要的科学依据。

由于文物保护技术应用的现代分析方法很多,且处于不断发展阶段,下面主要介绍其中的一些常用的、重要的研究方法。

1. 形态分析

弄清文物的微观结构,对制定和选择文物保护方案、采取有效的文物保护措施,具有十分重要的指导意义。用于文物形态分析的仪器主要有实体显微镜、偏光显微镜、金相显微镜、扫描电子显微镜、透射电子显微镜等。

实体显微镜是文物分析鉴定和文物保护工作中最常用的分析工具之一。通常它由物镜、目镜、镜筒、载物台和一个附加的照明灯等部分构成;一些较好的显微镜还配有照相系统,可获得被观察物体的显微放大照片,放大倍数一般为 14 ~ 40 倍不等。通过实体显微镜对文物进行观察,可获得文物的微观特征和保存状态等重要信息。如观察严重酥碱的壁画颜料,很容易发现颜料粒子周围附着有大量的盐分颗粒,从而找到壁画酥碱发生的原因,为制定具体的保护和修复措施提供依据。实体显微镜可用于观察纸张、丝绸、陶瓷等各类文物,是文物鉴定的理想工具。

偏光显微镜较实体显微镜要复杂得多,其中最特别的是增加了偏光镜和其他附件。现代偏光显微镜主要由光学、照相和照明三部分组合而成,放大倍数一般为 40 ~ 400 倍不等。偏光显微镜是根据不同矿物晶体在偏振光透过时具有不同的光学性质来鉴定矿物。在文物研究方面主要用于古代颜料、丝绸、土遗址等各类文物的鉴定。

金相显微镜的构造与偏光显微镜相似,所不同的是前者增加了入射光附件,可通过垂直的入射光束照射到样品表面,观察样品的微观形态。

金相显微镜主要用于研究古代金属的加工工艺、冶炼铸造工艺等问题。使用金相显微镜分析时,一般是用金属文物的残片制成显微样片,然后放在金相显微镜下直接观察或用 $FeCl_3$ 的乙醇溶液浸蚀后观察,并摄取照片。显微金相可以揭示金属文物的金相结构,从而判明合金制造工艺和成分。

扫描电子显微镜的问世使人们对微观世界的认识有了一个巨大的飞跃,其分辨本领从光学显微镜的 0.2μm 扩展到纳米级,整整提高了 1000 倍。它的构造是一束高能初级电子束通过磁扫描线圈,在被测物体表面做有规则的扫描运动。电子束与文物表面相互作用时,会产生背散射电子流和次级发射电子流,这两者都携带有文物表面微观结构的全部信息。

这些信息可以电信号形式为探头所接收,将探头电信号放大投射于荧光屏,荧光屏上便显示出被测文物表面的微观结构的放大影像,最后将此影像拍摄成照片。扫描电镜的功能是提供被测物体的微观结构图像,主要用于金属文物的微观结构和腐蚀原因研究、古代颜料和颜料剖面的层位分布及各层的主要元素分布的研究、古陶瓷产地的研究、酥碱壁画中盐分分布情况的研究、加固前与加固后土质文物的微观结构的变化的研究等。

透射电子显微镜是一种以电子束为照明源,将穿过样品的电子(称为透射电子)经电磁透射聚焦成像的电子光学仪器。它是根据被测样品的电子衍射图来鉴定样品的。在文物分析中,主要用于文物材料分析、保护材料与文物间的反应考察等。这种方法研究文物材料,在观察文物形貌的同时,还能得到物相大小、形态、分布等重要信息;若加上 X 射线能谱仪等附件,还可直接得到所测物相的化学成分。

2. 波谱分析

波谱分析即用各种不同性质或不同频率的波谱对物质进行分析的方法。在文物分析中常用的有 X 射线衍射分析、红外光谱分析、紫外吸收光谱分析、质谱分析和穆斯堡尔谱分析。

X 射线是一种横向电磁波,不同的结晶物质,其 X 射线的衍射效应会存在区别,于是可根据这种衍射效应来测定晶体的内部结构和鉴别晶体的物相,确定被测样品的物质组成。与化学分析不同,X 射线衍射分析所能指示出的是"相"而不是元素,如某样品化学分析有 Ca^{2+}、Na^+、Cl^-、SO_4^{2-},但不能确定为那种物质,X 射线衍射分析就可以直接指示出它们是 $CaSO_4$ 和 $NaCl$,还是 Na_2SO_4 和 $CaCl_2$;当然,若待测样品为单质或其混合物时,所指示出的就是元素,因为此时元素就是它们的相。在文物分析中,X 射线衍射分析主要用于鉴定颜料物质组成、古陶器成分、古代金属和分析古代丝绸等。

红外光谱系分子光谱的振动转动光谱,由分子吸收红外光而产生,波长为 0.75m ~ 1000m。它是定性鉴定化合物和测定分子结构最有用的方法之一,广泛应用于有机化合物的鉴定。在文物分析中,主要用于文物修复材料的分析及修复材料老化原因探讨、壁画颜料的鉴定、绘画胶结材料的分析鉴定和丝绸漆器涂层等各类有机材料的分析鉴定等。紫外吸收光谱同红外光谱都属分子光谱,是指分子在紫外光照射下,会吸收紫外光而产生分子能级的跃迁,所得到的吸收光谱为紫外吸收光谱。由于有机化合物大多在紫外区具有特征波长的紫外吸收光谱,因此,可通过它来定性和定量测定文物中有机化合物的种类和含量。如在进行古代丝绸的老化研究时,紫外吸收光谱可用于检查丝绸老化后其化学结构的变化情况;也可应用于有机保护材料的老化研究,经过老化实验后,通过测定有机材料的紫外吸收光谱吸收峰位置的变化程度,来比较保护材料的抗老化性能。

质谱分析是将待测物质的原子或分子转变成带电的粒子(即离子),利用稳定磁场(或交变电场)使带电粒子按照质量大小的顺序分离开来,形成有规则的质谱,然后利用检测器分别进行检测以作定性和定量分析。质谱分析主要应用于测定古代颜料、陶器瓷器以及青铜器中元素的同位素数值,根据分析数据判明古代文物的产地和测定古代有机物的成分,为文物保护提供依据。

穆斯堡尔谱法也是文物分析中的一种重要方法,这种方法是依据穆斯堡尔效应,所谓穆斯堡尔效应其实就是无反冲核的 γ 射线得到的共振吸收和散射现象。其方法具有精度高、用途广测量方法简单、能量分辨率高等优点,是研究物质微观结构的一种有力手段,可广泛应用于古陶器、古瓷器、古代铜器、古化石、古画、古代艺术品和古代颜料等样品的分析研究,研究文物样品的含铁物相,古代陶瓷器的煅烧工艺及条件、年代和出处的测定,以及赝品的鉴定等。穆斯堡尔谱法的优越性在于样品的需要量少,对样品不具有破坏性(用背散射法)。当然由于其放射源的限制,只能涉及几种元素(如 Fe、Sn 等),这不可避免会带来某些片面性,在实际中最好结合其他手段相互验证,以保证得出准确的结论。

3. 元素分析

弄清文物的元素构成及各元素的含量是科学保护好文物的重要前提。常用的元素分析法有发射光谱分析、原子吸收光谱分析、X 射线荧光分析、质子荧光分析和活化分析等。

依据原子物理学理论,当同一元素的原子受到激发跃迁时,就辐射出该元素原子所固有的特征性光谱,因此,可以根据谱图中某些特定波长谱线的有无,来判断试样中某种元素是否存在;同时,当试样中该元素含量较多时,辐射的谱线强度就较大,因此,又可以根据辐射的强度对该元素进行定量测定。根据这个基本原理来进行分析的方法,称为发射光谱分析。目前,发射光谱所使用的仪器为等离子体发射光谱仪(ICP),其特点是能一次性准确快速测定多个元素,在文物保护研究中主要应用于陶器、瓷器和青铜器中的元素测定。

原子吸收光谱分析是基于从光源辐射出具有待测元素特定谱线的光,通过试样蒸气时被蒸气中待测元素基态原子所吸收,由辐射特征谱线光被减弱的程度来测定试样中待测元素含量的方法。原子吸收光谱作为元素分析的工具,同样具有检测灵敏度高、测定准确等特点,可满足文物保护中文物样品元素分析的要求。

X 射线荧光分析是基于发光源发出的 X 射线作用于样品时,待测样品原子受到激发,其内层轨道的一个电子,如 K 层,被打出,K 层轨道上便出现一个空位,于是外层轨道上电子就要自动去填充内层空位,这称为退激。当不同外层电子向 K 层跃迁时就会发出不同能量的 X 射线,它们被统称为 K 线系;若向 L 层空位填充,发出的 X 射线称 L 线系。原子由激发到退激,时间极短(101 秒),发出的光称为荧光。由于各种不同元素的原子能级不同,因此,荧光 X 射线本质上就是特征 X 射线,各元素不同线系内每条射线的能量可通过手册查出,其强度可由仪器测定,这样就可达到定性、定量分析的目的。作为一种无损检测手段,X 射线荧光可广泛地应用于文物保护中元素的定性、半定性和定量分析,如测定陶器、瓷器和青铜器样品中的多种元素的含量。有关专家曾用 X 射线荧光光谱仪和标本法 X 射线波谱定量分析了安徽省含山县大墩出土的青铜镞的主要成分,确定其各成分含量在 C 75% ~ 78%,Sn 9% ~ 16%,Pb 2% ~ 6% 范围内。

质子荧光分析是基于加速器的一种重要的离子束分析手段。当加速器产生的高速粒子轰击样品时,会发射出能量确定的特征 X 射线,测定 X 射线的能谱,再根据特征 X 射线的能量峰面积,就可测定样品中含有的元素含量。质子荧光分析主要用于古书、古画、手稿、邮票、织物等文物的分析。如 1981 年,复旦大学近代物理研究所曾对秦始皇兵马俑遗址出土的秦代箭头进行分析,证实这种箭头表面存在着 2 微米厚的 Cu、Sn、Pb、Cr 等金属的氧化层,由此可以推断 2000 多年前的冶金工艺中,我国已采用了铬化技术,这是秦箭头至今仍不生锈的主要原因。

活化分析是利用核反应使待测样品中某种(或几种)同位素变成放射性核素,由测定该放射性核素的特征射线的能量(有时还需测定半衰期和强度来确定某种或某些元素含量的分析方法。常用的活化分析法有热中子活化分析法、快中子分析法、带电粒子活化分析法等。活化分析是文物分析鉴定中一种重要而常用的测定方法,主要用于快速鉴定样品组成及测定元素(特别是微量元素)的含量,具有灵敏度高、分析需样品少的优点。

4.色谱分析

色谱分析是一大类分离技术的统称,它区别于其他分离技术的显著特征为:有两个互不融合的相(可为气体、液体或固体),一个被称为"固定相",而另一个被称为"移动相",在色谱分析过程中,将被分离的样品注入移动相,移动相载着样品通过色谱装置,并使样品与固定相相互作用,由于样品中不同化合物的物理和化学性质存在着差异,与固定相的相互作用也不同,混合样品得以分离。通常,与固定相作用程度最弱的成分先通过色谱柱,而作用程度最强的成分最后流出色谱柱。色谱法可用于检查古代文物中的有机添加物、黏合剂胶结材料、有机涂层、污染物、腐蚀产物、颜料、盐分等。

此外,热分析、色度分析以及仪器联用技术等,也都是文物保护技术研究中的常用文物分析方法。

(二)文物断代方法

弄清文物时代或年代对于有效地保护文物具有重要的参考价值。利用现代技术确定文物年代的方法,大致可分为五大类。

(1)利用放射性核素(元素)衰变、辐射规律断代,常用的有钾—氩(K—Kr)法及铀子体平衡(U系)法等。

(2)利用天然辐射引起的各种效应来断代,如热释光法(TL)、电子自旋共振(ESR)法、裂变径迹(Ft)法等。

(3)根据磁性规律断代,如古地磁法、沉积地磁法等。

(4)依据生物规律断代,如树木年轮法。

(5)物理、化学及其他方法断代,如氨基酸盐外消旋法、黑曜岩水合法等。下面择其要者作一介绍。

1.^{14}C 和加速器质谱测年法

^{14}C 测年是基于样品中的 ^{14}C 原子衰变率计算样品的年代。各类含碳物质在生命过程中要不断地同大气交换 ^{14}C,衰变掉的 ^{14}C 能不断得到补充,其体内的 ^{14}C 比度与大气中的 ^{14}C 比度一致,但停止交换(如生物死亡、沉积等),其 ^{14}C 就再也得不到补充,^{14}C 就会按指数规律衰减而降低。因此,只要测得空气中的 ^{14}C 比度(I_0)和标本出土时的 ^{14}C 比度(I),就可

从公式 $t=\tau n\,(I_0/I)$ 求出标本死亡的年数（τ 为 ^{14}C 的衰变常数）。现代科学研究证明，平均每经过 5730 ± 40 年 ^{14}C 原子就降为原有水平的一半（以 1950 年为起点）。^{14}C 测年法是目前国内外应用最广、技术最完善的绝对纪年方法，但也存在不少缺点，如样品用量大，测量时间长，越年轻的标本测量误差越大等。

加速器质谱（AMS）^{14}C 测年是 20 世纪 70 年代末开始发展起来的一种现代核分析技术，其原理是直接计测样品中 ^{14}C 原子数。因此，与 ^{14}C 法比较，其突出优点是所需样品的量少（只需几毫克，甚至几百微克的碳量即可），测量时间短，可测年限高等。不利之处是使用核物理技术和投资昂贵的设备。

2. 钾氩法

钾氩法主要应用于通常见于火山岩、变质岩和火成岩中许多含钾物质的放射性测量方面。其理论依据是火山熔岩中的放射性 K 会蜕变成 ^{40}Ar，而 ^{40}Ar 在火山熔岩凝固时会被高温挥发殆尽。因此，可将火山熔岩的生成时刻作为 K—Ar 记年法的时标零点，随时间推移，火山熔岩中由 ^{40}K 蜕变成的 ^{40}Ar 含量逐渐积累增多，只要测出火山岩标本中 ^{40}Ar 的数量，根据衰变规律和半衰期（^{40}K 为 1.25×10 年），便可推算出火山熔岩形成的年龄。其中，利用现代加速器质谱技术，可测出标本中的 ^{40}Ar 原子数目，^{40}K 的总含量可由光谱法测定。钾氩法主要应用那些具有火山灰沉积的早期旧石器时代地层。

3. 树木年轮法

此方法是 20 世纪初由美国天文学家道格拉斯开始研究建立起来的。

其基本原理是：由于树木都是春夏生长，因此，在树干的横截面上就形成疏密相间的年轮，树干截面上的年轮数目代表该树的年龄，由此可以用来断代。应用树木年轮法确定样品的年代首先必须建立起本地区的主年轮序列，其方法一般以长寿命活树为基础，再与过去砍伐的同树种年龄相衔接，逐步向前推进，即可建立一个气候区的树轮纪年主系列表。

从理论上说，气候区树轮纪年主系列表建立后，即可用于文物断代，其方法是将古代木质遗物上的树轮与树轮纪年主系列表中的特征年轮相比较，然后将样品的年轮谱与主年轮序列对照，就可以定出非常准确的年代。但实际操作起来存在诸多限制因素。首先，不是所有地区的树轮都能形成理想的特征年轮谱；其次，不易找全各个时期的树木样品来建立完整的序列，只能在气候季节变化明显的地区选择适当的长寿命树种才能建立起年代序列比较长的主年轮序列，目前欧美一些国家已建立了近万年的主年轮序列。树木年轮法主要应用于两个方面,一是作为一种独立的方法确定文物绝对年代;二是校正 ^{14}C 测年结果,使 ^{14}C 年代转换到比较精确的历史纪年。

4. 古地磁法

古地磁测年主要有两种方法:一种是利用地层沉积物磁性随地磁极性倒转而倒转的现象进行地层断代,主要用于旧石器时代古人类地层的断代。此法不是独立的绝对年代的测定方法,而是一种"比较测年方法",作为参考标准的连续地层的地磁极倒转年代序列表要靠钾—氩法预先建立。另一种是利用古代遗物的热剩磁性进行断代,主要用于新石器时代以来的窑、炉、灶、瓦陶瓷器的断代。其基本原理在于这些遗物的热剩磁性一旦形成就很稳定,可保留几千年不变,其方向与加热后冷却时的地磁方向一致,强度与当时地磁强度成正比;假若该地区的地磁方向和强度随年代变化的关系已经明确,那就可以通过测定样品的热剩磁性来断定其年代。其方法是利用大约 1000 公里范围内已知年代样品预先建立该地区古地磁随年代变化规律的标准曲线,对于要测的未知年代的文物标本根据它的所测地磁数据在标准曲线上找到它的纵坐标位置,其对应的横坐标位置就是磁断代年龄。

5. 铀系法

铀系元素由铀核连续地进行放射性裂变所形成的大约 12 个同位素组成。铀系法就是利用铀的各同位素和它们的子体之间放射性平衡的破坏和重建的过程进行测年,具体说,^{230}Th 和 ^{231}Po 的半衰期分别为 75200 年和 32400 年,从骨头、贝壳等标本中测出钍/钋的比率,即可根据放射性衰变公式推算出它的年龄。铀系法主要用于测定人类及哺乳动物的牙齿和骨骼,以及石灰岩洞穴中的石笋、石钟乳等硫酸盐沉积物。

6. 热释光测年法

热释光法是通过测定样品中积累的辐射剂量效应来确定最后一次受热后的年代或样品形成的年代,它十分适用于对陶器烧土或火山灰烬层、岩浆烘烤层进行测年。可测年代范围的上限可达百万年。热释光测年的方法是用已知放射性强度(亦即已知剂量率)的放射源在短时间内辐照陶瓷样品,根据热释光强度与辐照剂量的线性关系,用作图的方法来推断陶瓷器的年龄。此法能应用于断代基于以下四点理由:①辐照剂量和样品的热释光强度有简单的线性关系;②热释光强度可以定量准确测定;③小剂量率长时间天然辐照的积累剂量对陶瓷器固体结晶所产生的热释光效应与大剂量率短时间人工辐照相等剂量的效应是一致的,以此求出古代陶瓷器的等效剂量;④古陶瓷自高温(超过500℃)形成后,受恒定的天然辐射剂量率照射。热释光测年的方法误差测试误差都比较复杂。

7. 电子自旋共振法

电子自旋共振是指原子中电子自旋能级在外磁场中发生塞曼分裂后,在外加微波能量激发下,电子从低能级向高能级跃迁这样一种能量共振现象。电子自旋共振测定标本年龄的原理是基于对标本所受天然辐射损伤量的检测,或者说是基于测量标本中辐射损伤造成的晶格缺陷所捕获的顺磁电子数,其数与标本所遭受的天然辐射总剂量比率是常数,因此,标本内的总吸收剂量必与标本年龄成正比。

电子自旋共振法的优点在于:其一,年龄测定范围很宽,可测从几千年到几百万年的标本的年龄。其二,它是一种非破坏性的方法,而且同标本可反复测量。其三,可测定的标本种类较广,如人类和脊椎动物的骨头或牙齿化石、海底贝壳、珊瑚、有孔虫、洞穴石笋、碳酸盐类、陶瓷器等。此外,这种方法还可利用有机物的化学变化进行测定。

8. 裂变径迹法

矿物和玻璃物质晶体中,存在着少数铀同位素裂变时留下的细长径迹,一般是由3U核裂变时产生的反冲碎片引起的。裂变径迹在常温下能永久保留,长度一般为5～20微米。这种裂变径迹借助于氢氟酸对标本的蚀刻,就能在显微镜下清楚看到。裂变径迹法的基本原理是通过统计样品中铀的裂变径迹数来推算样品的年龄或经过最后一次高温的年龄。^{238}U的半衰期约为8×10^{15}年,测出标本中^{238}U的总原子数,再用显微镜按上述方法找出标本中的径迹数,即可由衰变公式算出标本的年龄。

裂变径迹法主要应用于火山灰的年龄及遗址中含灰烬地层年代的测定等。

9. 氨基酸外消旋法

氨基酸外消旋法测年的原理是:动物死亡后,体内原生的蛋白质氨基酸的左旋体结构会逐渐向右旋体结构转化,最后达到平衡,以至旋光作用消失,这一过程称为外消旋反应。外消旋反应的速度依赖于化石埋藏环境特别是以指数函数关系依赖于环境温度。如果化石埋藏环境的温度不变,就可以根据化石中氨基酸左旋体对右旋体的比例来确定化石的年代。但由于化石所处的环境温度可能有其复杂性,难以估定,所以用此法测定年代往往误差较大,可靠性较差。然而由于测年所需样品极少,容易采集,方法简单易行,对填补放射性碳素断代和钾氩法断代中间的空白有一定的作用。

（三）实验研究方法

实验方法是文物保护技术的最基本的研究方法之一,之所以如此,主要是由如下两方面情况决定的。

（1）文物保护技术是研究文物制成材料变化规律和保护文物的技术方法的学科。欲探明各种不同文物制成材料的变化规律,当然需要通过各种各样的大量实验,如纸质文物随温湿度变化有哪些规律性? 不在实验室内,分别研究在各种不同的温湿度下,纸质文物性能发生哪些不同的改变,要想找出其中的规律性是不可能的; 又如,在大气环境下,青铜病常从某些古铜器锈皮低缝冒出并蔓延,这是腐蚀现象中的特殊类型,其原因何在? 只能通过实验才能找出问题的答案。保护文物的技术方法的取得同样只能通过实验才能解决。

（2）文物保护、修复必须遵循"整旧如旧,保持原貌"和"可逆性、可再处理性"的客观规律。文物保护、修复必须"整旧如旧,保护原貌",这是由文物的特性、文物保护的根本目标决定的。"旧"就是文物的本质、附于其上的信息和它表现出来的状貌的综合,"旧"根本上变了,文物也就不是文物了。文物修复必须具有"可逆性、可再处理性",这是因为: ①随着科学的不断发展、文物保护科技研究的深入,不断会发现修复文物的更新更好的材料; ②为更有效地长久保存文物,必然要对已经修复而效果不是最理想的那些文物,去除原用的材料,代之以新的材料,重新进行修复; ③许多已经使用而取得较好效果的材料,一旦老化,也必须被去除,重新处理。

（四）传统文物保护技术方法

传统文物保护技术,是指世代相传的对文物保护行之有效的技艺,有些学者称之为"适用技术"或"中间技术"。尽管现代科学技术在文物保护中的应用越来越多、越来越广,但这并不意味着传统文物保护技术在文物保护技术的研究中不需要了。恰恰相反,这些传统的文物保护方法历经几千年的考验,自有它的独到之处,因此,世界各国对采用传统技艺保护文物都十分重视。如从我国的青铜器保护和修复来看,传统技术仍占据重要地位,实际修复中运用的仍然是传统的修复方法: 锡焊接法、打制法和修配法。这些方法或单独使用,或酌情并用,将残破的青铜器复原,然后用胶水调颜料涂抹,再涂黄蜡一层,遂成为一个完整器。又如我国的传统修裱技艺,可以说是文物保护领域的一朵奇葩,至今仍焕发着旺盛的生命力。

应该将传统文物保护技术作为一笔丰富的历史遗产,进行继承并使之发扬光大,事实也正是如此。现在专家们正在努力探索一种更理想的"混合技术",从而使现代技术与传统技术在保护文物方面能融为一体。

五、文物保护技术的研究内容

文物保护技术的研究内容主要由三大部分组成。

（一）文物制成材料的研究

如果将文物保护技术研究比做一棵参天大树,那么文物制成材料的研究就是这棵大树的根;如果把文物保护技术研究比喻为滔滔江水,那么文物制成材料的研究就是这滔滔江水的源。文物制作材料的研究在文物保护技术研究中占有十分重要的地位。因为文物材料的自然老化,其内在因素还是文物材料本身,外界因素只是为文物变质老化提供了一定的条件。在考古发掘中,出土的古代金器饰品保存至今仍金光灿烂,而出土的青铜器则锈迹斑斑,至于铁器,汉代以前的今天已很难见到,就是这方面生动的写照。文物制成材料研究方面的主要内容包括:①研究各种文物制成材料的成分、结构与性质;②研究文物制成材料的老化机理;③研究文物制成材料变质老化的规律性。

（二）文物保存环境的研究

以下两个方面的原因决定了文物保护环境的研究是文物保护技术研究中涉及面最广、为数最多的研究项目:一是保存环境是引起文物变质老化的重要外界因素,而且因素极多,既有物理、化学、生物的因素,也有气候、地质的因素,甚至还有人为的因素;二是文物一经形成,其自身制成材料是无法再彻底改变的,为最大限度延长文物寿命,只能从保存环境上着眼、下功夫。文物保存环境研究的主要内容包括:①影响文物保存寿命的环境因素研究,现阶段它主要包括温度、湿度、光辐射、空气污染物、有害微生物、有害昆虫、地质环境等;②文物保护技术标准与方法的研究。研究文物制成材料老化变质机理及其规律、影响文物保存寿命的环境因素的目的就是要确定保护文物的技术标准与方法。

（三）文物修复、整治技术的研究

　　无论怎样保护，随时间推移，文物总是向毁损的方向发展，这是一条客观规律。面对已经损坏的文物，只能采取修复、整治的方法。因此，文物修复、整治技术的研究构成文物保护技术研究的重要内容之一。不同的文物，其修复、整治技术也不相同，如青铜器的修复技术不同于壁画的，古建筑的整治技术也不同于石窟寺的。

第三章　中国金属器艺术品及鉴定与保护

由于种种化学作用的结果,金属文物都会受到不同程度的锈蚀。它先是在文物表面发生,然后逐渐深入到器物的内部。锈蚀反应的结果,是形成各种金属盐类,使金属器物失去原有的特征,最明显的现象是在表面上形成深浅不一的锈壳,它往往会覆盖文物原有的铭文或纹饰,严重时锈壳深入到文物内部,使整个器物矿化、变质。金属文物的锈蚀作用十分复杂,它不仅与器物本身的组成有关,而且受周围环境的影响很大。本章主要围绕中国金属器的鉴定与保护展开分析。

第一节　中国青铜器艺术品

青铜器是继古代陶器文化之后发展起来的具有独特风格的民族文化艺术。在新石器晚期,辛店和龙山诸遗址中,就已有铜器发现。二里头文化(河南)出现的铜器,是我国中原地区目前发现最早的青铜器。

青铜是铜锡的合金,后来也掺有少量的铅。早期铜器是铸造的,连同花纹和字迹都很少是刻制的。河南安阳曾发现铸铜的场地,有陶质的熔锅和模型。陶范由若干小块拼合,分里外两层。后来的镂空形式和结构复杂的铜器,据说应用了蜡模,即失蜡法。到晚期铜器的制作技术进一步发展,有鎏金、错金银镶嵌等方法,使青铜器艺术更加璀璨夺目。

庞杂而笨重的青铜器、精巧而豪华的青铜器的产生,是同奴隶制分不开的。我们已看到的大型铜器(如后母戊大方鼎,重一千四百斤)以及非常精致复杂的各种铜器,它的制作技术和艺术加工,没有众多的体力劳动和脑力劳动的集体合作,没有广大奴隶们的无穷智慧,是不会制造出来的(图3-1至图3-4)。

铜器文化是记录远古社会的形象史册。青铜艺术形象地显示了奴隶社会的生产力发展水平、技术的进步和社会状况。青铜器的铸造需要千度以上的高温,一般说来还需要鼓风的设备。青铜器往往铸造有各种铭文,字体为金文(或称钟鼎文、金钟文),它是历史的真实记录,我们从这些文字中了解到奴隶社会的人与人的关系以及许多民俗、礼仪方面的史料。

图 3-1

图 3-2

图 3-3

图 3-4

如虢季子白盘(重四百多斤)上有铭文一百一十字(图 3-5),大意是说周宣王十二年(公元前 816 年)正月初的丁亥日,虢季子白做了这个盘。子白很威武,能打仗,于现在陕西洛河北面,抵抗了外来民族的侵略,杀死五百多敌人,捉住五十个俘虏。王赞赏他,驱驾到祖庙,在宣榭召开宴会,赏了他四匹马、弓箭和斧。于是子白命人把这些事实记载在这个盘上传给他的子孙。

图 3-5　虢季子白盘铭文

青铜器是奴隶社会的产物,具有明显的阶级特征。从许多器物的纹饰中,尤其是作为编钟支架的奴隶铜人的形象上,把奴隶被压迫的地位表现得非常真切。青铜器是阶级压迫的历史见证。它和陶器文化不同,新石器时期的陶器上,没有一丝一毫阶级压迫的痕迹,它只是反映人们对共同生存的环境的赞美,反映出追求美好生活的愿望。而青铜器则反映着奴隶社会的发展,体现着奴隶社会物质文明所达到的水平。

第二节　中国青铜器艺术品鉴定与保护

一、中国青铜器的鉴定

(一)历代仿制的青铜器

商周时期的青铜器,由于其造型和纹饰有很高的艺术价值,铭文又有重要的历史研究价值,自北宋以后就有人仿造古代青铜器。最早收录伪作青铜器的著作是《皇祐三馆古器图》。根据宋翟耆年所撰《籀史》记载,邢州所出土瑞鼎,"制作无法,两旁兽面衔环,三足作异兽负立,怪而不典,不知何从得而名三代器也。"宋代的其他金石学著作,如王厚之《钟鼎款识》、王俅《啸堂集古录》和薛尚功《历代钟鼎彝器款识法帖》等都收录有伪作的青铜器。

宋代复制的青铜器有以春秋晚期宋平公时代宋公戌钟为标本的"宋

大晟编钟"、宋太和钟及蟠龙纹钟等。元代的孔庙设置祭器,如鼎、簋、簠、盘、爵等,其形制也是仿古代的同类器,但纹饰不一样,铸造也很草率,仿制水平很低,易于辨认。元代的一些实用铜器,如铜壶、铜瓶等,也是仿古器;这些铜器以繁密的钱纹和回纹作纹饰,也较易识别。明代仿造青铜器,主要是按照宋代的图录,如王黼编纂的《宣和博古图》。明代仿古铜器主要有仿汉代的规矩镜、唐代的海马葡萄镜等;宣德年间所铸的仿古炉,称为宣德炉。总的看来,宋代仿造水平较高,元、明两代仿造水平较低,容易识别。

自清代以来,由于宫廷的提倡,青铜器的收藏和研究,开始走向系统化和专门化的道路,青铜器不仅作为历史实证和文化研究的对象,而且被作为珍宝和财富加以收藏,这就极大地刺激了当时的古玩业,使青铜器作伪之风开始炽烈起来。据已故的现代古文字学家容庚在其《西清金文真伪佚存表》中对《西清古鉴》《宁寿鉴古》《西清续鉴》甲编及乙编四书所作的统计,在有铭文的1176件青铜器中,作伪的就有317件,可疑的有173件。当时青铜器伪造的特点是,大多数整器作伪,纹饰仿照《三礼图》,器形和纹饰不伦不类。这种清代早期的伪作,一般也不难辨别。自乾隆、嘉庆以来,金石学家重视文字,青铜器的铭文成为衡量一件青铜器价值的重要因素。因为整器作伪很难逼真,因此真器复刻铭文成了这时期作伪的特点。但由于作伪者缺乏有关铭文知识,往往在商器上刻造西周的铭文,或在西周器上刻凿商代的铭文,使伪作有了明显的破绽。有的青铜器的铭文是杜撰的,或拼凑几件器物的铭文,或抄录别的铜器的长篇铭文。今观这些作伪铭文,其刻凿技巧都较低劣。

山东潍县和陕西西安是早期作伪的两个重要地点。潍县的作伪者大多仿制晚清金石家陈介祺(簠斋)藏品,使用蜡胎为模,翻铸铜器,埋入地下,加上各种化学成分,使铜器表层生成绿锈、红锈,然后上蜡,成为"熟坑",冒充传世品。如铭文长达380字以上的航鼎,原器早年毁于兵火,传世仅存拓本,作伪者根据著录伪造了一件,并铸铭文。西安的伪作青铜器有秦诏版和秦量,刻有廿六年诏的铜方斗,表层已形成铜的腐蚀,可见作伪年代之长。

20世纪初至1950年,中国古代的青铜器通过各种途径大量流入日本、美国、法国、加拿大等国家。1933年梅原末治的《欧米蒐储支那古铜精华》,收录铜器250件,是早年流入欧美的青铜器。1959～1962年梅原末治又编《日本蒐储支那古铜精华》,收录各类铜器526件,是早年流入日本的青铜器。1963年陈梦家编撰的《美帝国主义劫掠的我国殷周青铜器集录》收录了1949年前流入美国的铜礼器845件。1949年前由于大量中国古代青铜器流入国外，一些中国学者研究中国古代青铜器，却不得不依靠这些国外编辑的图录。大量古代青铜器流入国外，造成了中国文物市场的畸形发展，使作伪之风日益猖獗。

这一时期由于西方对中国古代青铜器的兴趣在于花纹和造型艺术，故作伪者多以艺术品为主。如在古铜器上复刻花纹，或用凿刻及浸蚀着色的方法，或用堆漆仿色的方法，或用浇铸及浸埋成锈的方法，乃至用腐蚀的方法。伪作者能按照欧美、日本古玩肆销售的要求铸造伪品，有所谓"东洋装""法国装"之类。洛阳、苏州、上海、北京等地都兼营这类作伪买卖。洛阳设有作伪的作坊，除了铜器以外，金银器及镀金银器仿造极多，都是属于"洋装"一类。1937年抗日战争爆发，北京沦陷，古玩肆以修补青铜器为职业的人，其作伪本领经过特别训练，伪作铜器的形制和花纹都很相似，但几千年的锈斑却难于进行伪造。

青铜器辨伪的著作，最早的是宋代赵希鹄的《洞天清禄集》，其中有"古钟鼎彝器辨"。明代高濂的《新铸伪造》记录了仿造古代青铜器的方法。清代金石收藏家陈介祺对古代青铜器的鉴别极精，著作有《簠斋藏器目》和《簠斋尺牍》，均论及青铜器辨伪。现代金石家、古文字学家容庚的《商周彝器通考》，其中有一章比较详细论述了早期青铜器作伪的若干问题。1980年，张光裕《伪作先秦彝器铭文疏要》，对伪铭进行了系统的整理。

（二）铸造、器形辨伪

1.铸造辨伪

商周时代的青铜器绝大多数都是用陶范制造的，后世作伪者是用蜡模（失蜡）方法铸造。判别青铜器是否用陶范法铸造，是确定青铜器真伪的一个重要方法。一件青铜器是否用陶范铸造，要看青铜器是否有块范对合的痕迹，亦即是否有"线"。尤其是铜器的阴蔽处，如器腹的下部和器耳内，难于修饰之处一定会有块范对合的痕迹。后期伪作用"失蜡法"铸造，是在模上贴腊片，所贴腊片不合缝，铸成后所示的痕迹，会使人误认为"范线"。但失蜡法所留下的这种痕迹是凹陷的，陶范法的"范线"是突起的。

伪器或仿制品一般都重于原器，例如上海博物馆收藏的西周孝王元年师兑簋，重4820克，仿制的伪器重5800克，伪器比原器重980克；又如该馆所藏西周晚期史颂簋重量为9350克，伪造的史颂簋重12420克，伪器比原器重3070克。伪器比原器重的一个重要原因是，伪铸的青铜器没有经过长期的氧化或腐蚀，与真品埋藏在地下两千余年经过长期腐蚀是有区别的；经过数千年缓慢腐蚀的青铜器，因有"发气量"，使表面略有膨胀比重下降，而伪器没有经过这一过程，重量比原器重。另一个原因是，一部分仿制者未见原器，伪器的蜡模都略厚于原器，使伪铸之器一般都厚于原器，使伪器比原器重。伪器和原器的另一区别是，敲击后发出的声音不同。新铸的伪器叩击后声音清脆，犹如新铜之声（可用敲击新铸铜器进行比较），而经过地下长期腐蚀的青铜器，铜质矿化，故发音以浑浊者居多。

商周青铜器在铸造时为控制器壁的厚薄均匀，在内范与外范之间要垫厚薄均匀的铜片；这些垫片的合金与原器成分不一定相同，氧化的呈色也不相同；有的垫片采用当时旧铜器的碎块，有的碎块上还带花纹；范内的垫片在浇铸时不可能与铜液完全融在一起，如细心观察可以发现垫片的痕迹。早期的伪器，铸造时不懂得用垫片，看不到垫片的痕迹。有些伪器在伪作铭文时，将垫片墨拓的轮廓线也仿造出来，但那种整器的伪造，只是刻划条痕而已，在实物上与真正的垫片是有区别的。

古代铸造的青铜器，表面光洁度好，很少有气孔，也很少有铜液灌注不到产生缩孔的现象；而伪器用失蜡法或翻砂铸造，器表容易产生砂眼和缩孔。这也是伪器和真器的一个区别。

商周青铜器的器足、耳部的铸造，其内外范之间的接触点或表现为一个小缺孔，或是内外范之间插有铜片、小铜棍之类作支撑；这些接触点，均有痕迹可寻。而伪器，其器体各部分的接合采用焊接的方法，做假锈掩盖。

商周青铜器用陶范铸造，其范土通常有红、灰两种颜色，不见黑色范土。而伪器用翻沙铸造，泥土中要放置适量的石墨和有机物，这些物质经炭化后呈现黑色。这是古代青铜器和伪器另一不同之处。大多数出土的和传世的古代青铜器上保留有范土，如𤓰簋的腹内三足凹陷处，簋、壶、卣、豆等圈足器的圈足内表常可见红或灰色范土。区别范土的颜色，也是辨别真伪的一种方法。

青铜器的成分与铸造工艺因时代的不同而不同，这对于鉴别断代十分有利。但是在长期封建社会里，由于种种原因，无法深入研究这一点，直到近代考坊学兴起，考古资料大量问世，通过作坊遗址、遗物的出土，运用现代科学技术去分析，终于对商周青铜器的成分与铸造工艺有了一定的了解，这为全面、正确地鉴别青铜器提供了条件。

（1）二里头文化期。本期出土了爵、铃、戈、镞、戟、刀、锥、鱼钩等青铜器。爵的含铜量为92%，含锡7%，属锡青铜；刀含铜88.04%，锡4.32%，铅483%，是铅锡青铜。说明二里头文化已进入青铜时代。不过有的铜器锡的含量达 17% 以上，而有的则仅为 2.62%，这说明本期青铜器成分的配比缺乏稳定性，还处于摸索阶段。

（2）商代。商代的青铜器铸造技术有了很大进展。首先是铸造遗址很多，在河南洛阳泰山庙、郑州南关外、安阳殷墟苗圃北地和孝民屯等处都有相当规模的铸铜遗址。其中尤以苗圃北地和孝民屯者为最。遗址面积约一万平方米，发现了工棚遗址。炼铜炉直径为 1 米，四周有木炭粒，尤其是在硬土面上发现几道凹槽，表面粘有铜渣，极有可能是浇铸铜器的流道。还有直径 0.83 米的坩埚，以及铸造各种铜器用的外范 3835 块，内范 1003 块，都表明这里是一处冶炼大型青铜器的作坊。商代早中期的合金配比技术显然比二里头文化期高超得多，广比较稳定，合铜量大致在 70% ~ 92% 之间，含锡量在 5% ~ 13% 之间，含铅比较高，不少在 10% ~ 25% 之间。这与当时青铜器器壁较薄有关。只有加大铅含量，铜液的流动性质好，才能浇铸出这样的青铜器，而商代晚期青铜器铸造技术日益完善，对合金成分的配比掌握很好。总的来说容器成分差别不大，一般量在 76% ~ 84%，锡含量在 11% ~ 15%，铅含量为 1% ~ 5%。

（3）西周。西周青铜器铸造作坊遗址发现不多，以河南省洛阳北窑西周早期铸铜遗址最有名。根据出土残炉块情形推测，炼炉小者内径 0.5 ~ 0.6 米，大者可达 1.60 ~ 1.70 米。炉内温度可达 1200 ~ 1250℃ 左右。发现陶范一万五千余块，主要是外范，范上有榫眼。除兵器与部分小件车马器用双合范外，礼器都用多合范。西周青铜礼器尤其是西周早期的青铜礼器的成分与商代晚期接近，一般含铜在 77% ~ 84%。

（4）春秋战国。此时的铸造作坊的情形与西周时期不大一样。1960 年在山西侯马市新田遗址发现一处青铜器铸造作坊遗址，出土陶范与陶模达三万多块，其中以工具范和带钩范为多。这与商周青铜器铸造作坊多发现礼器范迥异，表明实用器增多。这里出土的陶母模显示一模可以翻制较多的内外范，不但提高了产品的数量，也有利于质量的提高。这是当时铸造技术日趋先进的表现。同时青铜器的成分也与商代晚期和西周时期有很大差异。此时战争频仍，青铜器的数量大增。商代与西周时期由于重礼器的制作，对兵器的关注不够，铜、锡、铅三者的比例缺乏一定的规律，铜含量在 60% ~ 92% 之间，锡含量在 1.5% ~ 8% 之间，铅含量在 3% ~ 25% 之间，这尚不包含三种成分含量过高或过低者。而春秋战国时期兵器成分比较稳定，含铜量在 72% ~ 84% 之间，含锡量在 12% ~ 20% 之间，含铅量在 3 ~ 10% 之间。本期的青铜礼器的成分也与商代、西周时不同。总的来说是铜含量下降而铅含量大增，这是为了利用铅的特性而增加铜液的流动性，便于铸造出较商代、西周精细得多的纹饰来。

本期铸造技术之高的又一佳证是失蜡法的应用。在春秋中期以前，我国铸造青铜器均用陶范法。春秋中期开始已能用失蜡法铸造青铜器。例如1978年河南省淅川县楚王子午墓出土的青铜禁，稍晚如湖北随县曾侯乙墓出土的尊和盘，中山国王璺墓出土的镶嵌金银四鹿四凤四龙青铜方案，形制与纹饰结构十分复杂，工艺精湛，是用以前的陶范法无法铸造的，充分体现了春秋战国时我国铸造技术的先进。

在春秋晚期和战国时代，不少兵器使用两种不同的青铜合金铸成。兵器的基件用一种青铜合金，上面的纹饰用另一种成分的青铜合金。通常基件所用青铜合金的成分与当时流行的其他青铜器成分接近，铜含量在70%～80%，锡含量在15%～20%，只有极少量的铅。而纹饰部分相反，锡含量超过铜含量，而铅的含量也在10%以上。在铸造时，先铸兵器的基件，预先空出纹饰部分，形成凹槽，然后再将那种锡铅含量高的青铜液灌入槽内。当然这项工艺也可以倒过来运用，也就是说先将纹饰等部分的合金固定在范上，然后再灌注作为基件的青铜液。当然需要高超的操作工艺，因为掌握不当，纹饰部分或者变形，或者与基件的青铜液化合一起，就成了一把普通的兵器了。这种复合金属制造技术在秦汉时期已失传，所以可以作为断代的一项依据。

此外，还有铜和铁的合铸工艺技术。在商代与西周是用铜与天然的陨铁合铸。当时人们还不会采矿炼铁，但已经认识到天然陨铁的作用。而在铸造时，陨铁用来作兵器的刃部。到了战国时期，则采用铸铁与青铜合铸。除了兵器外，在青铜礼器上运用，尤其是用来作鼎、鬲等器的足部，可以节省不少铜料。

2. 器形辨伪

商周及其后世的青铜器，其时代特征很强，亦即每种器物，各个时代的器体形制是不同的，掌握各类器物各个时代的器形特征，是辨别真伪的重要一环。

伪器可分为直接铸造和拼凑改造两种。直接铸造又分为两类，一类是根据原器仿造，另一类是杂拼，意在猎奇，物稀为贵。原器仿造，虽然形制一样，外形大小十分接近，铭文内容一致，但伪器和原器，在铭文、锈色和表层上仍有差别，可以分辨，更大的区别是伪器重于原器。拼凑改造的器形，有的器形仿造，但却铸上了杜撰的铭文；或者将某一器物的铭文，铸到另一件器物上。如晚清的作伪者以西周的仲义父醽的形制为模本，在其伪器上铸上郑虢仲器组的铭文，从而成了一件伪作"郑虢仲醽"。

而实际上郑虢仲器组中根本没有"醽"这种器形,伪造这种器形,当然是一种"奇货"。伪作的郑虢仲醽虽然以仲义父醽为模本,但是器体比例偏宽,肩上一对卷体立龙的龙首形制差别较大,而且器颈上的四个环钮也偏大;再者仲义父醽是平底假圈足,而伪作郑虢仲醽则是真圈足。这些说明,作伪者没有见到仲义父醽的实物,而是根据不准确的模刻图录翻造的。

拼凑作伪,大多是在旧的器物上作部分改造,从而产生新奇感,以获得厚利。例如,伪作者将商代后期的铜罍口部另加一个流,使这件一般的铜罍变成了一件前所未见的器形。又如1923年山西浑源县出土一对春秋晚期的四虎铜豆,后来发现一件仿造的四虎豆,整个器体变矮,豆柄改成多节状),并在豆盘底部做成篮的样子,使与多节状豆柄相通,成为一件不伦不类的奇怪器物。

有些伪作青铜器全部都是拼凑的,如刻有秦始皇廿六年和秦二世诏的量器和秦权,伪器就很多。例如,有一件秦始皇方斗,四面皆刻铭文,青铜表层锈蚀也有相当程度;但是这件伪造的秦方斗四方壁,一方底及柄,都是用焊锡焊接的,柄是一件戈镦配接的,诏文字体也很浅薄,可以认定是清代中期的伪器。

(三)铭文、纹饰和锈蚀的辨伪

1. 铭文辨伪

青铜器铭文即通常所谓的金文,与青铜器形制、纹饰并列为青铜器三要素。凡是有铭青铜器较之无铭青铜器多了一项鉴别手段,所以铭文的鉴别历来为行家所注目。在某种意义上,铭文的伪造要比形制与花纹的伪造困难得多。我们通常说:"字是黑狗,越描越丑。"又说:"画能遮丑"指的是文字书体难以仿得像,而形制花纹之类的线条(平面与立体)则容易掩盖功力的不足。这清楚表明了铭文鉴别在青铜器鉴定中的功能与地位。

北宋以来,金石学家研究的重点是文字。当时的收藏家们对青铜器的搜集,往往偏重铭文方面。晚清的金石学家注重铭文,故是铭文作伪的主要时期。

商周时代铸成的铭文往往有字口小底部大的特征,只要细心观察就能发现。后期加刻的铭文,有的仿别的器物的铭文,但字体比较拘谨、呆板,字口内有或隐或显的刀凿痕迹。

另外,用翻砂法铸造的伪作青铜器,因泥料颗粒比较粗,铭文笔划的表面与细腻的范土铸造的铭文有所区别。

伪刻铭文大致有下列五种。

（1）器形和铭文皆伪作。一般是仿西周的著名铜器。如晋侯盘，整器伪造，腹内底部刻550字，系篡改《尚书》和《左传》内容而成，字体仿西周的"散氏盘"，又参以石鼓文，书法拙劣，是晚清文人所作的伪器。又如西周的毛公鼎传世有几种伪拓本，面貌大致相同；此器伪刻长篇铭文，只要仔细核对字迹，就能看出伪作的破绽之处。

（2）真器伪作铭文。这类现象在兵器上如剑、戈等，常可见到，这是因为平面器物容易刻凿铭文。除平面器外，鼎、簋之类的大口器后刻铭文也比较容易，如西周早期龙纹簋，其腹内底部四行铭文即为后刻。早期伪凿铭文不知道锈斑的连续特点，腹内底有锈斑，而字口内却没有锈斑，从而暴露出破绽。西周早期鸟纹方座簋，腹内底被伪刻上西周中期的铭文六行，使器形和铭文风格不一致，铭文显然为赝作。

小口的器形，如壶，要在器内壁凿刻长篇铭文十分困难，早期伪刻铭文的做法是在原器上锯片刻凿，如有一对春秋早期鳞纹壶，器内壁自口沿至颈腹处伪刻铭文三行24字，系仿刻西周的"易灭簋"；鳞纹壶为春秋早期，易灭簋属西周时代，故壶的器形、纹饰与铭文是不一致的。后来发现壶的颈部有很多泥土和假锈，而腹部却很少，将泥土去除后，看到壶口至颈部腹部有两道焊接痕迹，说明当时作伪者，是将该器自器口至颈腹间截下一块，刻凿文字后再焊接上去的。

（3）伪器真铭和真铭增刻伪铭。伪器真铭是指原器已残缺，有的仅剩下器物的铭文部分，而古董商借此补配伪器，以获厚利。

真铭增刻伪铭，是指有的铜器铭文字数较少，古董商人为了获厚利在真铭的前后增刻伪铭。如江苏镇江市金山公园内有一件西周晚期的大鼎，腹内壁铭文原为2行9字，该鼎所有者张二铭在原铭文的前后加刻了124字，使铭文变为12行133字。清道光二十四年（公元1844年），张二铭以300金售与叶志铣（东卿），然而当时的刘燕庭和鲍康都收藏该鼎二行铭文原拓本，使增刻的铭文得以暴露，因此叶志铣不高兴，遂将其送与金山寺。但这件被增刻铭文的鼎，在《遂鼎图题咏》一书中竟有39人为之作考及诗、记事等，在当时蒙蔽了一大批金石家。再如西周重环纹盉，口沿部分残缺后配，原有铭文缺失，只剩"子子孙孙用享"六字，后来发现的铭文，是古董商在后配的器口上于原铭文前加刻"父乙册乍宝盉"六字，使真伪铭文交杂。

（4）镶嵌伪铭。这种铭文作伪的方法，是在器内壁挖一与伪铭一样大小的凹框，将伪刻铭文的铜片镶嵌上去。有一件西周中期龙纹方鼎，腹内侧铭文，就是采用了这一种方法伪作的。

（5）腐蚀法。这是近代伪铭者为了掩盖伪铭刀刻文字痕迹的一种方法。其具体作法是在青铜表面涂上一层蜡，留出文字部分，用三氯化铁、硝酸之类的腐蚀剂腐蚀文字，再去掉蜡，文字上就会出现凹陷的字口；如一件西周晚期的穷曲纹鼎，器腹内侧有一篇伪刻的师趁鼎铭文，铭文笔道上无任何凿刻痕迹，这是用腐蚀法做的伪铭。

商代和西周时期的铭文，绝大多数是用范铸的，从春秋晚期起出现了刻文的铭文。当时的刻文和后世伪刻铭文是有区别的。原刻铭文是用做玉器的小轮子琢磨出来的，字口光洁，只有琢磨痕，而无刀痕，也无笔意。而后刻伪铭是用钢刀刻的，长的笔划一笔要刻数刀，定会留刀刃痕迹，这是后刻伪铭与原刻铭文的一个区别。再者，原刻和范铸的铭文的字口有氧化层；后世伪刻铭者往往用漆调成的假锈，用各种方法将假锈填入伪刻的字口内，颜色呈自然状态；但仔细观察，假锈与青铜器上原有的锈是不同的。

鉴定青铜器铭文的真伪，除了要了解上述各种铭文作伪的方法外，还要知道各个时代铭文的风格、书法结构及字体，语汇文法等。

（1）商代青铜器铭文的鉴别。迄今为止商代早期的青铜器上尚未发现有铭文。有些著作讲某某器上有文字，其实那是花纹。所以一般来说，今后发现商代早期青铜器上如有铭文，必须慎重对待，一种可能是伪器或真器伪铭，另一种可能是真器真铭。对于前者必须仔细分析，而后者无疑是巨大的发现。依目前的认识水平来推测，商代早期很可能有铭文。现在发现原始社会末期已存在不少陶文。就商代早期的铸造水平来说，有简单的铭文是完全有可能。

商代中期的青铜器铸造技术有了很大发展，开始出现铭文，如现今分别收藏于旧金山亚洲艺术博物馆和西雅图艺术博物馆的两件方鼎，乃商代中期偏晚之物，上面有族徽文字和一个癸字。另外，像陈梦家所著《美帝国主义劫掠的我国殷周青铜器集录》397父甲角也是这一时期的青铜器。其铭文特点是字数很少，不过一二字，内容均为族名和受祭者名字，笔划肥厚拙稚。总之这一时期有铭文的青铜器很少。

商代晚期是青铜器铭文增加较快的时期。不少青铜器有铭文，但字数不多，以五字以下占多数，最长者为48字，还没有达到50字，即我们通常所言的长铭的低限。商代晚期的铭文就形式而言，多为自名体，如记族名、作器者名、受祭者名和器名。有的只单独具备上述四项要素中的一项，有的具备其中两项，如"鱼父丁""作父乙尊"。有的具备其中的三项，如"山作父丁彝"。有的则具备四项要素，如"用作父乙宝尊彝"。依次为作器者名、受祭者名、器名、族徽名。现在反过来看，商代中期虽有自名体，但只具备其中的某两项,还没有达到自名体的最完整的形式。商代以自名体为铭文的主要形式。在商代晚期武乙之后,具有记事性质的"记事体"铭文出现,字数也有所增加,一般在十几字到四十几字之间。由于字数所限,内容也多是作器者祭祀父祖,所受到赏赐等。有少量征伐铭文,但无战争过程的记述。铭文字体呈长方形,笔划多显露锋芒,中间用肥笔,首尾出锋,即所谓的"波磔体"。字的大小不一致,字与字常互相穿。

宋代以来,不少学者将有无日名、族徽文字等作为商周青铜器铭文的分水岭。所谓日名就是以日为名。商代贵族死后,他的祭名就以所葬那天的干支来命名,如乙丑日下葬,即以"乙"来命名,故青铜器上出现的受祭者名字都是"父乙""母癸""祖甲""妣戊"等。所谓族徽文字就是作者的所在族氏的徽号。这些文字放在铭文之前或之后,但与铭文没有句法上的联系。这些现象恒见于商代铭文铜器,是商代铭文的一大特色,但它并没有随着商代灭亡而消失,在西周早期甚至中晚期铜器上出现,所以我们不能把它作为商铭与周铭的分界线。可以作为断代分期的参考因素,但必须慎重,在下断语前还必须结合青铜器的其他方面来作综合分析。

（2）西周青铜器铭文的特点。

①西周早期。周人在灭商之后,在充分吸收商代青铜器长处的基础上有了长足发展,特别是由于宗法礼制的完善,刺激了西周青铜器铭文急剧增多。就西周早期而言,不少铭文在百字以上,如武王时期的《天亡簋》76 字,成王时期的《何尊》122 字,康王时期的《大盂鼎》291 字,小盂鼎有 300 多字。尽管自名体铭文数量很大,但已不占绝对优势。这时期的记事体也非商末记事体寥寥数语,其内容丰富,具有典型的历史文献的性质,即我们通常所说的一篇长铭足抵一篇《尚书》。铭文内容有如下特点。

第一,祭祀尤其是王室的祭典很多,如武王时《天亡簋》,成王时的《何尊》记载周王的明堂辟雍之祭,《麦尊》《繁卣》的酯祭,《献侯鼎》《孟爵》的幸祭等,基本上承袭商代晚期的祭祀而来,而穆王以后少见这类祭祀铭文,其中的原委很值得注意,也是我们断代的一个依据。当然这些祭祀铭文都比商代晚期同类铭文长。

第二,商代晚期征伐铭文恒见征人方。而此时征伐铭文除克商的《利簋》《小臣单觯》外,大部分是征伐东夷,如《盨方鼎》《小臣谜簋》《旅鼎》《雪鼎》《鲁侯尊》《寏鼎》;征伐南楚,如《令簋》《过伯簋》《驭簋》《奫簋》等;征伐鬼方的如《小盂鼎》。

第三,就文献而言,周初曾大封诸侯。对金文来说,早期铭文也有这个特点,而以后罕见。如成王时《康侯簋》,康王时器《宜侯矢簋》都是谈分封(包括改封)诸侯的。

西周早期铭文格式,承袭商代晚期纪年方式称祀不称年者,月序祀数在铭文之末,而日辰在铭文之首。

西周早期青铜器上虽仍有族徽文字,但没有单独存在的现象,而且基本固定在铭文末尾。

西周早期铭文书体的基本特点仍因袭商代晚期的波磔体,如成王时的《保卣》,康王时的《作册大方鼎》,昭王时的《召卣》和《令簋》。其实这些器主都不是周氏族人,不少是殷人的后裔,故更多地保留了祖先的遗风。而《康侯丰方鼎》等周氏族人器的书体笔划则波磔不明显。

②西周中期。西周中期的铭文内容及书体有了新的特点。这大概与穆王修典有关,西周一代重要的具有自身特点的礼仪制度都是在这一时期确立的。大致有如下几点。

第一,由于西周册命制度的确立与逐渐完善,西周中期恒见册命金文,而且具有固定的格式。铭文开头交代册命的时间、地点、册命者、傧相及受册命者,然后由史官代王发表册命辞,委任受命者乍爵并赏赐器物等,受命者对王表示感谢,作器并祝愿子子孙孙万年永宝用。当然这时的册命金文尚不如西周晚期完备。

第二,所谓的族徽文字已大大减少,也就是说自商代中期开始的族徽制度在西周早期苟延了一段时间后(主要体现在殷人后裔的铜器上),正在消亡。同样日名在西周中期金文中也大为减少,日名制度作为一种制度正在被完全抛弃。

第三,在非册命赏赐铭文中有一类体现召赐制度的铭文,是从西周中期开始的。它不像册命制度那样,周王对受命者封官授职,但它仍有一定的仪式,而且体现了周王对臣下的特殊恩典。这种制度未见于西周早期,也是我们据以断代的一个方面。

第四,西周中期的征伐铭文也很多,但不同于早期铭文的是,对象不是东夷而是淮夷。具体器物见于《录或卣》《遇》《竞卣》等。

第五,此时铭文内容的一个新特点是出现一些关于划分田界、交换田地等起法律契约作用的约剂铭文。如有名的《三年五盉》《五祀卫鼎》,都是谈用田地换礼器的事。这两件是共王时器,反映的是西周中期土地制度的新变化,非常引人注目。

第六,此时纪年方式则祀、年并用。从发展趋向来分析,用祀乃殷人习惯,而用年则周人风尚。本期正处于新制度确立、旧制度尚留残余之时,往往新旧交替、掺杂本期铭文书体也处于新旧交替之际,一方面商代的波磔体仍然存留在穆王时期的铜器上,另一方面,字体秀媚、笔划圆润的粗细较为一致的新书体已经产生。《史墙盘》即为其典范。就字体结构而言，"王"字下笔由肥硕向肥笔不明显发展，"宀"头由转角尖利耸肩而变为圆肩，线条柔和了。

③西周晚期。西周晚期是商周铭文发展的颠峰时期。宣王时的《毛公鼎》铭文长达497字，可视为代表器物。这时期就形制、纹饰与铸造工艺而言并没有很突出的地方，主要价值在于铭文。与前期不同的是：

第一，族徽文字与日名称谓基本上消失了。从一个侧面表明风格独特的周文化占据了整个历史舞台。

第二，征伐铭文显示征伐的对象。一方面是北方的俨狁，如厉王时的《多友鼎》，宣王时的《虢季子白盘》有详细的战事记载；另一方面是东南与南方的南淮夷、南夷和东夷，见诸于铭文的有《敔簋》《禹鼎》《师寰簋》《史峦簋》等。

第三，西周晚期的册命制度较中期更为完备。册命金文显示从西周中期偏晚开始增加了受命者命册、返纳瑾璋等内容，王的勉励也增多了。

第四，此时媵器很流行。这是奴隶主贵族通过联姻来加强他们彼此的关系，维护和巩固其地位。媵器铭文均不长，大致是某某人为某某人作媵器，并表示一种祝愿。

第五，纪时方式以年、月、日的顺序纪于铭首，商代的纪时方式完全消失。按周人的纪时方式一经确定，沿用至今。

西周晚期铭文字体完全体现了西周独有的风范，商代遗留的波磔体痕迹至此一扫而光。其书体如《毛公鼎》等，形状修长，笔道圆润，即所谓的"玉箸体"。由于纵横成行，字大小比较一致，和后来的方块字差不多，所以我们说中国的方块字是在西周晚期开始形成的。

（3）春秋时期铭文的特点。春秋时期周王室衰微，诸侯坐大。由于"礼崩乐坏"，所以王室器减少，诸侯器增多，青铜礼器减少，日用器增多。表现在铭文方面则是：

第一，西周时期兴盛的记事体开始衰落，较长的带有书史性质的铭文大为减少。长铭铜器只有《秦公簋》等数器。

第二，王室衰微，对诸侯已无力驾驭。加上礼制的束缚力很弱，臣下对接受册命无大兴趣，所以西周盛行的册命金文至此几乎绝迹。

第三，西周时期常见的周王室对周边民族的征伐铭文已消失，代之以诸侯国之间的征伐铭文。

第四，媵器增多。这是各诸侯国之间为了政治原因而互相联姻的结果。媵辞与西周晚期一样很短，一般是"某某作媵器，永保用之"。

第五，弄（玩）器普遍出现了。

第六,西周铜器大多是王朝卿士所作,纪年格式都是以"唯王某年某月"开首,而本期铜器大多是诸侯国贵族所为,纪年有系于本国者。如《邓伯氏鼎》铭开头曰:"唯邓八月初吉。"

第七,西周时期已有韵文出现,但不普遍。此时铭文用韵现象开始增多。

这一时期的铭文书体由于各诸侯国独立性增强而呈多样化,或瘦长,或丰腴,并且讲求装饰性。春秋中期以后出现了错金书,光彩夺目。南方则兴起"鸟虫书",文字修饰或盘旋曲折的鸟虫形,大多饰在戈、剑等武器上,风格独特。

(4)战国青铜器铭文的特点。

第一,战国铭文比春秋时更短,即"物勒工名"之类。长篇铭文罕见,仅《中山王𰻞鼎》等少数几件铜器,这是礼制彻底崩坏的表现。

第二,铭文多为刻款,所以字体一般较小且细,与以前铸款风格大不一样。

当时东西方书体差别比较明显,西方以秦国为主,流行标准的秦篆,上溯源头是西周晚期的籀文,下开秦小篆之先河。东方六国则丰富多彩,如鸟虫书等。但往往奇诡多变,极难辨识。

2. 纹饰辨伪

在鉴别青铜器年代的时候,尤其是对于那些没有铭文的青铜器,单靠其形制还不能解决问题,纹饰就显得十分重要。古代青铜器,其形制、纹饰及铭文的特征是一致的,亦即具有同一个时代的特点。商代中晚期的青铜器上不可能有西周中期铜器的花纹,西周晚期的铜器纹饰也不可能出现在春秋中晚的铜器上,春秋战国时期的窃曲纹、蟠龙纹,也不可能出现在商器或西周早中期的铜器上,掌握了这些基本知识,可以从总体上辨别伪作纹饰。

20世纪初至40年代,善于铸造精致纹饰的苏州周梅谷作坊和北京地区的伪器作坊兴起。周梅谷作坊使用失蜡法伪铸花纹,北京的伪器作坊用漆料调色或用浸蚀法,在伪铸或拼凑的青铜器花纹上做底色和铜锈。当时伪刻青铜器的花纹,大多是根据图录上的纹饰,有些图录本身纹饰已经变了形,因此仿刻的花纹就失之千里。如一件西周相侯簋,其颈部及圈足的纹饰是仿《西清古鉴》描绘的纹饰伪刻的,与一般西周铜器的纹饰结构完全不同,真伪极易识别。

青铜器纹饰作伪主要有以下几种。

（1）整器皆伪和素面器上增刻纹饰。

①整器皆伪系指铜器及纹饰皆伪作。整器皆伪做得比较精致的是苏州的周梅谷作坊。上海博物馆在1950年后曾征得一批数十件周梅谷伪铸的青铜器，纹饰均较精美，其破绽之处在于有些纹饰张冠李戴，线条的细部变化，有的显得呆滞，有的交代不清，如细加观察可以辨别。

②素面器上凿刻纹饰，是指在商周无纹饰的铜器上增刻纹饰，以获厚利。这种伪刻花纹的铜器，除纹饰外，整个铜器都是商周时代的原物，对于接触实物不多又缺乏商周青铜器知识的人来说，真伪难辨。如一件西周早期的"扬方鼎"，原是一件素面无纹的方鼎，铭文有著录，后来满器被刻上花纹。这种真器伪刻花纹，其破绽不难辨认，仔细观察这件伪刻纹饰的方鼎，可发现后刻花纹的氧化层与未刻花纹的氧化层不一致，前者经过磨砺，后者尚属原色。

又如一对商代晚期的光角，原为素面，被作伪者刻上各种鸟纹。其破绽之处有：第一，原器尾部一般是中间厚，边沿薄，伪刻者为了凿刻花纹，先要磨去中间需刻花纹部位的表面的氧化层，花纹刻好后再经打磨，而角尾部边沿不需刻花纹，只需简单磨砺，基本保持原貌，从而形成中间薄边沿厚的反常情况。第二，器物的内口及内腹保持了真锈，伪刻纹饰的外表呈墨绿色，很光滑，看上去似为原氧化层，但没有一点锈痕；一件器物内表与外表氧化层的不同是伪作的破绽，这是因为外表伪刻纹饰后，曾用木炭反复磨擦，以致有的地方露出铜胎，经化学腐蚀处理后成为墨绿色或黑灰色，未露铜胎的氧化层仍呈绿色，这是青铜器磨擦处理过的特征。第三，一般铜角和爵的鋬上所饰兽头都突出于表面，而此角的鋬如从侧面看，兽头厚度与鋬相当，说明兽头是在素面鋬上加刻的；为了显示兽头有突起感，从而在鋬的面上与兽头间凿成斜坡，这种情况与上述伪刻纹饰的"扬方鼎"一样（腹部纹饰）；再者，一般鋬内在铸造时要放置铭文陶范，脱胎后内面应该是毛糙的，因为这是阴面，在脱胎后是不加修饰的，这件角的阴面已被磨得很光滑。第四，这件角的时代为商代晚期，这一时期青铜器花纹的特点是分层次的浅浮雕，按照这一特点该角的纹饰应是主纹（鸟纹）高，地纹（雷纹）低，而鸟的眼睛必须突出；但由于该角原为素面，是在平面上增刻纹饰，故不能产生上述的效果。第五，商代晚期铜器纹饰的一个特点是图案中的粗线条由粗逐渐变细，在收尾处最后形成一条线向里卷曲而成地纹，而该角的粗线条和细线条都各自安置，互不相关。第六，整个角的纹饰是用小凿子凿成的，花纹线条过于均匀，显得呆板。

在真器上增刻花纹的古代青铜器，还有商代晚期的铜簋，原为素面器，其口部的鸟纹、腹部和圈足上的兽面纹皆为伪刻。商代晚期的"雯壶"，原是素面器,颈部的龙纹和圈足上的蝉纹均为伪刻。

(2)增刻纹饰、改刻纹饰和后加镶嵌物。

增刻纹饰,系指原器只有简单的纹饰,若器形表层坚固,则作伪者将增刻纹饰,如一件西周中期的鸟纹尊,原来只有肩上有一条带状鸟纹,中间各有一兽头,作伪者在其颈部和腹部加刻了大面积的蕉叶纹和鸟纹。增刻纹饰与原器纹饰的区别是,增刻纹饰有刀痕,原来的中腰上的带状鸟纹系范铸。

改刻纹饰系指古铜器上只有很简单的花纹,作伪者在原有的花纹部位增改纹饰,如一件西周早期的兽面纹鬲,原来只有简单的兽面纹,仅有双目和眉,作伪者在额顶及双目旁等处,增刻了一些与原花纹无关的线条。鉴定这种伪刻纹饰,其方法是将器表清洗,就能分清原来的线条和后刻线条。

鉴定古代青铜器上的增刻和改刻的纹饰,首先要区别铜器上原来的表层与伪刻花纹后经处理过的表层。加刻和改刻纹饰的旧器,表层一定要作处理,处理后的表层与原来的表层则不相同,既无原来表面的光泽,也无原来的氧化层。作伪者处理表层的方法是,先大面积打磨,然后再用化学方法浸泡器物,使新表层腐蚀,加上色剂,显示出斑烂绿地,以冒充旧的表面。但打磨腐蚀的光泽与原来的光泽是不同的。

后加镶嵌物,系指在原花纹上或后刻花纹上加镶嵌物(金银丝、片及绿松石);如一件商代早期的兽面纹铜壶,原有铸造的纹饰,后来作伪者在粗线条中加嵌松绿石。

伪刻花纹除有上述破绽可寻外,还有以下几点:①若是"满花器(遍体满饰花纹),器体表面总有范痕,亦即有纹饰单位的接缝处,如果找不到范痕,其纹饰可能是伪刻。②商末周初的纹饰,有许多是用雷纹(云雷纹)衬地的,由于原器花纹是在泥模上雕刻大样,再在范上刻细纹饰,线条转折处很圆润、自然;在浇铸冷却过程中,又会产生微小的收缩,使线条不均匀等,这是合理的自然状态。而后刻的云雷纹,中间的沟道较宽,所有的沟道宽窄相等、匀称,雷纹的转折处略呈方形的多,这些都是用小凿子打凿出来的、有意求工的结果给人以呆滞感。③商周青铜器上的兽面纹(饕餮纹),有的有棱脊,在棱脊的两侧各有锯齿横线条,这种特征在对称的兽面纹的两侧常可看到;而后刻的兽面纹的两侧比较对称,左右是翻版,棱脊的范线很规整,说明花纹是伪刻。

除此之外,还要熟悉各个时期青铜器纹饰的特点。下面分期谈谈各时期青铜器纹饰的特点。

（1）二里头文化期。

此时的青铜器一般无纹饰，但斝的颈部有一排圆钉状突起，腹部则有圆饼状突起，爵上也发现有一排或两排钉状突起，这显然是青铜器纹饰的雏形。就如同陶器上的指甲纹一样，是在比较原始的条件下，让器物的某一点或某一部分突起，以形成简单的装饰。上述的两种不同的突起应该是后来联珠纹和涡纹的前身。考虑到此时青铜礼器的制作还比较稚拙，器壁薄，工艺水平还不高，所以不可能产生出比较复杂的纹饰。至于青铜戈的内部饰有变形动物纹饰，那是由于戈的制作较容器简单些。由于本期发现的考古资料尚少，究竟当时青铜礼器上有无比较复杂的动物纹饰还不能下断语。

（2）商代文化期。

①商代早期。

本期青铜器上已出现饕餮纹，并且是作为主体纹饰，在整个商代青铜器纹饰中占据主导地位，具有特殊的意义。饕餮纹亦称兽面纹，它是一种动物纹饰。究竟是一种什么动物呢？《吕氏春秋·先识览》："周鼎著饕餮，有首无身，食人未咽，害及其身，以言报更也。"看来它是一种贪食的凶兽。曾有人将它的形象细加区分，发现有的像牛，有的像羊，还有像怪兽，看来它是人们幻想出来的一种神话动物，将现实生活中的多种动物集合并加以夸张。它的产生与流行时间之长，是商代人神秘的宗教观念的反映。而到了"敬鬼神而远之"的西周时代便吃不开了。

本期的饕餮纹比较简单，作为单层花纹，它不像后世用云雷纹填底，而是用单线或复线勾出形象。细加观察，只有兽目最明显，而身体其他部位并没有具体表现出来，只有象征意义。有的甚至简单到只有一对兽目。

除了饕餮纹，还有一些几何纹饰。如单列或多列的联珠纹，应是二里头期同类纹饰的发展。乳钉纹开始出现，它像突起的乳头。云雷纹也有，但各个单元还不尽一致，显得粗糙。还有三角弦纹，这是很简单的纹饰，纹形为凸起的横线，一道至三道不等。三角弦纹亦称人字弦纹，一般饰在分档鼎上。圆涡纹像水涡形，大约是在圆圈纹的基础上发展而来的。总之本期的纹饰比较简单，装饰手法也一般，与形制的稚拙一样给人以单调之感觉。

②商代中期。

饕餮纹依然是本期的主要纹饰，与早期不同的是原来的粗线条变得细密起来。尤其是此时出现了两层纹饰，即以云雷纹为底纹，以饕餮纹为主纹，有立体感。当然主纹与底纹的区分还不像后来那样明显，但神秘气氛加强了。当然由于线条比较柔和，有浑圆感，减去了几分森严气氛。龙纹多起来,其特点是身体很长,上唇卷起,尾巴反卷,角的形式也多样,有鹿角形的、有尖锥状的。现实生活中无龙,此龙纹也应是一个集合状的幻想动物。如果说饕餮纹适于在器的腹部等大面积位置上装饰,那么龙纹适合布置在口沿下颈部等条状部位。

此外,鸟纹作为陪衬纹饰出现,还有涡纹、连珠纹、乳钉纹等纹饰。

③商代晚期。

商代晚期是纹饰极为发达、形式多样的时期。此时两层花纹已很普遍,三层花纹也有之。不少器物通身上下布满花纹,甚至有的器物的底部也有花纹。一件器物上往往有几种纹饰,甚至十几种纹饰,装饰十分华丽,制作又精细,所以艺术鉴赏家是很偏爱这一时期的青铜器的。

就饕餮纹而言,此时餮餮纹作为主纹刻画清楚,具体而写实,加上它高高突起,与细密的底纹(通常是云雷纹)产生强烈的反差,加之线条峻利,较之中期给人以森严的感觉。而且有些饕餮纹中间的鼻准线很清楚,从上通到下,将面部分成两半。

此时的龙纹或作卷体状,躯体卷曲成一圆盘形。

凤鸟纹的形式较多。一种是多齿冠凤鸟纹,整体近长方形,鸟喙如鏖喙,呈方钩形,冠作多齿状,胴体较窄,尾则宽而下垂。尾下空处另装饰一小凤鸟。第二种是长冠凤鸟纹,整体较前者修长,鸟喙呈圆钩形,头上冠带向后延伸达于背部,尖端反卷。尾部不垂或下垂,这两种纹饰都呈带状形,适合于器物的沿下、圈足上、盖沿装饰。这时的尾与身体不分开。

另外虎纹、牛纹、象纹也间或有之。蝉纹比较常见。它的形体上宽下窄,几乎呈三角形,所以在装饰时,在蝉的外围作倒三角形,以云雷纹填底,称为三角蝉纹。它经常装饰在鼎的腹部,即鼎的口沿下是一组饕餮纹,在饕餮纹下悬挂三角蝉纹,使整个图案有横向的,有垂直的,富于变化。同时在壶的圈足、卣的提梁等处也装饰成横列的蝉纹。

直楞纹或叫直条纹也是本期很有特点的纹饰。由并列的直线条组成,在觯、卣、尊的腹部装饰,与圆鼓的腹相应,更增加了腹部的曲线美。

云雷纹是此时最常见的辅助纹饰。无论是饕餮纹还是龙纹、鸟纹作主纹,其空隙处往往填以云雷纹,而且它显然比主纹低,起陪衬作用。当然比之中期云雷纹更为精细。

早期的乳钉纹到中晚期发展为斜方格乳钉纹,有的叫作百乳雷纹。即在斜方格中置以乳钉,并以云雷纹填底。它可以作为主纹,在鼎、簋、罍的腹部装饰,也可以作为辅助纹饰。商代晚期是斜方格乳钉纹的盛行期,其特点是乳头比较圆润,不尖锐。勾连雷纹自商代中期出现,在晚期盛行。所谓勾连雷纹是以雷纹填底,上用近于山字形的粗线条呈斜线勾连。它与斜方格乳钉纹比较近似,上下左右都可以伸展,所以既作主纹,也可以作辅助纹饰用。三角雷纹与三角蝉纹外形接近,它也往往饰在器物口沿部分带状纹饰之下,或者器盖下沿之上,即有的一角向上,有的一角向下,连成一排,像并列的锯齿。三角形内填以雷纹,它在商代晚期常见。

（3）西周文化期。

①西周早期。

本期的青铜器纹饰种类与商代晚期差不多,具有周人特点的青铜器纹饰还没有产生。

饕餮纹的主要特征依然保留,但也有一些变化,有些饕餮纹的写实性不如商代晚期,线条没有那么刚健,显得柔和些,所以整体来说不像商代晚期那样森严。同时作为底纹的云雷纹减少,纹饰不那么繁缛,显得舒朗。角形以内卷角为多,其他角形较少。同时饕餮纹两侧配置鸟纹的现象也大为减少。这是饕餮纹开始退出历史舞台的先兆。

龙纹继续存在。西周早期的龙纹中有一种顾龙纹是很有特点的,所谓顾龙纹是龙头向后回顾,也有人称它为"回首夔纹"。多分布在器物口沿之下。

在饕餮纹行将衰落时,凤鸟纹有了较大的发展。这或许与周人崇尚凤鸟的习惯有联系。商代晚期盛行的多齿冠凤纹、长冠凤纹、尖角鸟纹等纹饰继续流行,而且数量很多,其中凤鸟纹装饰华丽,别具一格。

象纹继续流行。兔纹则是商代未见而出现于本期。还有一种很奇特的蜗纹,胖乎乎,图案几乎呈正方形,当然有些部分不大像蜗牛,显然是经过艺术加工的形象。它不见于商代青铜器上,在西周中期铜器上也找不到踪迹,因此是很好的断代标志。这些动物纹饰的出现有助于冲淡商代青铜器纹饰的神秘性。

几何纹饰中斜方格雷纹、直棱纹、钩连雷纹、三角雷纹仍然流行。而曲折雷纹则首见于本期,它也被称为波形雷纹,只不过波浪线条成直线,浪尖成锐角,当然这种纹饰较少。

②西周中期。

此时纹饰的总的特点是商代承传下来的旧纹饰或者被淘汰,或者形状有了很大改变,同时具有周人风格的、代表周王朝自身特征的新纹饰开始出现,并逐渐占据主导地位。

传统纹饰如乳钉纹、蜗纹、蝉纹、曲折雷纹、勾连雷纹等退出历史舞台。饕餮纹很少,偶尔见到的也是内转角形饕餮纹,而且构形简单,线条大多粗疏,多无云雷纹衬底,是饕餮纹的衰败式。

凤鸟纹继续发展,至本期达到极盛点。垂冠大鸟纹尤引人注目,它的特点是鸟体丰满，华丽的花冠自头部下垂至足，尾羽也反卷下垂至足部，整体呈近似正方形的长方形，一般都在簋、卣的腹部作大面积装饰，占据了整个腹部，这种突出的装饰也是以前罕见的。它主要流行于穆王时期，是穆王时期青铜器的特殊纹饰，具有重要的断代价值。在中期偏晚时已不多见，长尾鸟纹在本期常见，它与西周早期不同的是，有不少鸟纹的鸟体与尾羽已分离，我们习称为"分尾鸟纹"。分尾鸟纹是西周中期鸟纹断代的又一重要依据。这种分尾形式实质上是鸟纹的解体，是由鸟纹向几何纹饰演进的第一步。

由象形的动物图案向抽象的几何图案演变，这是西周中期纹饰的表象和本质。前面说的饕餮纹在本期开始演变，除了兽目还比较清楚外，其余部分只是弯弯曲曲，不知道它在表现什么东西。有些线条与兽目相连，如水盂，有些线条与兽目不连，应是更晚的形态。由于弯弯曲曲，古代学者称之为窃曲纹，现代有人称之为变形兽面纹，称呼都对，道出了它从饕餮纹向几何纹变化的状态。窃曲纹不但与饕餮纹有关，也与其他动物纹饰如鸟纹等有关，它是大部分动物纹饰向几何纹饰或者说是由写实到抽象的演进的中间站。只有当我们把它们与各种动物纹饰的演化序列排出来的时候，才能看出它们之间的关系。如果单单看窃曲纹很难看出它有什么具体的含义，而这一点恰恰说明窃曲纹更接近于几何纹饰或不是动物纹饰。肯定这一点对于理解商周青铜器纹饰的变迁有着重要意义。

此时新出现的纹饰有环带纹，或称波浪纹，它像一条抖起的带子，像波浪上下均匀起伏。在波峰的中间填以简单的动物纹饰或眉形、口形之类的纹饰。它通常饰在鼎、壶的腹部，占据显著地位，是西周中期的主要纹饰之一。第二种重要纹饰是重环纹，它很像是一片一片的鱼鳞按横向排列，但显然不是鱼鳞纹，因为同时期也有鱼鳞纹，都是竖向排列，和动物身上的鳞片的排列方式一样。重环纹多在器物的口沿下、圈足上装饰。第三种主要纹饰是瓦楞纹，或者叫沟纹，由平行的凹槽组成，像一排仰瓦或者像农田的沟垄。主要装饰在腹部，通常装饰在呈带状的窃曲纹或重环纹之下。这几种纹饰都是几何纹饰。

显然在西周中期，一方面是动物纹饰向几何纹饰演进，另一方面新产生的纹饰几乎都是几何纹饰，这充分说明西周青铜器纹饰的基本特征是以几何纹饰为主，这是它与商代青铜器纹饰的根本区分。这种风格在西周中期确立了。

③西周晚期。

此时纹饰的总的特点是：盛行于商代乃至西周早期的动物纹饰包括变形的饕餮纹、鸟纹等绝大部分销声匿迹，而中期开始出现并流行的环带纹、重环纹、瓦楞纹、窃曲纹等继续发展,在所有纹饰中占有绝对优势,也就是说几何纹饰终于代替写实的动物纹饰了。这造成两方面的结果,从正面来说,商末周初繁缛的纹饰已变为简单疏朗的纹饰,神秘气氛消失了,给人以朴素的现实生活的气氛。从反面来说,纹饰种类少,每一种纹饰缺乏结构的多样化,老是一个面孔,给人以单调、呆板的感觉,这就是西周晚期青铜器艺术欣赏价值逊于商末周初青铜器的一个重要原因。

以上几种重要纹饰的装饰的适合性是有限的,或许也是为了避免单调,此时盘、匜、簋的鋬与耳反而着意装饰。当然素面的青铜器也不少,这显然与礼制的衰落有一定的联系。

（4）春秋文化期。

①春秋早期。

本期纹饰大致因袭西周晚期纹饰,如重环纹、波浪纹、窃曲纹、瓦楞纹等,而窃曲纹中以呈"〜"形、且在线上者居多,与前期稍有变化。

此时新出现的纹饰是蟠螭纹和蟠虺纹,据《说文》解释螭像龙、蟠则盘状、屈曲,蟠螭即盘曲的龙纹。幡螭纹则多饰在器物的颈或腹部。虺是小蛇,蟠虺纹是由许多小蛇相互缠绕构成的几何图案。这两种纹饰的特点是每一单位的占据空间较小,尤其是后者,蛇以一定的方式互相缠绕,即可以左右展开,呈二方连续,同时也可以左右上下展开,呈四方连续,所以蟠虺纹经常作为器物上的主纹而布满器物全身。这种四方连续图案显然更灵活,适于装饰。

②春秋中期。

此时纹饰的特点是旧有的纹饰如波浪纹等继续使用,但较前期精致。蟠螭纹和蟠虺纹也雕镂得更为工整。由于本期青铜器进入分铸焊接阶段,花纹也改为方块印纹,一模可以多印。它可在器上连续使用,直至印遍全器,其结果必然是:没有底纹与主纹之别;没有中心点;不追求对称;都是四方连续图案

③春秋晚期。

本期纹饰种类较多,如贝纹,像贝壳形,作为辅助纹饰出现,将一个一个贝横列为一组图案,饰在器身或器盖的口沿上。绹纹,或叫绳纹,由两条或两条以上绳索交织一起。另一种新纹饰是用红铜镶嵌,呈现野兽、树木、人物等,很像一幅后世的写生画,而打破了在此以前神秘、呆板、格调一律的装饰图案,富有生气。当然由于它刚出现,构图还比较稚拙。

此时蟠螭纹、蟠虺纹等仍占主导地位。由于列国纷争,文化差异拉大,所以中原三晋地区与长江中下游地区不同,前者蟠龙身上常饰以细密的雷纹,而后者身躯省略,主要表现头部与双翼,由无数小点组成。

（5）战国文化期。

①战国早期。

主题纹饰与春秋晚期没有多大变化，只是蟠螭纹的形状有了更多的变种。同时几何云纹出现，作为装饰的主题纹饰。尤其是春秋时期流行时间很长的四方连续图案因陈陈相因而变得单调起来，迫切需要一种布局多变、有繁有简、多留空白、使人们在鉴赏时心情畅通、开朗的艺术装饰，这就是本期采桑纹、燕乐纹、水陆攻占纹、狩猎纹等新纹饰出现的原因。确切地说，它已不是以往的装饰性图案，而近于后世的画像。这些画富有生活气息，同时笔触活脱，造型生动，令人耳目一新。

②战国中晚期。

此时纹饰有较多的变化。出现了刻纹画像，即纹饰是在青铜器铸好之后用利刀刻出来的，这与先前在范上施刀不同。同时镶嵌技术有了很大发展，在一件器物上往往镶嵌有金、银、绿松石等，五彩缤纷，异常绚丽。而这些青铜器也往往成为不可多得的珍品，这是战国青铜器为鉴赏家偏爱的原因之一。当然，由于整个青铜器走向衰败，所以精品不是很多，大部分铜器甚至包括王室卿大夫所铸青铜器往往不施纹饰。

3. 锈蚀辨伪

作伪的器物或部分作伪的器物必定要用铜锈伪装，其表层需经各种伪装处理，但伪装处理的表面和锈斑，与铜器原来的表层及锈斑是不同的，观察、研究青铜器的表层和锈斑，是青铜器辨伪的关键。

商周青铜器长期埋藏在地下，由于各地区的土质成分不同，地下水及墓葬内有机物腐蚀所产生的化学成分不同，使各个地区青铜器的表层和铜锈也各不相同。一般来说，陕西地区出土的青铜器，表层保存得较好，铜质分解不严重，铜锈变化不复杂，而安阳殷墟、洛阳出土的青铜器，铜质层次复杂，表层为铜的浅绿色盐类，附着的铜锈第一层为黑色，第二层为枣红色，第三层为绿色，第四层是土锈结合的硬块，总之变化复杂，铜质一般保存不佳。长江流域的湖南、安徽等地，铜质分解腐蚀相当严重，有的只剩下极薄的一层铜质，这种铜器称为"半脱胎"或"脱胎"器。完全脱胎的青铜器不能保存，"半脱胎"的青铜器起取必须非常小心，才能保存下来。脱胎的铜经分解，成为色泽均匀的粉绿色，仍然保持表面光泽，如在器物出土时立即清理洗刷柔软的表层，那么表面原来的光泽将一无所存。

"脱胎"的青铜器大多出土在长江流域的红壤地带，湖北、安徽、江西等出土的青铜器均为"脱胎"器，但色泽有所不同，如安徽出土的青铜器呈灰绿色或灰色；湖北出土的脱胎青铜器，没有湖南出土的那样嫩绿。

当然,同一个地区出土的脱胎青铜器,因埋藏条件方面的差异,色泽也还有微小的不同,所以必须详细观察、研究各地区出土的青铜器的表层和铜锈生成的情形,才能准确无误地辨别青铜器的各种伪作。

二、铜器的锈蚀原因和保护方法

研究认为,铜器锈蚀的主要原因是氯离子和氧气长期作用的结果,在缺氧和无氯离子的条件下发掘出的古铜器,则很少发生锈蚀。研究还证实,在一定条件下生成的碱式碳酸铜和碱式氯化铜是铜器锈蚀的主要产物。

碱式碳酸铜的生成和腐蚀原因,可用化学反应作如下分析。

当青铜器与氯化物接触时,可生成一层氯化亚铜:

$$Cu+Cl^- \rightarrow CuCl+e$$

在潮湿环境下,氯化亚铜与水作用:

$$2CuCl+H_2O \rightarrow Cu_2O+2HCl$$

生成的氯化亚铜又与含有二氧化碳的水反应形成蓝绿色的碱式碳酸铜:

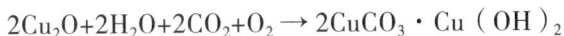

$$2Cu_2O+2H_2O+2CO_2+O_2 \rightarrow 2CuCO_3 \cdot Cu（OH）_2$$

反应结果就在铜器上形成了层状结构的锈蚀。当继续处在潮湿的环境下时,水和氧钻入锈层内部,反应将继续进行下去。

碱式氯化铜的生成和腐蚀原因可作如下分析:青铜器表面锈层的某些薄弱部位,过量的水和氧气会长驱直入到器物的内部与氯化亚铜层接触,形成膨胀、疏松的碱式氯化铜,同时使氧气和水分更加方便地通过,这样将不断地产生绿色的碱式氯化铜。

$$4CuCl+4H_2O+O_2 \rightarrow CuCl_2 \cdot 3Cu（OH）_2+2HCl$$

古代青铜器常产生的腐蚀物和铁器一样,可划分为有害锈和无害锈两种:无害锈即非活性的锈,如氧化铜、碱式碳酸铜、硫化铜等;有害锈即活性锈(正常环境中,仍可深入本体,进一步锈蚀铜器),如氯化亚铜、碱式氯化铜等。目前一般认为,"粉状锈"是对古代青铜器危害最大的有害锈,它以外观亮绿、呈粉状物而得名,其主要成分就是碱式氯化铜。

近年来通过古铜器粉状锈的成分分析和外部环境对锈蚀影响的研究,使其对锈蚀机理有了进一步的认识。

（1）古青铜器为三元合金体(一般化学组成为:铜占75%左右,锡占15%左右,铅占8%左右,杂质含量小于7%),且铜、锡、铅者分布不均匀。

（2）粉状锈的成分应为铜、锡、铅三者氧化物或氯化物的混合物,且蚀点的产生与扩展和锡、铅在表面及内部的分布有直接关系，而不单纯是铜的锈蚀。

（3）古青铜器"粉状锈"有点蚀与面蚀两种腐蚀方式，点蚀易发生在交接口和伤口边缘，点蚀的危害最大，它产生于铜合金中锡与氧化铅组成的微电池电化学反应循环往复的结果。面蚀的腐蚀面大，但腐蚀速度慢。

（4）综合分析的结果，粉状锈的成分为：碱式氯化铜、二氯化锡（或 $SnCl_4^{2-}$）及氧化铅的混合物。

青铜器的保护，应首先控制青铜器的保护环境，然后清除铜锈，特别是粉状锈，并采用封闭青铜器表面，涂缓蚀剂保护膜等方法。铜器去锈的方法较多，如用电化学还原法进行局部去锈时，可以用 10% 的 NaOH 作电解质溶液，还原金属用锌粉或铝粉。先将锌粉（铝粉）与电解质溶液调成糊状，敷于铜器上被处理部位。反应后即可擦去，随后用蒸馏水冲擦干净，以去除残余试剂。又如，用化学试剂去除铜锈，可用柠檬酸、碱性甘油（配方为 12 克 NaOH、4 毫升甘油、100 毫升水）、碱性酒石酸钠钾（配方为 5 克 NaOH、15 克酒石酸钠钾、100 毫升水）、硫酸和重铬酸钾、六偏磷酸钠、EDTA 钠盐等。近年来，为了尽量不改变金属文物上绚丽的古斑，应用缓蚀剂封护表面，以隔绝外部腐蚀环境。例如，用苯并三氮唑试剂保护青铜器就相当有效。作法是：将铜及铜合金制品用丙酮、甲苯等有机溶剂和蒸馏水清洗后，用 15% 苯并三氮唑酒精溶液处理，苯并三氮唑与铜器表面上的铜形成类似高聚物线状结构的保护膜。由于这层盖膜相当牢固、稳定，不溶于水及许多有机溶剂，因而能对铜器起良好的保护作用。

近年来，苯并三氮唑（简称 BTA）系列缓蚀剂的研究还在深入发展，以 BTA 为主体，加入一些其他试剂组成复合缓蚀剂和将苯并三氮唑处理后的青铜器再进行表面封护，目前已成为文物保护最受注意的方向。这方面改进的措施主要有：

①氧化银（Ag_2O）法局部处理，作法是：先用蒸馏水将锈蚀青铜器冲洗干净，然后对粉状锈区用氧化银保护法处理，以抑制腐蚀，最后用含有 BTA 的聚乙烯醇缩丁醛的乙醇溶液作表面封护。

②用 BTA—H_2O_2 试液多次局部处理完全除去粉状锈后，再用 0.5%BTA、0.5% Na_2MoO_4、5% $NaHCO_3$ 复合配方进行缓蚀处理。

（3）用苯并三氮唑（BTA）中加入辅助缓蚀剂碘化钾（KI）或对氨基苯砷酸（阿散酸，APA）的混合溶液对带粉状锈的腐蚀铜器进行浸泡，再用有机硅玻璃树脂与苯并三氮唑的混合液加以封涂。

（4）在苯并三氮唑（BTA）中加入十二磷钼酸钠和硅酸钠制成保护剂 XF，用此保护剂浸泡青铜样品，再用有机硅树脂配制的表面封护剂（有机硅树脂加 BTA 的乙醇溶液）进行表面封护。

（5）苯并三氮唑（BTA）和 1- 苯基 -5- 疏四氮唑（PMTA）的适当浓度的混合液进行浸渍。

上述研究试验均表明，采用 BTA 复合缓蚀剂比单独使用 BTA 保护青铜文物效果好。需要指出的是：无论采用何种方法除锈，除锈前必须对器物进行表面清洗。一般先用蒸馏水洗，除去泥土之类物质。然后再用有机溶剂如乙醇或丙酮擦洗，以除去器物表面的油污及有机粘连物，只有这样，才能获得满意的效果。

第三节　中国金银器艺术品

金银器通常指以黄金白银为基本原材料加工制作成的器物。公元前 5000 年，埃及的拜达里文化时期，已出现了黄金制品，前 3000 年的乌尔王墓和特洛伊均发现黄金器皿。最早的银器出现于美索不达米亚的乌鲁克文化，也见于埃及的格尔塞文化。此后，希腊、罗马、萨珊朝波斯均广泛使用金银器。我国古代金银器传世的并不多，因为黄金和白银可作流通领域的硬通货，非一般民众所能大量拥有，用其制作的生活用品及艺术品，也不可能大批量生产，仅限于古代帝王和王公贵族日常所用。在人们需要的时候，又可以重新将一些金银器熔铸成块，作为通货来使用，故而流传下来的金银器，更为人们所珍视。

随着我国考古事业的不断发展，许多古代金银器，不断地被发掘出土，其数量已达数千件之巨，他们主要出自窖藏、塔基和墓葬，其中有许多是举世罕见的珍品。这些实物对于了解我国历代金银器制作的工艺技术，了解各时代的器形、纹饰等特征，都是重要的资料，也为我们鉴定金银器，定下了一个标型和尺度。

我国使用黄金的时间比白银要早，根据目前的考古发现，早在距今3000 多年的商代就已经开始使用黄金了。河南、河北、北京、山西等地的商代墓葬中，均有小件的金片、金叶、金箔及首饰。北京平谷县商代中期墓中出土了金臂钏、金耳环、金笄及金箔残片等，经化验其含金量达 85%，其中金笄经鉴定为使用范浇铸而成的。此外，在山西石楼后兰家沟出土了三件金珥形器，青海大通县上孙家沟 455 号墓中，还出土了金耳环和金贝等，但至今未曾见到商代金银器皿。

目前最早的黄金器皿，是湖北随县战国时期的曾侯乙墓中的金盏，重

2150 克,采用钮盖、身、足分铸,再合范浇铸或焊接成器的方法,全器制作十分精细,具有楚青铜器风格,其制作技术,应是在中国传统的青铜铸造工艺基础上发展起来的一种新的工艺。春秋战国时期的金银器,中原地区与少数民族地区的风格有所不同:山东、浙江、湖北等地的金银器多为器皿、带钩等,一般以范铸法制成;内蒙古、陕西等地出土的主要是金银首饰及马具上的饰件,工艺技术上较为完善。

秦代金银器目前发现甚少,山东淄博窝托村古墓出土的秦始皇三十三年造的鎏金刻花银盘,盘内外錾刻龙凤纹,花纹活泼秀丽,线条流畅,富有韵律感。陕西西安始皇陵所出铜车上,有金质的当卢、金泡、金项圈、金珠,银质的银较、银镳、银辖及银环、银泡、银项圈等部件,均系铸造成型。

两汉时期,我国金银器的产量已相当可观,文献记载中多有统治阶级之间常以黄金作为赏赐、馈赠、贡献等,而且数量惊人。江苏盱眙南黑庄窖藏曾发现金版、金饼、马蹄金、麟趾金等各种金币 36 块,置于一铜壶内,壶口盖一重达 9000 克的金兽,含金量达 99%,表面锤饰圆形斑纹,是一件汉代的重器。江苏邗江东汉广陵王墓出土有广陵王金印及十余件制作精细的小金饰件。此外,金银丝也用来串系金缕、银缕玉衣。从这些出土品可以看出,当时除了自商周以来加工黄金所用的锤揲、制箔、拔丝、铸造等技法继续沿用外,金银细工已日趋成熟,如掐丝、垒丝、炸珠、焊接、镶嵌等,特别重要的成就是发明了金粒焊缀工艺,即将细如粟米的小金粒和金丝焊在金器表面构成纹饰。银器到汉代作用范围已较广,也有较多的容器和小件服御器,如银画、银盒、银盘、银碗以及银带钩、银指环、银钏、银铺首、银车马具等。山东临淄西汉齐王墓陪葬坑中还出土了两件银盘,器腹均饰以鎏金花纹。这种器腹饰鎏金花纹的银盘即金花银盘,在唐代曾成为金银器中最主要的品种之一。

三国两晋时期,中原战乱频繁,南方社会经济却有较大发展,因此南方金银饰物较多。南北朝时期,除了我国本土的金银器外,从中亚、西亚输入的金银器及装饰物数量颇丰,如宁夏固原雷祖庙北魏夫妇墓出土的一件银耳杯,外形似羽觞,圈足有联珠;宁夏固原北周李贤夫妇墓中出土的一件鎏金刻花银壶,长颈、鸭嘴状流,上腹细长,下腹圆鼓,单把、把顶铸一深目高鼻胡人,壶颈、足等处有三周联珠纹饰,壶身有三对男女相对的人物图象,极具罗马风格。总的来说,这一时期的金银器以饰物为主,容器少见;西方的形制和制作工艺在器物上有所反映。

隋代金银器,仅有西安李静训墓出土的金杯、金项链、金手镯、金戒指、银杯、银筷、银勺等,虽十分精美,但无法了解其工艺全貌,其中有部分是西亚和伊朗萨珊朝传入的。

唐代是我国金银器生产的繁荣时期,其产品具有很高的艺术价值,它的标志是:考古发现数量之多是前所未有的,经粗略统计至少有 36 处之多。主要出土在窖藏、地宫和墓葬之中,其中最著名的陕西西安南郊何家村窖藏、江苏丹徒丁卯桥窖藏、陕西扶风法门寺地宫三大发现,就出土金银器达 1347 件。这些考古发现,为唐代金银器的分期断代提供了重要的实物依据;器形造型精美,品种繁多,器物成组、成批出现;纹饰绚丽多姿,既有传统纹样的特色,又具外来文化的影响。装饰图案主要分几何形与写生形两大类,前者多装饰器物边缘,后者多为装饰主题;制作工艺更为精细、复杂,已普遍采用了镀金、浇铸、焊接、切削、抛光、铆、镀、刻凿、锤揲等加工技术;边远地区和南方地区同样出土了制作水平高超,时代特色明显的金银器皿。唐代的金银器,不仅是贵族豪华生活中的重要用品,在社会生活中也起了巨大的作用,可作为统治阶级内部集团斗争中的收买手段;作为民间贸易交往的珍品;作为皇帝赐赏大臣的重器;也可作为买官邀宠进奉之物,上刻官衔姓名。

辽代金银器多为契丹贵族使用的佩饰、马具饮食器皿、首饰、符牌及葬具之类,其中以 1986 年内蒙古奈曼旗辽开泰七年(1018)陈国公主驸马合葬墓出土者最为精致丰富。它的制作工艺多采用钣金、浇铸、焊接、锤揲、錾花、鎏金、镶嵌等盛行于唐和五代的传统技法,但器形多根据契丹族游牧生活需要设计,如仿皮囊式鸡冠壶和大量马具。装饰图案也多模仿唐代流行的团花格式。以龙、凤、鹿、鱼、宝相、忍冬、联珠与缠枝花卉等纹饰为主。

宋元时期的金银器多出自窖藏,少部分出于墓葬和塔基,其金器多为饰件,银器多为生活与宗教用品,加工方法分别采用钣金、切削、抛光、焊接、压印、模冲、錾刻、锤揲、镂雕、鎏金等传统工艺,并有所创新。元代在品种上还有所增加,出现金碗、金盘、金杯及银奁、银镜、镜架、银篦、银刮、银刷、银针、银剪、银脚刀等。宋元金银器以器形设计构恩巧妙为特征,在装饰上继承和发扬了唐代的传统,并采用新兴的立体装饰、浮雕形凸花工艺和镂雕为主的装饰技法,将器形与纹饰和谐结合,使之具有鲜明的立体感和真实感。花纹装饰的题材大致有花卉瓜果、鸟兽鱼虫、人物故事、亭台楼阁及錾刻诗词 5 类,有的器物上还有款识,除少数刻有年款及标记重量、寓意的杂款外,多为打印金银匠户商号名记的款识,如"周家造""张四郎""丁吉父记"等,表明了宋元以后民间金银器制造业的繁荣状况,并且更为商品化。

明代金银器主要出土于江苏南京、安徽蚌埠、云南呈贡、江西南城、湖北蕲春、湖南凤凰、北京定陵等帝王公侯的陵墓。其中以北京定陵出土者最为精致,它们在工艺上没有多少创新,但金属细工水平十分高超,如金丝编织、掐金丝、镶嵌珠宝点翠工艺等。

清代的金银器工艺空前发展。皇家用金银器主要来自养心殿造办处金玉作及地方督抚所贡。现存精品多珍藏于北京故宫博物院。如铸于康熙五十四年(1715)的一套中和韶乐金编钟,计16件,总重量达460余千克,每件大小相同,以钟壁的厚薄不同,来调节高低不同的音调。地方督抚贡入的金银器主要产于北京、南京、杭州、苏州和扬州等地。传世品中还有不少蒙古、西藏、维吾尔等少数民族金银器,蒙藏地区主要是首饰、佛事用器;西藏布达拉宫的历代喇嘛塔,代表了藏族金银工艺的最高水平;维吾尔金银器工艺有着明显的地方色彩和阿拉伯情趣,如金鞘小刀等。总之,清代的金银器工艺,社会功能更加多样,使用范围进一步扩大,器形、图案也有了较大的变化,其制作手艺之精巧,也为前人所不及,达到了登峰造极的境界。

第四节　中国金银器艺术品鉴定与保护

一、中国金银器的鉴定

金银器的鉴定主要是运用科学的方法来分析、辨识其真伪、成色、年代、用途及价值。

由于金银是具有货币职能的贵金属,故而较少有人用真金银去做前代的伪器。金银器的鉴定主要是识别原材料的真假及成色,利用金银器物的器形、花纹、工艺手段等确定其时代,以及根据其自身价值、历史价值、艺术价值、科学价值等综合考量,来判断金银文物的价值。

（一）金银器质地鉴别

金银器质地的鉴别,一是检验器物是否是真金真银,即定性问题;二是搞清金银成色含量,即定量问题。目前国家银行中已有一套科学的测试手法,如以试金石磨道对比颜色来确定黄金成色高低真假,这是比较简便可靠的方法;以弯折法看软硬,97%以上成色的黄金弯折两三次后出现鱼鳞纹,95%左右成色的鱼鳞纹不明显,90%左右成色的,弯折时感觉很硬,没有鱼鳞纹,含有更多杂质时,弯折两三次即断。此外,还可用硝酸进行化学成分点滴分析,以仪器进行发射光谱分析、原子吸收光谱分析等等。但由于以上方法都不同程度地要对器物本身造成一定的伤害,或取样钻孔,或留下烧灼斑痕,而古代金银器属于不可再生的文物范畴,文物鉴定必须做到对文物本身无损。近现代的金银器鉴定在吸收和改善了代代相传的旧方法的基础上,又加入了一些科学手段,逐渐形成了相对行之有效的方法,简述如下:

1. 密度测试

黄金的密度为 $19.3g/cm^3$,大于银、铜、铝、锌、铅等金属,白银的密度为 $10.5g/cm^3$ 用器物的体积数去除其质量,得商即密度,若密度是 $19.3g/cm^3$ 或接近 $19.3g/cm^3$,即为纯金或较纯金,反之即为非纯金或成色差的金;若密度接近 $10.5g/cm^3$,则有可能是白银。

其数学公式如下:

金饰品的质量(克)/ 金饰品的体积(立方厘米)= 密度

古希腊的叙拉古国王亥厄伦曾利用"浸在流体中的物体(全部或部分)受到向上的浮力,其大小等于物体所排开流体的重量"的阿基米德定律,证实了他命令金匠用 10 磅纯金打造的王冠中渗入了别的金属。因而我们在用手掂试黄金比重时,应有沉重坠手之感,即所谓的"沉甸甸是真金,轻飘飘铜或银"。用这种方法测试,虽难测出十分准确的成色,但可保证器物的完好无损。

2. 颜色比较

黄金制品的成色(即含金量)不同,呈现的颜色和光泽也不同。清色金的颜色,随其含银质的多少而变化,赤黄色者成色在 95% 以上,正黄色的成色在 80% 左右,黄青色的成色在 70% 左右,黄白而略带灰色的成色在 50% 左右,即前人所流传下来的"七青八黄九五赤""黄白带赤对半金"的口诀。此外,赤黄色中带紫或金条上有麻涩小点的,多是含铜的混色金。白银成色高者色泽润白柔和,面档细腻均匀发亮,有润色,成色低的则色泽暗淡。若银中含有红铜则颜色白中微红,含黄铜则白中微黄,含白铜则白中泛青。成色在 60% 以下的白银光泽暗淡,并带赤乌色。清同治十一年写本《当铺》中,亦有以色泽论及银成色的,可略作参考:"九九银,青细查,白口;九八银,细灰查,白口;九七银,猪肝查,微黄口;九六银,粗灰查,微黄口;九五银,炉灰查,微黄口;九四银,炉灰查,多红色,微黄口;九三银,青白查,黄口;九二银,青白查,黑宗眼,亮黄口;九一银,白查,黑口;九成银,酱黄查,黑宗眼;八九银,微黄查,黄口;八八银,微黄查,黑宗眼；八七银,老黄查,黄口；八六银,微黄查,微黑宗眼；八五银,微黄查,有红宗眼,有菊花心。"在地下出土的文物中,由于银、铜、铁等易生锈,而黄金天生丽质,不易氧化,所以对久藏初出的文物来说,有"铜变绿、银变黑,金子永远不变色"之说。

3. 听音视动

将金银器上抛,任其落在硬地或桌上,可听其音韵,视其跳动情况。真金发出"噗噗嗒嗒"的低闷声响,有声无韵,而含铜量高的有当当的长音。真金极少弹力,若在 1 米高的地方,使金器自然下落至平地,真金弹跳一般不超过三下,超过三下者必是假金。真银也有"噗噗嗒嗒"之声,跳起不高,但比金稍高。敲击器物后,白银声音柔和,无韵或有短韵,而铜的声音尖高韵长。银的含铜量越多,则声音就越尖高,韵也越长。

4. 划印测试

纯金的摩氏硬度 2.8,纯银的硬度 2.7,均不及钢铁,而含杂质多、成色低的金则硬度高。故若以硬的针尖在器物不显眼的地方划去,成色高的金器即呈显出明显的痕迹,成色低的或假的则痕迹模糊或无痕。银器则有痕而不甚清晰,若铜质则针尖打滑,无法刻出划痕。

5. 察看印鉴

唐代开创了在银饼上刻匠师及进奉者名款的先河,金代金银器上只刻有姓而无名,如"上京翟家""李家记"等,宋元时期出现了为数众多的打印金银匠户商号名记的款识,如"孝泉周家打造""闻宣造"等,明代则有刘源、石叟等名匠。近代则大都在金银饰品上镌有产地或店名、成色的印鉴。民国时上海各银楼出售的金饰和金锭、金条、金块上,就有年代、牌号、暗记、成色和押脚戳五个部分的印戳。如老字号凤祥银楼出售的金饰上就有"壬·凤祥·裕·天足赤·名"的印戳。银饰上的印签,"纹银"表示含银量 100% 的足银,"925 银"表示含银量 92.5%,"S"表示是银质,而"SF"则是铜质镀银的,它是英文"Silver fill 的缩写。

以上是鉴别金银器质地的一些简便、易行和相对实用的方法,但精确度不高是它的最大局限性,若要准确了解金银器的质地和成色,还是应采用试金石对牌、比照和现代科学中化学和物理分析、测试的方法来进行。

(二)器形、纹饰是鉴定时代的重要标准

鉴定文物的年代,是文物鉴定中的重要内容之一。确定了文物的年

代,就可将其置身于历史环境中进行研究。金银文物的真伪,除了质地不同外,主要是时代的不同。

近年来众多的考古发现,为金银器断代奠定了良好的基础,虽然仍有许多缺环,但毕竟有了一个可供我们进行研究、讨论的实物标尺。目前对金银器断代的主要依据是分析其器类、器形、纹饰和制造工艺这三大方面。其中以有明确纪年的为标准器,互相比较对比,分析其相同和相异之处,分析它们的矛盾与联系,经过系统全面的分析后,作出科学判断。以地下金银器出土最多的唐代为例,到目前为止,全国共出土金银器近2000件,其中有的器物刻有明确的纪年,或有可能推断时代的结衔题名,但这毕竟数量极少。同时,由于出土器物的窖藏、墓葬等也没有早晚地层关系,因而只能通过器物演变中的形制、纹饰这两种最直观的因素,并以有纪年的出土器为典型参照物,对唐代金银器进行时间上的分期。经前人研究,大致可分为四个时期,其特征和演变规律可通过器类、器形、纹饰、制造工艺体现出来,其中器形和纹饰是关键所在,简述如下:

第一期:初唐—高宗时期(公元618—683年),共65年。器形种类比较单纯,数量也较少,食器中仅有碗、盘,饮器中有杯、壶,药具只见铛。本期器壁一般比较厚重,器口主要是圆形、八角、多角形等,其中,棱形器物是典型作风。纹饰有龙、凤、摩羯、孔雀、鸳鸯、鹦鹉、练雀、白头翁、绶带鸟等,绝少团花形象。其中龙胸脯高耸,龙体粗壮,阔嘴长髯,长尾缠于右后腿,凤鸟则钩喙长颈,鼓翼翘尾,多站立状。在装饰碗、铛类器物时,多采用任意多等分装饰面的手法,装饰区间多是錾刻出的S形或U形瓣,瓣数9～14,其中12瓣以上的为第一期独有。在碗底或铛底有焊接模冲的装饰圆片,并使器物形成双层底部,是第一期在工艺手法上最明显的特征。

第二期:武则天—玄宗时期(公元684—755年),共71年。器形种类增多,除食器、饮器、药具、容器外,还增添了杂器、宗教用具。药具类的炼丹器具,杂器类的熏球,为本期新出现的器形。器口以圆形为主,同时出现多曲、多瓣、桃形等。纹饰有龙、凤、飞狮、天鹿、天马、独角兽、犀、猴、熊、龟、海兽、摩竭、孔雀、鸳鸯、鹦鹉、鸿雁、练鸟、白头翁、绶带鸟、蜂、蝶等写生动物纹样和折枝花、小簇花、串枝花、鹊压枝花等植物纹样,以及多峰的山岳纹。其中团花多为以花瓣组成的蔷薇式,以忍冬、莲叶等组成的寓意为连生贵子、多子多孙、事事如意、多福多寿等祝愿的石榴状、桃状、柿状的花结,是本期具有特色的装饰纹样。动物中的犀、猴、熊,仅在第二期出现。在装饰上大量采用六、八等分装饰面的手法,装饰区间多莲瓣状,且多双层结构,第一期的S形瓣已不再出现。盘类器物以模具冲出的单点装饰替代了第一期的焊接模冲装饰圆片的手法。

第三期：肃宗—宪宗时期（公元756—820年），共64年。器形种类主要是食器和饮器数量较少，未发现杂器类和药具类，出现了仿生形器。器口中圆形数量减少，除了多曲、多瓣形外，出现椭圆形，口部多用单相莲瓣装饰一周。纹饰中动物以纤细的龙、对鸟状的凤、安详的狮为主，其中摩羯纹已趋向成熟；禽鸟纹中仅见鸳鸯、鹦鹉、雀鸟等少数纹饰，且立鸟式锐减。昆虫中的蜂、蝶，以单独纹样居多。山岳纹也多为单峰式。折枝花渐趋复杂化，植物纹总体向团花科方向发展，装饰手法上多采用六等分法，不见单点式装饰。

第四期：穆宗—哀帝时期（公元821—907年），共86年。本期器形种类繁杂，食器、饮器、药具、容器、杂器等类，应有尽有，且大多配套。其中杂器类的渣斗、酒筹、酒筹筒、箱筒的铰链、合页、把手，以及饮器类的茶托，均为本期所独有。器形中碗、盒类器出现高圈足，这是本期的明显特点之一。盒体增添了云头状、菱弧状等式。器口变化十分丰富，圆形大大减少，除多曲、多瓣形外，还出现龟背、海棠形、菱弧形等，起装饰作用。增多的仿生形器物是本期的一大特色。殉葬的器物微型化，有的已完全成为冥器。纹饰中的龙凤更趋纤细和呆板，不见飞狮、天鹿、天马等有翼神兽，摩羯纹普遍使用，蝴蝶装饰出现向蛾虫形态的演变，植物纹样成为主要纹饰，折枝花形制完全衍变成折枝团花，有的已呈十字状，成为晚唐折枝花的重要时代标志。在装饰上多采用四、五等分划分装饰面，内容上出现儒家经典中的人物故事。同时，器形和纹饰方面，出现了一股强烈的复古潮流，纤细、平行短碎的"碎线"式刻划装饰技法在本期流行。

综上所述，我们可以看到，掌握了金银器的器形和纹饰的不同，也就是掌握了其不同时期的特征。了解了不同时期特征的变化，也就是掌握了其演变规律。熟悉了特征和演变规律，也就是掌握了金银器鉴定入门的方法了。

（三）金银文物等级与价值的评估

由于金银文物的原材料是可充当一般等价物的贵金属，可直接作为货币流通或贮藏，故金银文物的等级和价值除了其本身的货币价值外，主要体现在两个方面：一是反映在其补充史料的历史价值；二是反映在其种类、工艺及装饰风格上的艺术价值，为今天美化人民生活起一定的借鉴作用。应该明确指出的是，金银文物的自身价值及工艺美术价值较高，但在技术的发展上少有创新，多因袭旧有技艺，故并没有极高的科学价值。

金银文物的历史价值主要反映在其补史的作用上。金银器的制造虽历来是官府手工业的部门之一,产品被上层统治阶级占有并用于赏赐、贡奉、施舍等,但自唐始民间也出现了有关的行、铺,证明了民间金银手工业的繁荣及商品化。同时,地下金银器出土的多寡及风格,可从一个侧面反映社会经济的繁荣程度。从窖藏、墓葬出土的金银器来看,贵族阶层占有了极大多数的金银器,也就是在实际生活中占有了极大部分的社会财富,也从另一方面反映了普通劳动阶层的穷困。从塔基出土的金银器看,宗教阶层在当时处于较上层的地位,是统治者奴役劳动人民的工具。汉、北魏、唐初金银器外来装饰风格非常明显,证实了这些时代中外文化交流的活跃程度,为中西交通史增添了新资料。金银文物的艺术价值在器形、纹饰、装饰手法上都有较好的反映,内涵十分丰富,给人以赏心、愉悦、美观的享受。金银器皿是祖先艺术成就的历史见证,金银饰物有许多直到今天还是人们仿制加工的对象。尤其是巧夺天工的装饰艺术,更是一份珍贵的民族艺术遗产,为今天的文物复制、仿古陶瓷装饰、装潢艺术、丝绸图案织造、电影戏剧装饰服装设计、建筑工程等诸多方面,提供了重要的参考资料,使之古为今用,创造出符合时代需要的传统艺术,以美化人民的生活。

二、中国金银器的保护

(一)金器的保护

金的化学性质非常稳定,不产生电化学腐蚀和微生物腐蚀现象,有的纯金器物,虽然在地下埋藏千余年,只是受泥土挤压而变形,仍呈现黄色,不需要特别的除锈和保护。对于合金来说,情形就有所不同,金的合金中含有一定比例的 Ag、Cu、Fe 等金属,金的合金在硬度、色泽等理化性质方面与纯金有不同程度的差别,因此金的合金是容易腐蚀的。

1. 纯金文物的保护

发掘出土的纯金器物,体质很柔软,通常与泥垢、石英和沙砾等结合一起,金质并没有被腐蚀。但观察到的器物表面往往覆有红色锈,这是由于地下铁的氧化或者埋藏地点附近铁器氧化的影响,很容易清除。

(1)去除金器表面石灰质沉积物,可用一根棉签蘸 5% 稀 HNO_3 作局部涂布来去除。

(2)去除金器表面有机类的污垢,可用 2% 的 NaOH 溶液浸泡几分钟,使其软化酥解,再用牙签、软刷或剔刀小心除去。

（3）去除金器表面灰尘,可用软毛刷刷除,也可用乙醚、苯、中性肥皂液或 10% 氨水洗涤,随后用蒸馏水洗净烘干。

2. 合金文物的保护

古代金器文物中掺少量 Ag、Cu、Fe 等成分是为了增加金体的硬度和耐磨性,但也改变了金的性能和颜色,产生了腐蚀的可能性。如 Au—Cu 合金会出现绿色的铜锈,Au—Fe 合金会出现红色的铁锈。对金的合金制成的文物,应根据渗入金属的种类进行针对性的处理。常用氨水或者酸类除去绿色的铜锈;用 HCl 去除红色的铁锈。由于金化学性质的稳定性,酸、碱、盐等溶剂除锈后对金质不会造成损伤。

江苏南京板仓出土的明代"云龙纹金带",出土时污垢堆积,锈迹斑斑,几乎看不到上面精美的花纹。专家们用稀 HCl 将金带浸泡除锈,再经过多次清洗,便出现了原有的黄灿灿本色。

3. 鎏金文物的保护

鎏金文物就是指以其他金属和材料做内胎,在其外覆盖一层金质材料的文物。鎏金文物出土和传世的数量是非常大的。对于鎏金文物,胎质比外层更容易腐蚀所以处理方法必须谨慎。尤其不能用还原方法进行处理,因为锈蚀产物的还原金属会覆盖到鎏金表面上,有损器物的外观和价值。

例如,处理损坏的青铜鎏金文物,可以使用碱性酒石酸钾钠溶液来清除锈层。如果鎏金层的腐蚀物夹杂在中间,就只能用机械方法来去除了,即在双筒显微镜下,用钢针挑除锈蚀物,当露出鎏金层时,就用 1% 的稀 HNO_3 将其表面进行清洗,但要谨慎耐心,防止鎏金层脱落。

保护鎏金文物,稳定胎质是一种非常必要的手段,通常的方法是采用青铜或铁的缓蚀剂来防止胎质的腐蚀病变。也可以使用较稀的高分子材料从边缘的缝隙中灌入,从而加固鎏金层和胎质,起到保护的作用。

（二）古银器的保护

银是相当稳定的金属,在室温或加热的情况下,几乎看不出与氧或水的作用,但在大气中它易受某些有害物质的侵蚀,而使颜色变晦暗。例如,含硫物质、氯化物、浓氨水等在一定条件下都可能与古银器发生化学反应生成 Ag_2S、$AgCl$ 暗灰色沉积物,或可溶于水的 $[Ag(NH_3)_2]^+$ 配离子,从而银器遭到溶解腐蚀。此外,古银器常是一种银铜合金,接触到腐蚀介质时,会发生电化学腐蚀并加速银的离子化过程,使银器变色。

古银器的去晦暗处理和保护,现正处于深入研究和发展阶段。

一般认为,刚出土的银器一般不必处理。如需处理时,可采用下面方法。

1. 物理、化学并用法

在 10g 轻质碳酸钙中加入 10ml 6MNH$_3$·H$_2$O 和 2ml 工业酒精,调制成糊状,用软布蘸取揩擦已发黑的银器,使银器呈银白色为止。其原理是:①轻质碳酸钙起机械磨擦作用;②加 NH$_3$·H$_2$O 使 Ag$_2$S 转变成可溶性的 [Ag(NH$_3$)$_2$]$^+$ 配离子而除去;③酒精除去油质有机污迹。

2. 化学法

将发黑的银器用洗衣粉洗去表面油污,把它和一块铝片紧密捆在一起,然后放入 2MNa$_2$CO$_3$ 中煮沸,直到银器呈银白色为止。其化学反应式为:

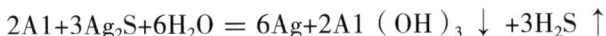

$$2Al+3Ag_2S+6H_2O = 6Ag+2Al(OH)_3 \downarrow +3H_2S \uparrow$$
$$H_2S+Na_2CO_3 = Na_2S+CO_2 \uparrow +H_2O$$

铝与硫化银发生置换反应,能把银器表面黑色除去,碳酸钠的作用是为了吸收 HS,防止污染环境。

以上几个除晦方法均能很好地除去银器晦色,而不损伤银器及花纹。

3. 对于古银器的封护处理

近期研究工作有:

(1)XD-1 银器保护剂。它是一种带有极性基团的有机化合物,并配有一定量的金属缓蚀剂和少量环氧胶粘剂的汽油液。其突出优点是将它浸涂在银器表面上可以形成一层薄而均匀的保护膜。薄膜粘合力强,对银器无腐蚀,且具可逆性。

(2)疏基苯基四氮唑(PMTA)甲酸溶液处理变色银器,除锈效果较好,且对器物无损害。

第四章 中国书画艺术品及鉴定与保护

古书画鉴定这门学问,很多人都需要懂得。首先是 博物馆和图书馆的工作人员。因为历代书画作品馆和图书馆收藏最多,并且把出土和传世文物尽可能地收藏起来,保护起来,以服务社会。其次是文史研究工作者。历代流传下的书画作品中,有许多直接反映了现实生活,是研究历代社会生活和文物典章制度的珍贵的、生动形象的历史资料。收藏家若不懂字画的鉴别,则会花大价钱买赝品。掠贩家若不知晓字画的鉴别,则不知谁贵谁贱,就达不到唯利是图的目的。由此可见,古书画鉴定具有非常广泛的意义。

第一节 中国书画艺术品

一、书画的起源

中国书法历史悠久,从古至今书体变化很大,主要有甲骨文、金文、籀书、小篆、隶书、魏碑、楷书、草书、行书。从安阳小屯殷墟出土的甲骨文和临潼周原出土的西周甲骨文来看,这些文字先用墨或朱色写在甲骨上,然后镌刻而成。甲骨文字体变化大,同一个字有多种形状和写法,而且字形结构疏落有致、错综复杂、质朴典雅。至商代晚期,青铜器上已经有铸造的铭文,安阳后岗祭祀坑出土的戍嗣子鼎有铭文 30 字,是商代铭文最长的。这种金文是一种结构与甲骨文不同的图画性文字,并被用来记载历史,镌刻于钟、鼎等青铜礼器乐器上,因而称为钟鼎文或金文。

籀书也叫"大篆",因著录于《史籀篇》而得名,字体多重叠。春秋战国时通行于秦国,今存石鼓文是其代表作。

小篆秦始皇统一文字以后,改大篆为小篆。这种小篆书体比起大篆,具有书写时线条圆润,结构统一,字形定型,呈纵、横、方等特点。笔画简洁易写是又一特色。著名的《峄山碑》小篆刻石,线条细匀,被称为"玉筋篆",并被赞誉为"朴茂端庄,古今妙绝"。小篆为官方通用文字,小篆书法作品已较多见。

隶书亦称"八分体",与小篆并行出现,相传为秦时的衙役程邈所创。系将小篆笔画稍增或稍减,演化成笔画灵活、易于书写的"八分体"魏碑系指南北朝时期北朝的碑刻书法作品,是由隶书变楷书过程中的产物。有圆、方、方圆三种不同风格。圆体显秀媚,以《张黑女墓志》《元君墓志》为代表作;方体显质朴,《始平公造像》碑是其代表作;方圆体兼二者之长,《郑文公》《张孟龙》碑是其代表作。书体名称(亦称北魏碑版)为"南北朝碑刻"。

楷书亦称真书、正书,产生于西汉,成熟于东汉末,盛行于魏晋南北朝,此后历代沿用,迄至今天。楷书这一新书体由"汉隶"演变发展而来。考古发现的汉代瓦当铭文和居延汉简中的文字已具备楷书的点、横、撇、捺、勾挑、横折、竖提等基本笔画,其形体由圆而方,具有楷书特点,又经三国魏晋南北朝的过渡,姿态百变,精品迭出。至唐代大盛,诸家各具风貌,尤以颜真卿、欧阳询最著名。时至今日,楷书仍是汉字的一种主要通行书体。

草书是根据"汉隶"、楷书的架式写成显得潦草的书体。在该书体的产生、发展演变过程中,依形体不同可分为章草、今草、狂草三种。章草,是一种使隶书写得快捷而行笔草率或简笔造出的一种介于隶书和草书间的"草隶",进而演化为"章草"书体。可以说该书体是由"汉隶"而产生的。以既有草书的笔法,又有隶书的笔意为其特色。据唐代张怀瓘著《十体书断》载:汉元帝时,"史游作《急就章》……损隶之规矩,纵任奔逸,赵速急就,因草创之意,谓之草书";并称"章草即隶书之捷,草亦章草之捷也"。由此可知,汉时的草书,又称章草。现代著名书法家启功在《古代字体论稿》中解释"章草"时认为,章草的写法具有条理和法则,比较合乎章程,用于奏章,故称章草。他从写法和功能诠释章草,颇有见地。今草,是楷书流行以后人们利用章草的笔法和楷书的体势创造而成的一种草写字体,与章草有很大区别。今草的特色是在一幅字中既可上下字相连,又可大小相生,还可以粗细杂糅、正斜相依等。因此,可以说章草是隶书的快写体,今草是楷书的快写体。狂草,是一种比今草更为潦草、狂放的书体。力求通篇气势畅达、笔势连绵回绕、变化多端是其特点。这种字体出现于唐朝。

行书古称"押书"。自宋代羊欣《古来能书人名》评"钟繇书有三体,一曰铭石之书,最妙者也;二曰章程之书(指章草——引者),传秘书教小学者也；三曰行押书，相闻向者也"。这里所称"行押书"系为后世所称"行书"，是当时用于书启、相闻、相向的书体。据此，今存东晋著名书法家陆机的《平复帖》、王羲之的《十七帖》《兰亭集序》正名当是行书，可以说行书出现于章草向今草过渡之际，至于后世所称的行书，学者们认为是介于楷书和草书之间，是一种伴随楷书的流行而产生的新字体，"楷如立，行如趋，草如走"，这是对行书特征最贴切的概括和诠释。如宋代米芾的行书、元代赵孟頫的行书、明代董其昌的行草、清代何绍基的行书。

中国绘画的渊源可追溯到新石器时代晚期。在河南临汝阎村遗址仰韶文化晚期墓出土一件作为葬具的陶缸，其绘饰"鹳鱼石斧图"；陕西临潼姜寨出土一件"鱼与蟾蜍图"，均系立意在先，尔后采用笔墨线条勾勒塑造形象或兼填色及象征手法的应用，都初具传统中国画特点，而真正意义的中国画至晚产生于战国时期。湖南长沙战国楚墓出土的《人物龙凤帛画》《人物驭龙帛画》是其标志。

人物画以人物形象为主体的绘画，出现时间较山水画、花鸟画等为早。大体分为佛道画、仕女画、肖像画、风俗画、历史故事画等。人物画的表现技法大致可以分为三大类：白描画法、工笔重彩画法和写意画法。

山水画以描写山川自然景色为主体的绘画，从魏晋、六朝时期逐渐发展，当时多作为人物画的背景；至隋、唐时期出现了不少独立的山水画；五代、北宋时期日趋成熟，作者纷起，从此成为中国画的大画科，主要有水墨、青绿、金碧、没骨、浅绛等形式。

花鸟画以动植物为主要描绘对象的绘画，又可细分为花卉、蔬果、草虫、禽兽、鳞介。其绘画技法可以分为工笔花鸟画、写意花鸟画和兼工带写三种。

界画指以宫室、楼台、屋宇等建筑物为题材，用界笔直尺画线的绘画。明代陶宗仪《辍耕录》所载的"画家十三科"中就有界画楼台一科。

院体画一般指宋代翰林图画院及其宫廷画家的绘画。这类作品为迎合帝王宫廷需要，多以花鸟、山水或宗教内容为题材，大都讲究法度，风格华丽。因时代风尚和画家擅长不同，而画风各具特点。

文人画指文人、士大夫的绘画，以区别于民间和宫廷画院的绘画。唐代王维是其创始人。文人画的作者一般回避社会现实，多取材于山水、花鸟、竹木，以抒发"性灵"或对政治的不满。讲求笔墨情趣，脱略形似，强调神韵，并重视文学修养，对画中意境的表达和水墨、写意等技法的发展，有相当影响。

二、中国传统绘画的艺术特点

（一）丰富多彩的题材

中国古代绘画作为意识形态，它必然受到不同社会人们的信念、礼教、宗法、审美观点的影响和制约。历史要求它描绘特定的内容。封建社会前期的宗教思想为统治阶级利用、描绘神灵鬼怪的题材占了优势；封建社会后期，由于绘画形式的不同形成了各种独立的门类，优秀画家辈出、艺术风格各异、绘画的题材更加广泛。人物题材有帝王将相、英雄豪杰、宫娥仕女、公子贵人、庶民百姓、文人雅士、佛像罗汉、道教三清、嫦娥仙女。山水题材如名山大川、清溪幽谷、宫苑楼阁、古刹庵堂、奇峰飞瀑、翠柏苍松、万里长江、百舸争流、小桥横舟、田园小景。瑞兽动物题材如龙凤麒麟、飞虎翼马、牛羊鞍马、雄鹰百雀、龟蛇青鲤、彩蝶金鱼、蟋蟀蝈蝈。花卉题材如牡丹芍药、梅幽兰、荷花水仙、红蓼芙蓉、玉簪月季，翠竹春笋，等等。

中国传统绘画不仅描绘现实生活中的人物、自然景物，也创造幻想中的人物和动物，而且以高度的艺术手法赋予它诱人的艺术魅力。

（二）以散点透视为特点的章法

中国传统绘画有其独特的表现形式、古代帛画、壁画、轴画各有独特一面。它们在布局上的特点是散点透视和鸟瞰形式。透视法则是西方绘画技法理论。现代中国美术界引用了这一名词。透视法则中有一个观点：一幅画中所有景物的远近高低，都要依据该画面中的一个视线中的焦点为转移。然而中国画中的一切景物的大小、高低、远近处理，并不受视线焦点的限制，有人把这种构图形式叫"散点透视"。

散点透视早在岩画、壁画中就已得到充分表现。一幅壁画中的许多情节可以巧妙地安排在面墙上，常常不受时间、空间的局限，可以把四时山水描绘在一个长卷上，可以让四季花卉丛生在一起，也可以把室内景、室外景、行旅、作战、耕田等情节错落有致地描绘在一起，像连环画一样。这种形式有利于表现历史故事、宗教神话，也有利于表现画家的思想感情。

这样的构图特点在长期的艺术创作实践中，总结出一套完美的手法，不仅能够充分表现内容，而且还能够鲜明地突出主题。

这样的章法早已为群众接受，习以为常。没有人在看画时挑剔透视上的不合理，因为这样的绘画表现出意与情的真实。在艺术和美学领域,符合逻辑思维的"理"、符合感情发展变化的意念,体现出更深一层的"真"。当人们在画面前任其思想情感被艺术作品牵动,在美的空间由翱翔的时候,谁能不为中国画的那种"梦与现实相结合的象征的美"(日本学者角本关息语)而赞叹不已呢?

(三)以线描为骨法的描绘手法

中国绘画的基本描绘手法是线描。这种传统可以追溯到原始社会的陶器刻画纹和彩陶纹样。后来的各种绘画都以线描作为描绘形象的基础,帛画、壁画如此,山水画、花鸟画也是如此。

在刻画各种形象,表现各种形象柔润刚劲的质感、阴阳向背的空间感等方面,线描有很高的表现,力线有多种变化。古人总结人运用线的技法概括为"十八描",其实何止十八描?线的曲直、粗细、转折、顿挫、流滞、速缓、刚柔、疏密、繁简,有千变万化的功效。再加上线的变休,如勾点的各种手法,可以说应用自如,天下万物之形体无一不可以用线来描绘。

古代线描可以表现出不同时代、不同画家的风格,"吴带当风"就是唐代吴道子绘画风格的一种表现。

线描在古画论中称"骨法",顾名思义,就是说线是绘画造型的基础,是刻画形象的基本手段。在线描造型的基础上,进行色彩描绘。国画的赋色是以物体固有色为依据的,不像西画着色样以光照下变幻的色彩为绘画的出发点。譬如画一个蓝色瓷瓶,用西画方法描绘它时,它的正面和侧面就不能用相同的蓝色去画,同时因为周围的其他有色物体可能把色光反映到这个蓝瓶上,所以也要适当表现那种光的反射效果,而以国画手段来描绘则不然,只要用一个蓝色即可。这并不是说国画的色彩技法简单,国画的色彩领域也是画家思想感情驰骋的天地。色彩在中国画中具有强烈的装饰作用,画家在运用色彩的时候,不完全受客观实体真实色彩的束缚,古人用朱砂画成的红彤彤的竹子,并不使人感到是干枯的竹子,同样有清翠繁茂的感觉。尤其是工笔重彩、金碧山水之类的绘画,金线勾勒,青绿填染,加强了作品的特定气氛。所以,中国传统绘画既有写实的特点,也有强烈的装饰风格。

(四)形似与神似的统一

中国古代绘画非常注重形象的描绘,古人在研究形与神的关系中,逐步创造出一套以形写神的规律。

绘画中的形与神的关系是绘画艺术哲学中的基本问题,这两者既矛盾又统一。凡作画者一动笔便涉及这两者的关系问题。历史上画家的成就，虽然有种种因素，但对形与神的关系处理得比较好是重要原因。唐代张彦远在《历代名画记》中有精辟的论述："得其形似，则失其气韵，具其色彩，则失其笔法，岂曰画也！"张彦远的这段话把具体地、真实地、一丝不苟地描绘物体的形和色的形似，说成妨害气和笔法的大敌。从张彦远的论点来看，凡优秀作品中的形象，都不是现实生活中的自然翻版。这样处理形象并不是古代画家的能力太低，而是不以形似为满足，以神似为艺术创作的最高要求。

这样并不是说古人完全不注意形似，去追求虚无缥缈的笔情墨趣，而是不求形象太似真实物体。关于这个问题，石涛有句名"不似之似似之"，"不似之似"是画家在观察生活的经验基础上概括了的形象，这种形象是似与不似之间的形象。只有这样的艺术形象才能体现描绘对象的神似。

三、中国传统书法的艺术特点

中国的汉字起源于象形文字，与绘画同出一源，故有"书画同源"说。由于象形文字有形体的结构和布局的章法，长期以来形成一门艺术，其艺术风采和千变万化的风韵在世界文字中独树一帜。

书法以"书"为基础，审美特点表现在笔画、字体和章法的形式美。

汉字的笔画是书法艺术的基础，笔画变化很多都出于运笔的技巧。运笔有指法、腕法、肘法；用力方法有扶（用拇指按的意思）、压、勾、贴（无名指贴于笔管）；用笔之势有偏、侧、直、正；笔画的形态有方有圆、有波有折、有点有竖；挥笔的意态有急有慢、有放有敛。用笔之妙还能表现作者心情意念。喜怒哀乐也能表现在笔情墨趣之间：喜时成书字迹舒润，怒时成书字体奇险，哀时成书字敛显现阴郁，乐时成书字体妍丽。从书法的造型健美挺秀、表意又传神等功能来看，不愧是富有表现力的造型艺术。

首先让我们看看，作为运笔艺术的书法，在有骨有肉的笔划表现出来的美的特点。据传说，王羲之的老师，东晋女书法家卫夫人，曾作《笔阵图》，阐述书法艺术中的笔法的意义。她说："善笔力者多骨，不善笔力者多肉。多骨微肉者谓之筋书，多肉微骨者谓之墨猪。多力丰筋者，无力无筋者病"。这些论点为书法艺术的发展奠定了基础。古人把字的每一画都看作抒情表意的手段，《笔阵图》中提出了七条有关笔画的意象——横如千里阵云，点如高峰坠石，撇如利剑犀角，勾如百钧弩发，竖如万岁枯藤，捺如崩雷浪奔，转如劲弩筋节。汉字的笔画千变万化都基于这几种手法。笔画表现手法同用笔的技巧、力度分不开。前人总结了各家的经验，总括起来提出了"永"字八法的论点。八法即：侧、勒、努、趯、策、掠、啄、磔。侧点之笔法，勒横之笔法、努竖之笔法、趯挑之笔法，策仰横之笔法，惊撇之笔法，啄短撇之笔法，磔捺之笔法。

古人用许多篇章论述书法的笔画，强调书法艺术"得形体，不如得笔法"（见《翰林粹》）。并且指出书法有二：一是用笔，二是结字，而结字之佳美者，都在于用笔之精妙。笔法是书法艺术的核心，因此历来大书法家在笔法上有许多精辟见解。除了上述卫夫人提出的《笔阵图》论及执笔七法、欧阳询论书八法外，还有"三折法""戈法""环法"等。所谓"三折法"，是用笔的起止过程中有三折：起笔欲下先上为一折，运行为二折，末端收笔为三折，横竖笔画皆如此。戈法是（㇏）波的写法，环法是（㇆、㇄）的写法。相传永字八法始于汉末，由汉代的崔瑗、张芝传授于钟繇、王羲之，王之专门练习永字十五年之久，以一个字为中心心领神会了千万个字的笔法。此虽趣闻，但永字的笔法确实具有代表性。由晋入转相传授，唐代虞世南、欧阳询都对八法有深入研究。

书法的笔势意态表现在笔与笔的联系，字有好的形态方能挺秀美观，故结字也是书法艺术的重要方面。结字法是研究字体结构的开合、向背、俯仰、疏密等笔划分布的理论。关于字体结构法，古人专论甚多，如李淳进文字结构八十四法，黄自元论字体间架结构九十法等等。前人关于结字法的论述，对我们鉴赏书法艺术有参考价值。

书法艺术的形式美还表现在章法上。章法是整篇布局之法，字与字、行与行，相互关系应求谐和统一。不同书家的章法还有不同的格调风韵。不同书体有不同的章法。篆书具有象形的特点，早期的甲骨文、钟鼎文布局自然活泼，错落有致。小篆柔而方劲，字形规整，布置整齐端庄。隶书笔法转折，字形方扁布局有行有列。楷体正书，笔划平直，结体整齐，章法也严守格局，在严整中显现神韵。行书有动势，字字气脉相连，布局也显现自然天趣，风韵洒落。草书如水流动、运笔婉转。草书中的豪放一格称狂草，狂草笔笔相连，字字气贯，偶有不连之处，而血脉不断，笔势不滞、飞走流注，运笔风动，整篇书体有机组成，一气呵成，故有"笔书"之说。

中国书画艺术的高度成就同工具的特性有重要关系，长期以来作为书画的四大工具和材料：笔、墨、纸、砚，成了文人的宝贝，俗称文房四宝。不同时代，不同作家在笔、墨、纸的选用上有所不同，这就为后来书画鉴定提供了物质上的依据。

南唐时期公认的文房四宝是：李廷珪的墨、澄心堂的纸、诸葛氏的笔，龙尾歙砚。后来指湖笔、徽墨、宣纸、端砚，即浙江湖州善连镇的笔、安徽徽州的墨、安徽宣城的纸、广东肇庆市(端州)端溪一带的砚。

当然,现在各地的佳墨珍砚是很多的,上述四种是其代表。譬如名砚除端砚外,还有安徽歙县的歙砚,亦称婺源砚,甘肃的洮砚,山西的澄泥砚,合称四大名砚。另外还有红丝砚,是山东潍坊市附近产的一种名砚。因砚的石料中有天然成趣的红色丝纹而得名。名砚除质地优良,适合磨研、存放墨汁外,在外观都有一些名贵之特征。如端砚中就有许多石品,如鱼脑冻、青花、蕉叶白、翡翠、火捺、猪肝冻、金星点、金银线、冰纹、石眼等;歙砚有龙尾、罗纹、金星等。

端砚之珍贵还因采石不易,唐代诗人李贺有描述采端石之险况:"端州石工巧如神,踏天磨刀割紫云。"这说明古代石工常冒生命危险,爬到悬崖山洞中去采端石。端砚的雕琢技艺也很考究。现在北京荣宝斋陈列有一巨砚,砚上雕有九龙出没云雾之间,生动自然,富有装饰性,它已经成了一件精工的雕刻工艺品。

笔的软硬对书法有很大影响。软笔有羊毫、鸡绒。硬笔有狼毫、鼠毫、紫毫。软硬兼备的称毫,为狼、羊毫混制,其中偏硬的有五紫五羊,七紫三羊,九紫一羊;偏软的有二紫八羊、三紫七羊等。"白云"画笔就是辰毫。

鉴别墨的好坏,可从几个方面去看,如锭表面是否细腻滋润,墨锭色泽泛蓝或紫光,以泛紫玉光泽为佳。同时佳墨必有芳香,以麝香冰片香型为上。

宣纸品种很多,质地差别悬殊。宣纸分生宣、熟宣、单宣、夹宣,可根据需要选购。

四、中国书画的装裱形式

挂轴也称立轴,俗称"中堂"图。系指竖式书画装裱悬挂的作品。已知挂轴最早出现于战国,至南宋开始盛行,迄至今日仍在盛行。

手卷又称长卷图,是一种横式书画作品。由于平时系用手将舒卷品赏的书画作品卷起来保存而称手卷,又因横式书画幅长而利长卷。这是引用中国古代的书籍形式。魏晋时期的书画多采用这种形式,南宋舍弃不用,故北宋多横卷,南宋多挂轴。

横披系指横幅书画横式装裱挂于墙上的作品,此类格式始创于何时尚不得而知。据朱元璋云:"余家董源雾景横披,山骨隐现,林梢出没,意趣高古",可知明代以前已有横披。

册页系指一种画芯较小而页数较多的书画作品,因把书画分成数页装订成册而得名。始创于北宋,如《宣和睿览册》。元代逐渐流行,明、清较多见。

屏条系指条幅书画作品。此类作品,一说创作于宋代,至明、清时期渐兴。一般由四、六、八、十二、十六条幅拼成。古人题款多在末幅,逐条幅题款者为清末任伯年所创。

通景屏系指多条幅大小等同的书画构成一幅完整的书画作品,也指各单幅屏条拼在一起构成一幅完整的画面。此类作品始创于何时尚不得知,当是由屏条发展而来,晚于宋代。

扇面系指在扇子表面书写或绘画。此类作品有团扇书画和折扇书画之分。宋、元时期的扇子形式基本上是团扇,因而这一时期的扇面为团扇书画。明代出现并流传迄今的是折扇,故这时的扇面书画皆为折扇书画。

对联系指文句对偶的书法艺术作品。此类作品,一说始创于宋代,一说始创于明代,至明、清时期盛行,书法家几乎无人不书,无书非联,因而传世多。

第二节　中国书画艺术品鉴定

书画真伪的辨识,方法有多种多样,主要从以下几个方面入手:第一,了解各类书画产生及其演变发展情况。第二,了解印章、纸绢、题款的时代特点。第三,了解画面上建筑的时代特点。第四,审视收藏印。第五,选有关著录加以核实(要注意,有的著录也有误录伪品的)。第六,了解装裱和收藏印所在位置的时代特点。第七,了解书画造假的方法,以便比较真伪。鉴定古代书画,除以书法、绘画艺术的时代特点、地域特色、流派风格及作者的艺术风格为其主要依据加以鉴别外,还要以纸绢、格式、题跋、印章、装潢、著录等作为辅助依据予以进一步验证。

一、了解书画的时代特点

中国画家作画的时代及画品的时代特点明显,从画面的布局看早期的山水画一般摄取全景,至南宋,才出现一些画家(如马远、夏圭等)只取其一角;从题材看,北宋一些画家(如李成、徐熙等)所绘树石是中原景色才出现的水天空濛的"残山剩水"。各时代作画特点还有诸如唐、宋时期画家作画,注重打草稿,对山水位置刻意设计,有"十日一山,五日一水"之说。到了元、明时期以后,画家构图落墨,一气呵成。五代、北宋时期的花鸟画注重写生,后来出现了写意的花鸟画。有关人物画中的服饰及器物摆设所反映的时代特征更鲜明。

（一）先秦时期书画

商、周的甲骨文,字的笔画为单线,字形瘦长,笔画时露锋芒,结构古朴舒朗。除偶见书写于甲骨上尚未镌刻者外,绝大多数是采用尖硬的工具刻在龟甲上。

商、周的金文,字的笔画比甲骨文粗犷,在单线组合中,开始出现粗圆的点画,曲笔、直笔富有变化,结构上讲究各部分的配合呼应,字形仍以长为主,大小渐求匀称,行款力求整齐。西周的散氏盘铭文和毛公鼎上的铭文书法是其代表作,受到书法家的珍视和高度评价。

春秋战国时期的书法呈现不同的地域特点。秦国由于地处雍州在相对封闭的环境中承续了西周的书写传统,以《史籀篇》大篆为规范。金文以《秦公钟》《秦公镈》《商鞅方升》《新郪虎符》一脉相传;简牍文字从青川木牍到云梦秦简、里耶秦简,直到“汉隶”。楚国的书法广泛流行于南方地区,其形体修长、婉转多姿、富有装饰意味的书法风尚以《王子午鼎》《王孙钟》《曾侯乙编钟》《越王勾践剑》为代表,而《长沙子弹库帛书》和信阳长台关、仰天湖、包山郭店等楚简书法,体势宽博,率意天真。齐国书法在很长一段时间沿袭西周大篆,到战国初期《禾簋》《陈纯釜》《陈曼簠》等器物的出现,才确立了齐国清刚劲迈、以纵长的平行线为主导的书法体系。晋国和以后的赵、魏、韩书法见于《芮子鼎》《苏卫妃鼎》、侯马盟书和一些兵器等,书法丰中锐末,爽利隽美。燕国书法主要表现在兵器铭文上,以挺健短直的线条为主,结构外形方正,时有小的三角形结构,形成既稳定又空灵的内部空间。

真正意义的中国画至晚产生于战国时期。湖南长沙战国楚墓出土的《人物龙凤帛画》中以墨线条勾勒而成的人物画,确立了以线条造型为民族特色的表现形式。自此,绘画以线条塑造形象,成为中国绘画特有的民族风格。

目前,虽然尚未发现秦代的绘画实物,但是从咸阳秦宫遗址出土的壁画残片上残存的粗犷线条,可推知秦代已有气度恢弘的绘画作品。

（二）秦、汉时期书画

秦代书法,呈现多样化趋势,除小篆、秦隶外,出现一种“笔有波折,左右分开”的新书体——“八分书”。在湖北云梦睡虎地 11 号秦墓出土的一批竹简,书写简文的字体是一种接近于小篆的隶书,这是秦代隶书的典型风格。这些隶书既带有不少篆书的笔意,又新出现了蚕头、波磔等隶书特点,被称为秦隶,是流行于民间的书体。

西汉到东汉之际,隶书始定型,并得以充分发展,成为汉代官方、民间通用书体。字体与秦时用笔质朴、篆意尚浓的秦隶有较大的区别。在结构上,汉隶追求遒丽风格,笔画以俯仰之势起笔回锋,多取横势,字形呈扁状,笔画为"一波三折",圆转呈"蚕头",收笔折呈"波磔",形似"燕尾"。结构讲究上下紧密,左右舒展。汉隶行笔所具有的"蚕头燕尾"构成汉代隶书特征。汉代隶书为当时官方的正式书体,至东汉,隶书成熟。直至魏晋时楷书流行之后,方为楷书所取代。在甘肃武威、敦煌,内蒙古额济纳河流域,新疆罗布淖尔等地出土的汉代简牍,代表了当时隶书的基本面貌。而武威《仪礼简》和刻石中的《石门颂》《礼器碑》《曹全碑》等是"汉隶"书法的优秀代表作。

除汉隶外,还有章草,这一书体的写法较之篆、隶流畅、简便是由秦隶、八分书简化快写而成。其笔势中的横笔尾部顿后,挑出,被视为"燕尾"的写法,影响了汉隶。

汉代的绘画,构图繁缛,线条细匀且劲健流利,色彩浓烈且豪放娇丽,写实、变形、夸张多种手法并用于塑造人物、动物形象,造型生动、传神是其时代特点。湖南长沙马王堆汉墓出土一幅 T 字形帛画是其代表作。

(三)魏晋南北朝时期书画

魏晋南北朝的书画艺术开始进入上层社会,有一批士大夫从事于书画艺术的创作和理论著述,大大促进了书画艺术的进一步繁荣。

魏晋时期的书法,以魏的隶书碑刻、木牍书体所反映的书法艺术为代表。从字体上看,魏初的隶书碑刻与汉末隶书碑刻区别不大,但隶书开始向楷书演变,笔画以方笔直势居多,横笔不重"蚕头燕尾"。从魏的一些木牍书迹看,虽然仍带有隶法笔意,但书体的形貌已初具楷书特征。到了《葛府君碑》时,开始以楷书书写,这是中国书法史上首篇采用楷书书写的碑文。至此中国书法篆、隶、楷、草、行诸体已日臻齐备,此后,楷书、行书开始盛行,草书次之,隶书少见,篆书罕见。被誉为"书圣"的钟繇、王羲之以其风流娇媚、转运遒逸的书体著称于世,为后人所尊崇。这一时期还有擅长篆书的邯郸淳、擅长汉隶章草的东吴书法家皇象、擅长楷书的卫夫人。

西晋绘画,已到了初步成熟的阶段。这时出现了便于舒展玩赏的卷轴画,绘画逐渐朝独立的艺术欣赏品方向发展。绘画题材以佛教和历史人物故事为主,曹弗兴和弟子卫协以擅长佛画闻名于世,东晋的顾恺之、戴逵、陆探微、张僧繇,北方的杨子华、曹仲达、田僧亮都是这一时期的佼佼者。传为东晋顾恺之所作的《洛神赋图》《女史箴图》《列女仁智图》,从画面看,可窥视此时的人物画已较成熟。山水作为人物画的衬景,还存在"人大于山,水不容泛"的现象,但南朝宋人宗炳《画山水序》已指出"昆阆之形,可围于方寸之内"的绘画方法,结合传世隋代展子虔《游春图》观之,这时的山水画已初步具备独立的条件。

(四)隋、唐、五代时期书画

隋代书风既有东晋南朝书风的疏放,又有北朝书法的方正遒劲。

著名的书法家有丁道护、史陵、智永等,存世墨迹有智永的《真草千字文》和敦煌写经,《龙藏寺碑》《启法寺碑》《苏孝慈志》和《董美人志》等碑刻亦能反映这一时期的书法风格。

唐代是中国书法史上继晋代之后的又一个高峰。楷、行、草、篆、隶中都出现了影响深远的名家,楷书、草书所取得的成就最突出。唐代各种书法总的风格是既注重法度又善于变革。初唐书法大多构字略长,笔法遒劲,在精求法度中显出劲健之风。虞世南、欧阳询、褚遂良和薛稷被尊崇为初唐四家。他们的书风出入晋唐风范,字体茂美,各具风采。盛唐时期,各种书法都有发展。楷书字体方正宽博,更加规范,颜真卿是楷书变革的代表人物。盛唐的草书在章法上变今草为狂草,用笔极尽变化,气脉飞动,刚柔相济,张旭、怀素代表了盛唐草书的高超成就。

行书的新风始于稍早的李邕,至颜真卿时完全摒弃二王风韵,构体饱满,豪放飘逸。盛唐以来,篆、隶又重回书坛,虽未超出古人,但出现一些名家。其中篆书以李阳冰、史惟则最为著名,隶书名家有韩择木、蔡有邻、李潮(一说李阳冰)、史惟则。

中晚唐的书法较少独创,只有柳公权冲破藩篱,独辟蹊径,至有"颜筋柳骨"之美称,不仅名冠当时,而且影响后世。其作品或严谨宽博,或丰茂雄浑,或疏瘦劲炼,或严整端庄。

隋代的绘画,承前启后,具有细密精致而臻丽的特点。宗教画和描写贵族的生活风俗画是当时绘画的两大题材。画家笔下的人物,以形写神的能力有所提高。作为人物活动环境的山水,由于重视比例得当,较好地表现了"远近山川,咫尺千里"的空间效果,开始具有了独幅山水画的价值。著名画家有杨契丹、展子虔与尉迟跋质那等。其中杨契丹擅"朝廷簪祖";展子虔擅"车马",以《游春图》传世;尉迟跋质那为新疆于阗佛画大师。隋代敦煌莫高窟壁画的画风和传世卷轴画是完全一致的。

唐代的绘画,成就卓著。青绿山水和水墨山水先后成熟,人物鞍马画取得非凡成就,花鸟与走兽作为一个独立的画科引起人们的注意。初唐的山水画在隋代青绿山水的基础上发展为大青绿山水,以李思训及乾陵陪葬墓壁画为代表的山水画,已经启用了简单的斧劈皴。盛唐的山水画已获得独立地位,工致美丽但带有装饰意味,具有一定的立体感。泼墨山水画初见端倪。代表性的画家有李昭道、吴道子、张璪。中唐以后,王维创作出水墨渲染山水画,"应手随意,倏若造化",开创中国山水画表现形式的新纪元,从而促进了人们审美情趣的提高,并使绘画逐渐成为文人士大夫阶层抒怀遣兴的一种表现形式。

唐代人物画,其技法有长足的进步,特别是题材的进一步充实。初唐的人物画由原来描绘历史故事、文学经传转变为表现当代重大政治事件和功臣将相。传世作品有阎立本的《步辇图》《历代帝王图》《职贡图》和《肖翼赚兰亭图》,其绘画人物造型准确,用笔洗练,敷色典雅,代表了中原风格的人物肖像画。而尉迟跋质那之子尉迟乙僧绘的《胡僧图》《番君图》,构图富于变化,有一定的凹凸感,设色浓厚鲜明,是边陲风格的人物佛像画。盛唐以后的人物画突破了汉魏以来人物画多表现烈女、圣贤、释道人物的局限,不断涌现反映贵族妇女现实生活的作品,促进了人物画的发展与繁荣。仕女形象丰满,线条富有弹力,设色鲜明柔丽,吴道子、张萱、周昉、孙位等的人物画是其代表作。

唐代的花鸟画已成为独立画科,擅长花鸟画的高手有达摩、殷仲容等人。而曹霸、韩幹、韩滉则是画牛、马的一代名师。

五代十国尽管只有短短的53年,但各地的绘画仍有发展,也出现了不少名家。人物、山水和花鸟画都在继承唐代传统的同时开创一代新风。西蜀和南唐的宫廷画院,画家云集,创作繁荣。山水画方面改变了隋、唐时期"空勾无皴"的简单形式,而发展为皴法完备的南、北方两个山水派系。以荆浩、关仝为宗祖的北方山水画派,善于描写雄伟壮丽的全景山水,画风伟岸坚凝,气势雄浑;而以董源、巨然为代表的南方山水画派,善于表现平淡天真的江南风景,特别是风雨阴晦的变化,淡墨、线条延绵起伏是其特色。董、巨二人所擅的"披麻皴"使显现山石纹理质感与结构的皴法得到很大发展,水墨和水墨淡着色山水画此时已趋成熟。

人物画取材于宗教神话、历史故事、贵族和文人生活。而描绘文人和仕女的作品有所增多。画家注重人物神情和心理的描写。在技法上工笔设色者用笔细劲多变化,敷色鲜艳细腻,色调比唐代更丰富。

五代的人物画家主要集聚于南唐画院,画品各具风格。如周文矩以"颤笔"描绘人物,秀润清逸,而顾闳中、王齐翰则精于传统,画中人物宛丽传神。北方的人物画家胡瓌擅绘"番部"人马,西蜀僧人贯休则以绘罗汉而著称。传世代表作有周文矩的《重屏会棋图》《琉璃堂人物图》和《宫中图》,顾闳中的《韩熙载夜宴图》,王齐翰的《勘书图》,贯休的《十六罗汉像》。

五代的花鸟画,以黄筌、黄居寀父子与徐熙成就最卓著。以西蜀黄筌为代表的一派,取材多宫廷园囿中的珍禽瑞兽、奇花异石,画法精细,以轻色渲染而成,几乎不见用墨痕迹,成为皇家宫廷审美和画院一时品评花鸟画的标尺。黄筌传世作品仅有《珍禽写生图》。以江南徐熙为代表的一派,取材多汀花野卉、水鸟渊鱼,画法简率,不以精致为功;以"落墨为格、杂彩副之"而别具一格,被画史誉为"徐、黄异体""黄家富贵,徐熙野逸",并为后世出现工笔写意花鸟两脉系奠定了基石。

五代书法没有大的发展,有建树的书法家有杨凝式,南唐后主李煜、徐铉、王著和郭忠恕都知名一时。

（五）宋代书画

宋代延续唐、五代以来的风气,书法和诗歌一样,都是士大夫的必备修养。这样就使得宋代的书法具有广泛的社会基础。此时的书法,因书学、帖学大兴,名家大增,仅见于著录的书法名家就多达 800 人。北宋前期大家李建中"善书札,行笔尤工,多构新体,草隶篆籀八分亦妙"。从其传世墨迹《土母帖》《同年帖》等看,多为行书,平淡虚静,厚重沉稳,行笔较少提按,往往中锋的用笔又使之带有浑朴的意味,粗看给人以率意苍拙之感,细察却有精妙入微的一面。林道受李建中影响,今有《行书自书诗》卷存世,其字体瘦劲有法,高胜绝人。范仲淹的书法端劲秀丽,沉稳流畅,有《行书二札》的《道服赞》存世。这一时期的书坛代表人物还有欧阳修、苏舜元、苏舜钦、蔡襄等人,尤以蔡襄影响为大。

北宋后期是宋代书法的成熟期,其中造诣深而被后世推崇的书法家以苏轼、黄庭坚、米芾、蔡襄为代表,被称为宋四大家。他们的书法作品各具风格。如苏轼的书法,少学王羲之,后学颜真卿,在学习各家的基础上又力求创新,肌骨妍丽,气象雍裕,《黄州寒食帖》是其壮年时期的代表作。黄庭坚擅长行书、楷书、草书,书法自成一家。构字侧险脱放,撇长捺大,落笔雄奇,气宇轩昂。存世墨迹较多,行书、楷书作品有《诗送四十九侄帖》《松风阁诗》等。草书代表作《诸上座卷》运笔圆润,奔放不羁;构字雄奇,随心所欲;在继承张旭、怀素一派草法中,创造了自己的独特风格。米芾的书体,雄健清新,超逸豪放,气势酷肖快刀利剑。米芾的作品存世不少,有《苕溪诗》《向太后挽词》《拜中岳命帖》《蜀素帖》等。蔡襄擅长楷书、草书、行书,其中楷书遒劲庄重,草书娴熟姿媚,行书潇洒清秀,皆颇富神韵。此外,宋徽宗赵佶还自创"瘦金书"。

宋代绘画,堪称是色彩与水墨争辉、诗情与画意相融的时代。这一时期,画院已有明确的画科分类,且题材广泛,名家众多,艺术造诣高深,把中国画推向一个新的高峰。北宋时期山水画更趋成熟,不仅名师辈出,各有独特的风格面貌,成为后世的楷模,而且在创作方法理论的探索方面,也取得巨大成就。宋初著名山水画家李成、范宽继承荆浩以水墨为主的山水画传统,以表现北方雄浑壮阔的自然山水。李成变荆浩、关仝笔墨粗壮、气度伟岸的高远山水为烟景明火、寒林旷远的平远景致,灵动的丘峦,形如"蟹行"的寒林老枝,古雅而清新。继李成之后的又一山水画大名家范宽,用笔坚挺雄浑,造境气度恢弘,在画史上和关仝、李成被认为"三家鼎峙,百代标程"。继承关仝、李成、范宽三家衣钵,名震一时的有王士元、王端、燕文贵、许道宁、高克明、李宗成、丘纳、王诜等。而米芾、米有仁父子创新的"米点山水",用笔饱蘸水墨横落纸面,利用墨与水的相互渗透作用形成模糊的效果,表现烟云迷蒙的江南山水,为文人画派的山水画开了先河。米芾的真迹今天已无从寻觅,但米有仁尚有一些作品存世,从《潇湘奇观图》《云山墨戏图》等作品可以看出米家山水的风貌。其抽象而水墨迷离的情韵,对后世文人画影响很深。北宋时期还有一些风格特殊的画家:长于界画楼台的郭忠恕,擅画湖山小景的惠崇、赵令穰,继承唐代青绿山水的王希孟等。

南宋时期的山水画,以着重意境的创造、以抒情为目的的所谓偏角山水画为代表。李唐被认为是开创南宋山水画一代新风的大师,不拘成法,大胆开拓,首创"大斧劈皴"法,其水墨苍劲、墨韵淋漓的表现技法,几乎主宰南宋山水画坛。刘松年、马远、夏圭是其传派,他们既踵迹而起,又各有建树。刘松年在描写江南景色方面有突出成就,代表作有《四景山水》。在发挥偏角构图的山水画方面,马远、夏圭是典型代表。马远的山水画取景往往以一角或半边景物表现广大的空间,时人称为"马一角"。李、刘、马、夏被称为南宋四大家。

北宋时期的社会风俗画和人物故事画也得到高度发展。高元亨的从驾两军角觚戏场图》、燕文贵《七夕夜市图》、张择端《清明上河图》等都是描写城市生活场面的绘画,而祁序的《江山放牧图》则是一幅描写农村风貌的杰作。李公麟创作的"白描"画法风格最独特,即纯以线条勾勒,通过线条的轻重转折、抑扬起伏的变化来塑造复杂的人物形体和表现质感，并且不施加色彩。南宋人物画家重要的有李唐、萧照、刘松年、梁楷等，他们创作的人物画多和政治有关。如李唐的《采薇图》《晋文公复国图》，萧照的《中兴瑞应图》，刘松年的《中兴四将图》《便桥会盟图》等。梁楷则一改以往工细精致的风尚变细笔为简笔，创简笔为写意，在传统人物画的表现技法上有所创新。

北宋的花鸟画风格，受黄筌、黄居寀影响达百年之久，黄家父子的画法成为衡量作品优劣的标准。直到宋神宗前后，出现以崔白、崔悫、吴元瑜、赵昌、易元吉等名家，才使花鸟画风格为之变化，形成用笔敷色简淡的一代新风。宋徽宗时期的画院花鸟画也非常发达，赵佶本人的粗笔水墨花鸟画是一种创新。最值得一提的是五代标新立异的著名花鸟画家徐熙之孙徐崇嗣，大胆摒弃勾勒之法，新创"没骨法"以色彩点染成画。此外，文同、苏轼的墨竹，杨补之的墨梅，赵孟坚、郑思肖的水仙、兰花也颇富创意。梅、兰、竹、菊四君子画，成为文人画的传统题材，在南宋时基本完成。僧法常采用简笔画花鸟，其笔墨之简，情趣之妙，史无前例，成为写意花鸟画的先驱。至此，工笔、写意技法开始并重于画坛。

（六）元代书画

元初书法，以学习颜真卿或北宋苏、黄、米、蔡四大家为主。至大德、延祐年间，赵孟頫、鲜于枢、邓文原崛起，师法晋、唐，扭转了南宋书法的衰退之势，并称元初三大家。他们的作品各有特色，赵孟頫擅写多种书体，主要成就在楷书和行书方面，义骨烂漫，遒劲生动，对明、清书坛影响很大。鲜于枢擅长行草书，书体飘逸舒展，古风中蕴涵新意。邓文原工行、楷、草书，尤以章草见称于世。稍晚的康里巙巙擅长行草书，其书体，堪称古秀独绝，深得王羲之行草神髓。其他还有吾丘衍、泰不华、周伯琦的篆书、隶书，饶介的草书，揭傒斯的楷书和行草书，杨维桢、张雨的行书，溥光和尚的大行楷书，都各具风貌。此外，钱选、黄公望、王蒙、吴镇、倪瓒等著名画家也精于书法。

元代的绘画，文人画勃兴，水墨山水画尤其兴盛。元初，在赵孟頫的倡导下，师古之风大兴，南宋院体山水画被摒弃，山水画技法师法五代、北宋，不过文人士大夫表情达意的披麻皴山水画得到发展。

代表人物有钱选、赵孟頫、高克恭。元代中期以后，以黄公望、王蒙、吴镇、倪瓒为代表的元四家，无论是山水画的表现形式，还是绘画材料方面都有重大变革。生纸的使用，笔墨显灵性，水墨晕化的效果极佳，同时，他们又纳书法于绘画,把诗、书、画、篆刻有机地融为一体,从而使文人画艺术所特有的表现形式更加丰富多姿和日臻完美,对明、清两代画坛影响很大。黄公望的作品有浅绛和水墨两种,浅绛山水画浑厚圆润,水墨山水画潇洒苍秀,《富春山居图》是其代表作;王蒙以水墨为主,间或设色,喜用枯笔、干皴,多用解索皴、牛毛皴、细笔短皴,布局充实,结构茂密,《青卞隐居图》是王蒙水墨山水画的杰作;吴镇亦多水墨山水画,喜用湿笔,笔力雄劲,遗留有多幅《渔父图》;倪瓒创"折带皴"法,多用水墨枯笔干擦,偶尔着色,其作品多为湖山平远之景,章法简洁,潇洒秀逸。

元代的花鸟画,以钱选、陈琳、王渊等名家为代表,他们突破宋代院体花鸟画设色浓丽精细的传统,多着以水墨和淡彩,画风工整而不精细,体貌清新雅逸。这一时期擅长绘竹的名家有李衎、赵孟頫、柯九思、顾安、吴镇、倪瓒等人,如李衎的《双勾竹图》。以画梅花著称的有邹复雷、王冕等人。王冕的梅花,在师承扬无咎的传统基础上,又创以胭脂或墨笔点写,使之花繁蕊密,生气盎然,在画史上享有盛誉。

元代人物画比山水画相对减少,以善画人物著名的有刘贯道、何澄、钱选、赵孟頫、任仁发、王振朋、周朗、颜辉、张渥、卫九鼎、王绎等人。

(七)明代书画

明代的书法,在承袭宋人余绪的同时又有新的发展,大致可以分三期。前期从洪武到成化时期,以史称"三宋"(宋克、宋广、宋璲)、"二沈"(沈度、沈粲)的作品为代表,他们或精于楷书,或擅长章草,或工于狂草,且各自形成风格,名扬一方。宋克擅长章草小楷和草书,尤以章草最为著名,《草书急就章》是其传世代表作之一。宋广、宋璲亦以草书名世。沈度以擅长写篆、隶、楷、草、行各书体著名,其楷书学智永、虞世南,婉丽端秀,圆润平正,被称为"台阁体",风靡一时,传世有《敬斋箴册》《谦益斋铭页》等。成化到嘉靖时期是明代书法的兴盛期。许多文人书画家聚集到江、浙一带特别是苏州地区,时有"天下书法归吾吴"之说。此时,书法艺术成就以祝允明、文徵明、王宠、陈道复为代表,上追晋、唐,一变"台阁体"的面貌,形成自己独特的风格,号称"吴中四家"。祝允明以善草闻名,其草书分行草、今草、大草三类。祝允明的小楷造诣也很高。文徵明篆、隶、楷、行、草皆工,尤精小楷。宠以小楷、行草为世人所重,其书法拙中取巧,婉丽遒劲。陈道复的行草书学杨凝式、米芾,后人形容他的书法"笔气纵横,天真烂漫如天马下凡,翔鸾舞空"。

明代后期涌现了一批杰出的书法家,如徐渭、董其昌、邢侗、张瑞图、米万钟、黄道周、倪元璐等，而以董其昌、邢侗、张瑞图、米万钟为最杰出，被誉为"晚期四杰"。其中董氏最有名望，其书法广泛临学古人，融合变化，尤擅长行书、楷书。字体以淡墨渴笔、俊骨逸韵、圆润妍秀为特色。学之者众，且无不承其风旨，乃至明末清初之际，董氏书法几乎成为唯一的书法圭臬。邢侗擅长行书，主要以二王为宗，笔力矫健，古朴圆润。张瑞图擅长行书、草书，在师法钟、王的基础上，另辟蹊径，自成一家。米万钟与董其昌齐名，擅长行书、草书，用笔浑厚有力。徐渭擅长行草书，笔势圆浑沉着，纵横奔放，不拘法度，被誉为"散圣"。此外，明末清初还有一批志士遗民的书法艺术造诣颇深，其成就表现在师古而创新。黄道周、倪元璐、傅山等是当时的代表人物。他们的书风，有的行笔如断崖峭壁，土花斑驳；有的似锥子画沙，率直自然；有的追求宁拙勿巧、宁丑毋媚的体态，个性显露，形成一股严冷凌厉的书风。

明代的绘画，流派纷繁，各科绘画全面发展，题材广泛，表现手法有所创新。洪武、永乐至宣德、成化、弘治时期，宫廷院体绘画、浙派绘画影响较大。洪武、永乐时著名的宫廷画家有赵原、卓迪、周位、王仲玉、边景昭。宣德时有谢环、商喜、倪端、李在、石锐、周文靖等。成化、弘治时有以擅画花鸟著称的林良、吕纪，表现出写意和工笔两种不同的风格；山水画、人物画以吴伟、王谔成就突出，其代表作有吴伟绘《踏雪寻梅图》等。明初院体绘画的特点是形象准确，法度严谨，色彩艳丽，多用水墨稍带写意，下笔轻快。成化后受浙派绘画影响，风格趋向豪放挺拔。

宣德到正统间，杭州戴进宗法南宋院体，成就斐然，精通山水、人物、花卉，当时宫廷内外学之颇多，被称为"浙派"之首。孙隆的花鸟画则继承徐崇嗣的"没骨画法"，渲染点写，别具一格。

明代中叶，在苏州地区出现了"吴门画派"，他们在沈周、文徵明的嫡传下，不仅在山水画方面冠绝于时，而且在花鸟画方面新创"勾花点叶"的表现手法。沈周等著名画家创作水墨花鸟，已完全摆脱了前人勾填的程式，强调笔情墨韵，勾点成章。唐寅、仇英师承周臣，在步趋南宋院体的同时能自成机杼，其成就与沈周、文徵明齐名，并称"吴门四家"，成为明代后期一大流派。陈道复是吴门画派中著名的花鸟画家，其水墨写意花卉，笔墨简洁凝练，进一步丰富了文人写意花鸟画的思想境界，开创了清新隽雅的一派风格。

明代晚期嘉靖、万历到崇祯，派系纷繁，风格各异。徐渭的泼墨写意花鸟笔法挥洒豪放，达到出神入化境界，对整个清代中期和近百年的画坛产生巨大影响。以董其昌为代表的"华亭派"，赵左的"苏松派"，沈士充的"云间派"，以及稍后的程嘉燧、李流芳、卞文瑜、邵弥等人，他们身居吴地,同属吴门画派,用笔古雅俊秀,墨韵明洁华滋,颇富新调。董其昌的山水画是其代表作。他的山水画刻意追求"静美""柔美"境界,把文人画的旨趣推向极致。而寓居杭州的蓝瑛,其山水画涉猎晋、唐、宋、元,从古入又从古出,画作笔势雄浑伟峻,风格独特,而成"武林画图派"宗祖。

人物画家有吴伟、李士达、丁云鹏、尤求、吴彬、陈洪绶、崔子忠等。曾鲸的肖像画,逼真传神,乃至形成颇有影响的"波臣派"。

(八)清代书画

清代的书法,早期是帖学的天下,中期碑学兴起,晚期盛行碑学。乾隆之前,书坛几乎笼罩在董其昌的书风中,出现了许多专学董字的书法家,如沈荃、笪重光、姜宸英、查昇等。然而傅山、王铎、朱耷、石涛等一批遗民书法家,则敢于悖逆时风,各自独树一帜。

乾隆时,崇尚赵字之风起,赵字遂又风靡一时,代表书法家有张照、董诰、汪由敦等人。清代中期承续帖学比较著名的书法家有:北方有翁方纲、刘墉、永瑆、铁保;南方有梁同书、王文治、钱澧、钱坫、汪士锭、姚鼐等人。

至清代中叶以后,一批重视碑学的书法家相继崛起。以"扬州八怪"为代表,他们不仅在绘画上标新立异,而且在书法上力求变革。

金农的隶书横粗竖细,古拙凝重,被称为"漆书"。郑燮的行、楷融入隶法和兰竹笔意,自创一种"六分半书"。黄慎的草书、汪士慎的隶书、高凤翰的左手书,均突破陈规,别具一格。

乾嘉时期,汉魏碑志出土日增,碑学之风兴盛,促进了清代书学进入一个新的境界。伊秉绶、邓石如、吴让之、何绍基、赵之谦、吴昌硕等人又将行草注入汉隶魏碑之中,自成新趣,堪称一代大师。其中邓石如将四体书法互参并融,碑、总号帖兼采;伊秉绶的书法上追秦、汉,隶书成就突名时计他们用新的变单道路,不海清代的绘画,无论是山水画,还是花鸟画都很兴盛。其标志是画派林立,各有建树,风格纷呈。清初,王时敏、王鉴、王翚、王原祁的山水画,承袭董其昌文人画的衣钵,竭力提倡摹古其厚实的功底,甚得元人三昧,如王翚的《秋树昏鸦图》。王时敏、王鉴创立"娄东派",王翚创立"虞山派"。时人吴历、恽寿平(初名格)的山水画成就也很突出,与"四王"齐名,画史将他们并称为"四王吴恽",或称为"清初六家"。与此同时,江南地区弘仁、朱耷(八大山人)、髡残(石溪)、原济(石涛)四僧画家的山水画,则不拘时俗,时出新意,充分表现自我,成为一代巨匠。金陵画家龚贤的山水画以其风格独特而称雄于世,且与吴宏、樊圻、高岑、邹喆、叶欣、胡慥、谢荪并称"金陵八家",画风新意日增。清代中叶,扬州地区出现了以金农、郑燮、黄慎、李鱓、李方膺、汪士慎、高翔、罗聘"八怪"为代表的"扬州画派",他们在承袭陈淳、徐渭写意花鸟的基础上,大胆创新,风格怪异,另立门户。他们那古拙苍凝、浑穆奇致的画风,对近现代花鸟画都产生了深远的影响。

鸦片战争以后,上海、广州这些新兴的通商口岸城市,汇集了许多艺术家。赵之谦、虚谷、任颐、蒲华、吴昌硕等"海上画派"的代表,各具风格,各有建树。如赵之谦用笔浑朴凝重,色彩浓丽丰富虚谷的线条峭拔凝涩,画作奇颖淡泊;任颐用笔豪放从容,墨色淋漓酣畅;蒲华用笔挥洒自如,不拘成法;吴昌硕用笔凝重,气度恢弘。他们为晚清花鸟画坛的创新注入了新的生机。在广东,一批具有创新精神的画家应运而生,著名的有苏六朋、苏长春、居廉、居巢,至20世纪初,在二居影响下,形成以高剑父、高奇峰、陈树人为代表的"岭南画派"。

至于清代的人物画,虽然没有山水画、花鸟画兴盛,但是在肖像画、仕女画和人物造型方面仍有高手。禹之鼎、焦秉贞等为清初人物画的代表,他们擅长肖像画或仕女画而名重一时。嘉庆、道光以后改琦、费丹旭又饮誉人物画坛,他们以画仕女见长,人物造型娇弱柔媚是其特点。同治、光绪时期,上海的任熊、任薰、任颐、任预等著名人物画家,他们师承陈洪绶,人物造型高古奇骇、别开生面而独树一帜。

二、了解书画家个人的艺术风格

各代书画家都有自己的艺术风格,其艺术风格受个人意志、性格、境界、审美情趣、生活习惯所制约。因此,各家有其独特的艺术气质,作品境界,乃至笔墨技法和所落名款、干支款特点等。

三、纸绢鉴别

纸绢鉴别是对以纸绢为书画载体本身的鉴别。各时代的纸绢质料不同是其鉴别依据。一般而言,绢经百年后,绢丝的柔韧性就会消失,而变得干滞易脆。各时代的织法、色泽也不同,如今所见宋代绢本书画,绢的织法是横、竖(或称纬、经)皆用单丝,且纬线比经线略宽,颜色与深色的藏经纸相仿。元代绢的经、纬虽然仍用单丝,但丝线较细,纹理较稀。明代绢的经线仍为单丝,纬线已采用双丝,且丝线粗细较均匀,纹理较密实。清代绢的经、纬皆采用双丝。明代以前的绢本书画,绢的表面肯定没有光亮,丝上的绒面已退净。而纸本的鉴定较为复杂,根据用料不同,纸可分为麻纸、棉纸、树皮纸,根据制作工艺可分为生纸、半熟纸、熟纸。如西晋用作书画载体的麻纸较粗,时人陆机的《平复帖》名迹就是用较粗的麻纸写成,至隋、唐、五代书画大都用麻纸。现存世的唐代摹本《兰亭集序》、杜牧《张好好诗》、敦煌藏经洞中的大批唐代经卷及五代杨凝式书《神仙起居》法帖都是用麻纸。另外五代还用"澄心堂纸"。宋代,书画中大量使用树皮纸(以树皮为原料制成),此类纸比麻纸的纤维要细,虽然没有什么光亮,但比麻纸更为细亮。北宋书法作品中大量使用树皮纸。时人李建中、苏、黄、米诸名家的大部分作品是用树皮纸。北宋还有"金粟山藏经纸"。到北宋中期,制造书画纸的原料很齐备了;因此,仅依据纸质不易准确区分其时代。从制作工艺看,初期所造纸皆属生纸,易走墨难用。两晋、隋、唐、宋、元的书画用纸,大都经捶、浆工序,使之成为半熟纸。至明代宣宗时制造一种特制的书画用纸——"宣德纸",俗称"宣纸",无色无花,光润洁白,是上上等的书画用纸。清代又有"罗纹宣"等。明、清以后,将云母、矾水刷于纸上,使之成为熟纸。

四、题款鉴别

题款鉴别指在书画中题写作者姓名、作品的时间,或在画上题写诗文等题款的鉴别。书画上的题款时代特点明显,作者落款个性鲜明,且同一时代每个作者不同,同一作者一生中也有不同。如唐、宋作品多无题款,有题款者常见写于作品的背面,或题于画的缝隙中或题后盖色。又如元至明初,有题款的书画作品虽增多,但题款往往较简单,多为一行,仅写自己的名、字。这时开始出现多一行写图名的,此类题款俗称"两款"。明代夏泉的《清风劲节图》立轴就是两款,一行题"东吴夏泉仲昭写"名款,另一行写"清风劲节"图名。而明初的宫廷画中,往往在作者姓名上冠以官职,其实例有"锦衣都指挥周全写"等,这种带职名名款多写在画幅较为明显的地方。

自明代中叶吴门画派兴起后,文人画盛行诗词、书法、绘画共同表现在一个画幅上,沈周、文徵明、唐寅等人的作品,多见诗、书画融为一体。只有仇英不善书法,其名款仅用小字题写"仇英"或"仇实父制"。若见诗、书、画为一体的仇英作品系属伪品。又如董其昌书法题款多署"其昌",绘画题款则多署"玄宰"。任伯年绘画题款,早年多用楷书,中年多用行书,晚年多用草书。郑板桥题画记"画石不点苔,恐伤墨韵耳",表现其个人习惯,不符者便属伪品。至于书画题款,元代以后可分为两种形式:元至明代嘉靖的书画题款称"平头款",嘉靖以后称"抬头款"。到了明代,册页上的款识形式常见有两种:一为每页皆题款;一为仅在末页题款。清代的书画,仅几乎都有题款,而且形式多样,内容更多,仅名款,就有作者姓名、字号、年月、岁数等款,还有署所托作画者姓名的"应酬款"。其中有的书画家的题诗款写得很多,甚至占据画幅的 1/3 或 1/2。石涛、"八大山人""扬州八怪"的作品中都有此类的长篇题诗款。另外,还有将题款写在画中的,与书画融为一体,这类样式以郑板桥和吴昌硕的作品最具代表性。其他还有多次题写的"多题款",甚至出现题满全面的"落花款"。此外,有的书画作品还有收藏者或鉴定者的题款。此类题款通常称为题跋。一般有"观款""诗文款"两条。

"观款",指某一幅书画经某收藏家或鉴赏家观赏、鉴定其真伪后,在书画上题上自己的名字,故亦称"题名"。唐、宋以后,在手卷的尾纸上大都有一些宫廷内府收藏的鉴赏家的押署,有的还写有官衔或年号。"诗文款",指别人为某幅藏画题写字数较多的题跋且多见题写诗文,内容或对作品的赞颂,或描写画中的景色、故事,还有表述作品真伪的诗文。现所见的题跋,最早首推宋人的手笔。其题写部位通常是:手卷,题写于尾纸、隔水处;立轴,题写于裱装的边缘;册页,题写于自页上。宋代逐渐出现为同时代人的作品题跋的。时人苏轼、黄庭坚、米芾等就常为别人的书画作品题跋。这种题跋,有的写在作品本身,有的写在他处。如李公麟的《五马图》卷,本无李氏自己的名款和印记,但在画幅本身和尾纸上均有黄庭坚的题跋。据此,可肯定《五马图》属真品;同时,还有黄山谷的跋为该作品增色。因此,名家题跋可以证明一件本无款无章的作品为真迹。但名家题跋需要辨识真伪,一般而言,凡题跋确为真迹,非后人所假托,而题跋者与作者的关系又较密切,并且擅长书画鉴定,遂可肯定作品的作者可靠其作品也属真品。

五、印章鉴别

印章鉴别指对书画上加盖作者的姓名章、字号章、闲章或收藏鉴赏者的印章的鉴别。印文有朱文、白文之别,印章数有单方或多方之分。印章的质地、样式复杂多样,书画家的字、号多,加上同一作者的姓名章也多,因而印章的种类很多。尽管如此,我们还是可以依据印章的时代特色和个人印章、闲章所具有的风格予以鉴别。

个人印章唐、宋书画作品有印章者很少,宋代以前多用铜章,偶尔可见象牙或牛角章,明代开始用石章,明代中叶以后开始用青田石章、寿山石章、昌化石章。因此,凭眼力审视,可从印迹上判明印章质地,若宋人书画上有石章,可以定为伪作。至宋、元时期,书画作品上盖有画家印章的仍不多见。明代以后,画上盖章普遍增多,在款识下面常见加盖一二方印章。有的作品无题款识,仅盖印章,以替名款。

闲章明代以来,印章向多样化发展。除姓名章、字号章外,新出现各式各样的闲章,如王绂的"游戏翰墨"、文徵明的"停云馆"、唐寅的"南京解元""江南第一风流才子"……又如宫廷画家中常见有仿文人在作品上盖闲章的,其中有周位的"自耘生"、边景昭的"恰情动植"和"多识于草木鸟兽"、戴进的"竹雪书房"、石锐的"钱塘世家"等。至清代,在书画作品上盖章更加普遍,花样有所翻新,几乎每幅作品皆盖章,除款、印并用者外,无名款者,也必盖章,叶二欣的许多作品就仅有印章而不署款。花样方面,印章除镌刻姓名、字号、别号、室斋名号外,还有一些表示自己性情志趣的闲章,其中有金农的"淡澹生真趣"、郑板桥的"七品宦耳"、吴昌硕的"先彭泽令弃官五十日"等等。

收藏章历代官、私收藏者,常在其藏品上盖章,俗称"收藏章"。此类章,唐以前是否有尚未能肯定。已知始见于唐代,以后历代均见之。各代官家内府中的鉴藏印章都有各自的格式特点。如唐代有连珠"贞观"印;五代南唐有墨色"集贤院御书印""建业文房之印"等印;宋徽宗有特别固定的"宣和七经"套印;南宋高宗有"稀世藏""内府书印""内府图书""机暇清赏"等印;金章宗有"秘府"葫芦形印、"明昌"长方形印、"御府宝绘"等七件组成的套印;元文宗有"天历之宝""都省图书之印"等印;明代洪武年间有"典礼纪察司印";清代乾隆有"内府玉玺"套印,比如"三希堂精鉴玺""宜子孙""乾隆御览之宝""石渠宝笈"等印。除官家内府中收藏的书画有鉴藏印外,私人收藏的书画有鉴藏印者也较多见。如唐代褚遂良的"褚氏"、虞世南的"世南"、王涯的"永存珍秘"等印,北宋有苏舜钦等人的"佩元相印之裔""四代相印""墨豪""武云之记"等印;南宋贾世道有"魏国公""悦生"葫芦形印、"秘壑图书"等印;元代鲁国长公主有"皇姊图书""皇姊珍玩"等大方印;赵子昂有"子昂""松雪斋"等印。至明、清时期收藏家更多,因此,私人收藏印也更多见。常见的有明代华夏的"真赏斋"印,朱桐的"晋府"印,沐璘的"黔宁王"印,文徵明的"停云馆"印,项笃寿、项元汴兄弟的"天籁阁"印;清代卞永誉的"式古堂雅玩记"印,董其昌的"云赏斋"印。

一般而言,私人鉴藏章都盖在该幅的前后下方角上,也见盖在边角上,还有骑缝印者,另外在引首、隔水处常见盖私人收藏印。鉴定印章,除造型、质地、风格外,文字的字体也是其辅助依据之一。因各时期的字体有所不同,如唐、宋、元的印章多用小篆,宋代官印还有繁复的"九曲回文篆",明、清时期又见有古文、钟籀文等。不过,收藏印即使是真的,有的只能解决年代的下限问题,而不能完全判定书画的真伪。

六、装潢鉴别

装潢鉴别,指对中国书画特有的装裱形式的鉴别。书画进行装裱始于北宋的"宣和装",后有北宋的"旋风装"等,至元、明时期开始流行。装裱的时代特点很明显。这些特色主要表现在书画格式上。

明代以前的手卷没有"引首",即不可能写"引首"。自明代才出现引首"这种装裱形式。又如元代以前,书法裱成立轴的格式尚不多见,至明代开始出现专门用于悬挂作为观赏的书法立轴。沈度的楷书《盘谷序》就是立轴(中堂)形式。明代中叶以后,书法立轴开始流行。明初,书画装裱的特点是:在书画立轴的上端加了一段空白纸,叫做"诗堂",它是专门用来自己题写或别人题记或作诗文的。在书画手卷的前后,出现了一段空白纸,用作名家的题跋,文字多为楷篆、隶。册页已较多地出现,在装裱格式上分有单页装、多页装订本两种。前者多为向上翻的推蓬式装,也有向右舒展的蝴蝶装。后者分为 8 页装、12 页装,最多为 16 页装。明代永乐年间,兴起折扇画尔后普及之。至清代,折扇字、画更多见,收藏者往往把扇面拆下重新装裱成推蓬式册页单独予以珍藏。而明、清时期历代的书画装裱面各有特色。如明代的书画立轴增多,且多为宽边,采用麦黄色宽围圈,上下天地则选用深蓝色花绫,这是明代常见的装裱形式。清代的立轴通常是用两色的绢或绫做围圈,以绫为天地;清代手卷则用维或绫来装裱,且尾纸较长。此外,清代还出现多幅一组的"通景屏画,书法立轴出现了"对联""龙门联"。册页多用绢、绫装裱,常是先裱后书画,故纸上皆有矾浆。团扇在宋、元时期很常见,明代少见,至清代的道光年间又盛行起来。折扇肇始于明代,起初仅字,后来出现画作。画作上出现对联,始于明代晚期,清代乾隆以开始流行。如果发现宋、元的画作上有对联,可断定为伪品。在书画格式的演变发展过程中,有的产生早,有的产生晚,一旦产生,就沿袭不断,如果装裱与时代不符系属伪品无疑。

七、著录鉴别

著录鉴别指对收藏的书画作品或对看到的书画作品进行文字记录并编撰成专门书册的书画著录书的鉴别。此类著录可分宫廷收藏的著录和私家收藏著录两种，前者的代表作有《宣和书谱》《宣和画谱》《石渠宝笈》等；后者的代表作有清代卞永誉的《式古堂书画汇考》、安岐的《墨禄汇观》、现代收藏家庞莱臣的《虚斋名画录》、顾文彬的《过云楼书画记》等。这一类著录虽然相对较可靠，但不可一味相信因有的著录存有讹误现象。此外，还有一类是为欺骗买家而有意创作的假"著录"，如明代张秦阶于崇祯六年（1633年）所编《宝绘录》就有明显的作伪现象，对此类伪著录千万不可盲目轻信。由此可见为弥补目鉴之不足，而查阅有关书画著录，需要认真加以鉴别。

八、墨色鉴别

墨色鉴别指对书画作品中的笔墨颜色的鉴别。古代书画因年代久远不同，笔墨颜色有所不同。如宋代以前的书迹，墨色上往往有一些极不明显的白霜，用手轻轻擦抹，白霜犹存者真。

第三节　中国书画艺术品保护

历代的书画、文献等纸质文物资料是珍贵的文化遗产。一般情况是，古书、字画是由纸张材料和字迹材料制作而成的。

古书字画保护方法原则上与档案材料保护方法相同，只是古书字画很珍贵，要求保护处理时更加谨慎小心，这里仅介绍一些原则方法。

一、应创造古书字画长期保存的最佳环境

古书字画一般都保存在博物馆或文物保管所内，是珍贵的一部分馆藏文物。要使它们能长期保存必须注意的外环境条件是：（1）文物馆地址的选择和建筑应符合有关规定标准；（2）控制保存古书字画最合适的温度、湿度和光照条件；（3）强化防止有害气体与灰尘的措施如安装通风

设备和增强净化过滤灰尘与有害气体的具体措施等。

二、古书字画的去酸措施

古书画及古文献资料常带有酸性。这是促使纸张老化的重要因素之一。纸张材料出现酸性的原因是：

（1）纸张本身带有酸性。研究表明：纸张老化的程度与纸张的酸度有一种定量关系。纸张保存的合适酸度是 pH=6.5 ～ 8.5，而纸的酸度与当时纸的生产工艺有关。

（2）纸质古文物在保存过程中可能受到酸性气体的腐蚀。研究试验证实，如将纸张放在 2% ～ 9% 的 SO_2 的空气中，10 天后便可损坏 40%。因此，经常检验纸质文物的酸度，并采取合适方法去酸是科技保护古书字画、古文献资料的重要任务。

纸张去酸的方法有湿法及干法两种。湿法去酸按所用的中和剂的溶剂不同，又分为有水去酸和无水去酸。干法去酸是采用碱性以及偏碱性气体去酸，也称为气相去酸。湿法去酸方法比较成熟，目前国内外很重视气相去酸药剂及方法的研究。下面介绍两种气相去酸的方法。

（1）氨气去酸法。将需要去酸的纸质文物及稀释的氨水（按 1∶10 的比例配制）放入密闭容器内，密封约 24 ～ 36 小时，在熏蒸过程中，挥发出的氨气会将纸质文物中的酸完全中和，氨熏蒸后的纸质材料 pH 可提高到 6.8 ～ 7.2。且纸的表面不会残留任何物质。此法操作简单，原料价廉易得。

（2）吗啡啉去酸法。吗啡啉简称吗啉，其分子结构式为

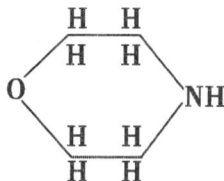

它无色、有氨味，属中等碱性的液体。去酸时把需要去酸的纸质品放在一个真空容器内，抽真空，与预先装好吗啉溶液（吗啉中加少量水）的另一密闭容器用导管相通，打开开关，使吗啉随着水气经导管一同导入。密闭约 11 分钟，即可达到去酸的目的。去酸的纸质文物 pH 可达 7 左右。

三、纸质文物的加固保护

巩固纸质文物的字迹和加固纸张强度常用的方法是：用具有黏性的化学试液——胶黏剂喷涂在纸质类文物上。胶黏剂中容易挥发的溶剂挥发后，形成一层薄膜，使字迹得以巩固、纸张强度增加。所用的胶黏剂均为高分子化合物，高分子化合物在字迹或纸张表面能形成薄膜。下面介绍一种近期研制的 XD_{3-1} 纸质保护剂。该保护剂以改性纤维素为基料，它是以纤维素类树脂为主并加入一定量的防霉剂、防虫剂、紫外线吸收剂配制而成的乙酸乙酯和无水乙醇溶液。实验表明涂刷 XD_{3-1} 保护加固剂能保持纸质文物原貌，且纸张强度增加，并具有防霉、防虫、防光、防水、防止亚硫酸（ SO_2 的水溶液）、硫酸、硫化氢（水溶液）、醋酸、盐酸、和硝酸稀溶液对纤维素的酸解破坏。

第五章　中国漆器艺术品及鉴定与保护

　　把漆涂在各种器物的表面上所制成的日常器具及工艺品、美术品等，一般称为漆器。中国漆器工艺历史悠久，源远流长，时代特点明显，各地生产的漆器具有鲜明的地方特色，因而鉴定漆器，要掌握漆器工艺演变发展过程中所具有的时代特点、地方特色和工艺特点。

第一节　中国漆器艺术品

　　漆器工艺历经近 7000 年不断发展，出现了许多优秀的作品（图 5-1 至图 5-4）。特别是近 3000 年以来，其工艺不断创新。

图 5-1

图 5-2

图 5-3

图 5-4

掌握各种工艺特点有助于漆器的鉴定。现将主要的几种工艺介绍如下：

（1）单色漆器，指在漆胎成型后，在胎表施加色漆便告完成的作品，也称为素器。

（2）罩漆漆器，指以透明的罩漆漆在各种不同漆地的器物上的总称。依罩漆下面的漆地的地色差异，又有罩朱髹、罩黄髹、罩金髹等不同称谓。所谓罩朱髹，指以朱漆为地，上罩透明漆；所谓罩黄髹，指以黄漆为地，上罩透明漆；所谓罩金髹，又名金漆，是用金箔或金彩粘在漆面上，再罩透明漆。佛像金装大多采用这一工艺。罩漆工艺还有一种称为"洒金"，又名"砂金漆"。其做法是在漆地上洒金片或金粉，然后罩透明漆。根据清代实物，洒金金片较大的，漆地以红、黑两色较多，也有紫色、绿色或其他颜色为地者；金片细密的，多以紫色为漆地。

（3）描漆漆器，指将漆或油彩描绘在漆地上作为装饰。此工艺包括描漆、漆画、描油彩三种。此工艺起源早，长沙马王堆汉墓出土的漆器主要是采用此工艺。至明、清时期，由于雕漆工艺的兴起，虽仍见此类描漆，但多不是珍品。

（4）金银平脱漆器，属于特种工艺漆器，盛行于隋、唐。所谓金银平脱，指用薄金片、薄银片按照设计好的装饰图案纹样的要求，剪成图案粘贴在漆器上，然后加漆两三层，最后经过研磨，使其显现出金银花纹和漆地在一个平面上，称为平文。还有一种花纹高于漆面的，叫做堆文。两者皆极富丽华美，颇受人们的青睐。据《西阳杂俎》记载，唐玄宗和杨贵妃赐给安禄山的物品就有金银平脱盘、金平脱犀头汤箸……当时专为杨贵妃制作金银平脱漆器和镶嵌漆器的艺匠就有数百人之多。因其工艺费时、价格昂贵，唐肃宗、代宗曾严加禁止。其制品在日本正仓院珍藏多件。

（5）堆漆漆器，堆漆工艺原来专指花纹与地子非同一颜色，而图案类似剔犀的一种工艺。也就是在漆器表面用漆灰堆塑出花纹，经雕刻后再上漆，或用模子在堆起的漆灰上印出花纹，然后上漆。现代漆器工艺，凡用漆灰的花纹，上面再贴金或再涂彩，统称堆漆。

（6）剔犀漆器，剔犀工艺是用两种或三种色漆（一般是两种），在器表上有规律地逐层（每一色层由若干道漆漆成，各层厚薄并不一致）累积至相当的厚度，再用刀剔刻出云纹、回纹等花纹图案。从刀口的断面，可窥见不同色彩层。因纹饰以云纹为主纹，故北京地区俗称"云雕"。剔犀是一种雕漆，但与雕漆中的其他品种有不同之处，具有相对的独立性。剔犀以雕刻线条简练、流畅委婉的云纹为主，而其他类似的雕漆以雕刻花鸟鱼虫、山水人物为主。

（7）犀皮漆器，目前所见最早的犀皮漆器是出土于安徽马鞍山东吴朱然墓中的犀皮黄口漆耳杯。此工艺宋代比较流行，指花纹由不同颜色的漆层构成，表面光滑，纹样做成行云流水状，有的做成松树枝干的鳞皮，乍一看似很匀称，细察之，实际无规则，极富变化，流动天然，色泽斑斓，美观大方。至清代晚期，南方漆工常将这一工艺用于装饰红木家具。

（8）填漆漆器，填漆工艺，又名填彩漆。此工艺有显磨和镂嵌两种做法。所谓显磨，是指在做完糙漆之后和未做稠漆之前就做花纹。所谓镂嵌，是指待雕漆做完之后再做花纹。填漆必须有低陷的花纹，才能把色漆填入。而低陷花纹的取得又有两种做法：一种是在漆地上直接镂刻出所饰花纹的低陷花纹；另一种是在漆地上先用稠漆堆起阳纹轮廓，轮廓间构成低陷的花纹。低陷花纹形成后，填入不同色彩，待干后经磨平显出各色花纹,犹如一幅设色画。

（9）款彩漆器,款彩工艺,指在漆地上刻下凹陷的花纹,再填以色漆或油彩,或金或银。一般以黑漆为地。花纹轮廓皆保留,轮廓以内的漆地均剔去,以备填色漆或油彩。色漆或油彩填入后,并不与漆地齐平,所以花纹轮廓略显凸起。款彩漆器,有箱匣、插屏、屏风等实物。

（10）雕漆漆器,雕漆工艺包括剔红（在红漆上雕刻）、剔黄、剔绿、剔黑、剔犀（在一层红漆和一层黑漆上堆涂起来的漆层上雕刻）、剔彩、复色（在三种以上色漆不规则髹涂的漆层上雕刻）、雕漆等诸种。其制作方法是:先在漆胎上层层髹漆,一般为几十层,多者竟达一百余层。待髹到一定厚度时,雕刻花纹,其花纹有的是雕后用彩漆填成,有的是用彩漆或油彩描绘而成,有的是填、描兼施,以便取得色彩斑斓、绚丽的艺术效果。此工艺始创于唐代,于元末明初进入繁盛时期。明代永乐年间仍承袭元末旧法,刀法圆润,花纹浑圆饱满,器底多以针刻划款。宣德年间,漆层由厚变薄,花纹由密变疏,款纹改为刀刻填金。嘉靖时不藏刀锋,纤巧快利。装饰题材多见吉祥字句及道教仙物等。万历时,刀法繁密,且多在款正中加刻干支。清代康熙、乾隆年间,雕刻工艺尤盛,刀法纤细,锋芒毕露。

（11）描金漆器,据明人黄成《髹饰录》记载:"描金,一名泥金画漆,即纯金花纹也。朱地、黑质共宜焉。其纹以山水、翎毛、花果、人物故事等;而细钩为阳,疏理为阴,或黑漆理,或彩金象。"

（12）脱胎漆器,指一种特种工艺漆器。先用木、绳或石膏等轻型材料制作成各种模型作为原胎,然后用漆将芝麻布（艺布）或素绸子层层裱在原胎上,待干固后脱去原胎,作为漆器的底坯。再经过磨、髹漆、装饰等20多道工序,成为脱胎漆器。其生产历史悠久,西汉时称为"夹纻"法。中国福建脱胎漆器最具有代表性。它以质地轻巧、造型雅致、光泽照人、做工精致而著称于世。它始于清代乾隆年间,盛行于光绪年间,并被慈禧太后视为珍宝收藏宫中。它与景德镇瓷器和北京的景泰蓝合称三大"国宝",远销世界许多国家。据统计,从1898—1937年的40年间,曾在11次国际博览会上获奖,迄今仍负盛名。

（13）螺钿漆器,指在漆器上镶嵌蛤蚌壳作为装饰。用比较厚的螺钿片镶嵌漆器,一般称为"厚螺钿",也称为"硬螺钿",色彩单一。而用鲍鱼壳剥离成如纸的薄片,依其不同色泽按需要裁切成不同形状,镶嵌在漆器上,使它起到近似设色的效果,一般称为"薄螺钿"。"薄螺钿"花纹一般较精致,并以精细密致如画为妙,且色彩缤纷,鲜艳夺目。

（14）戗金漆器,指在漆器上针刻构图,然后把金屑撒在罅中,磨平,用漆封住而成。

（15）百宝嵌漆器,指用多种珍贵的珠宝玉石嵌饰彩画漆器。明代漆器名师周巍始创,人称"周制",极为华美珍贵。

第二节 中国漆器艺术品鉴定

漆器的鉴定归根结底是要弄清楚一件漆器作品的真实可靠的制作年代及它在整个漆器发展史中所处的位置及其价值。前面已经对历代漆器的制作工艺做了比较详尽的介绍,实际上了解和掌握漆器发展史就是掌握漆器鉴定最重要的方法,因为无论是谁鉴定漆器都要从这几方面入手。当然,漆器鉴定不是一蹴而就的简单过程,除了解、掌握各时代漆器的特征外,还要多听、多看、多思,进行反复的比较与推敲,这样才能得出比较准确的结论。

一、漆器的辨伪

漆器的鉴定与辨伪要从漆器的造型、纹样、款识、颜色、工艺诸方面入手。据《南京景物略》记载,漆器作伪在明代就已流行,且以伪造剔刻者为甚,不仅皇家的果园厂伪造永乐年间的御制剔红,民间作伪者也多剔红。伪造剔红,用矾朱或灰起型,外表漆两层,称为"罩红"。有的是改年号款,如磨去永乐针书细款,改刀刻宣德大字,浓金填掩之。又据《髹饰录》记载:"金银胎剔红,宋内府中器有金胎、银胎者。近日有铜胎、锡胎者,即所谓假效也。"从汉代起,出现用金、银、铜做漆器的口,当时称为扣器,有金扣、银扣、铜扣。

到宋代,皇室用的漆器有用金银为胎者,明代开始出现用铜做胎,且用在雕漆上。制内胎的铜分为紫铜、黄铜两种。紫铜做内胎的主体部分,黄铜貌似黄金之色,故被用来替代金口线。铜胎漆器,民国多见。使用铜料的漆器,多做瓶、罐、洗、盒、鼎、熏炉等圆体器的内胎。但至今尚未发现以铜为内胎的明、清漆器,若市场上有的话,当是伪器。清代乾隆年间,漆家仿"周制"(指明末周翥首创的"百宝嵌")者颇多,应注意辨识。

二、制漆名家

凡被鉴定的漆器,品种、造型、纹饰、色彩、款识、工艺与时代风格相符、与名家的艺术特色相符者系真品,反之,不相符者或不尽相符者为伪品。为了便于真伪品的比较鉴别,现将元、明、清部分名家(元以前的艺匠、名家姓名多已失传)的制漆专长、艺术特色简介如下。

张成,浙江嘉兴西塘杨汇(今浙江省嘉善县)人,生卒年月不详。据《嘉兴府志》记载:"张成、杨茂,嘉兴府西塘杨汇人,剔红最得名。"明代王佐增补《格古要论》卷八记载:"元朝嘉兴府西塘杨汇有张成、杨茂剔红最得名。"由此可见张成、杨茂均擅长红雕漆,实际上他们不仅雕红漆,也制作其他品种,如剔犀、剔黑。张成的作品以髹漆肥厚、雕刻精细、磨工圆润而著称,其内容题材有山水人物、花鸟、花卉等。张成的作品在大陆仅见3件:1件是安徽省博物馆珍藏的剔犀云纹盒;1件是中国历史博物馆珍藏的剔红曳杖观瀑布图盒;1件是北京故宫博物院珍藏的剔红栀子花圆盘。另外还有日本私人收藏的张成造剔红芙蓉鸳鸯盒、香港拍卖市场上的张成造剔红秋葵纹圆盒等。张成的雕漆作品尽管传世极少,但件件均为杰出作品。

杨茂与张成齐名,又是故里,两人均为元代雕漆名家。杨茂的生卒年月不详,各种史书均无明确记载。当时由于艺匠地位低贱,无人为他们树碑立传,所以我们现在无法具体了解他们的生平和爱好,只能从他们流芳千古的作品中,领略他们巧夺天工的技艺、富于想象的创造及对生活的憧憬、企盼。杨茂的传世作品在大陆也只有3件。北京故宫博物院珍藏两件:1件为剔红花卉纹尊;1件为剔红观瀑布图八方盘;北京艺术博物馆珍藏1件剔红梅花纹盘。杨茂传世作品见到的只有雕红漆这一品种。髹漆较之张成的作品稍薄,花纹疏密有致,雕刻技艺娴熟,花叶边缘之处磨制精美、润滑,舒缓自如。

张敏德,元代末年的雕漆能手,其生平事迹待考,很可能是张成的后代,他唯一的传世之作是北京故宫博物院珍藏的剔红赏花图盒。该盒高7.5厘米,口径20.4厘米,平顶、直壁、平底。盒通体髹朱漆,盖面雕楼阁两座,曲栏围成庭院,二老站在院中欣赏牡丹花,其中一老手指花卉,一老双手相抱而立,楼阁内二童仆在备饮用水。盒的竖壁黄漆素地上雕各种花卉:桃花、栀子花、牡丹、茶花等。盖内一侧针刻"张敏德造"款识。此盒雕刻十分精细,窗棂栏杆刻画细腻,一丝不苟,构图完美,形象逼真,如同一幅浮雕画卷。

彭君宝与张成、杨茂为同乡,亦是嘉兴府西塘人。《格古要论》卷八记载:"元朝初嘉兴府西塘有彭君宝者,甚得名,戗山水人物、亭阁花木鸟兽种种臻妙。"作者极力推崇彭氏的戗金作品,只可惜,流传至今的元代戗金漆器中无一件确切的彭君宝作品,我们无法亲眼目睹这位制漆大家的杰出作品。日籍华人李汝宽著《东方漆艺》书,收录1件元代剔犀剑环纹圆盘,红漆面,口径32.5厘米,器物表面满雕如意云头纹式的"剑环"纹,在有光泽的黑漆地上有一个"宝"字,李先生认为这是彭君宝的签款,他还认为彭君宝生活在宋代后期到元代早期这段时间内。同一书中收录的朱漆戗金粉妆盒,盖面用戗金工艺装饰成人物和花卉,李先生认为这件盒也可能是彭君宝的作品。

仓亮系果园厂剔红名师。

杨埙,明代金陵人,曾赴日本学漆画,所制彩画漆器,人称"杨倭漆",当时深受藏家青睐。

黄成,明代安徽新安人,擅剔红,时价极高。

江千里,明代扬州人,擅螺钿镶嵌漆器。

周翥,明代扬州人,擅剔红(雕漆),并创百宝嵌漆器,人称"周制",华美名贵。

程以藩,清代漆器名师,最擅螺钿、金银平脱。

田晓山,清代山东人,最擅嵌金银漆器。

黄晋陛,清代福建永春人,制"永春漆篮"名师。

沈绍安,清代福建脱胎漆器创始人,人称"沈漆"。

沈燕,清代台湾人,长于漆器,髹、雕皆精。

第三节 中国漆器艺术品保护

由于出土的竹、木、漆器饱含水分,不能够不加控制地随意自然干燥,必须及时进行科学处理,否则会发生变形、开裂,甚至完全毁坏。饱水竹、木、漆器文物出土后,一般的处理程序是:(1)将器物置于防虫、防霉的高湿环境中或置于防腐的水浴中保存;(2)对器物进行脱水定形;(3)加固与修复。

一、饱水竹、木、漆器的脱水定形

对于饱水竹、木、漆器等文物,首先应排除器物内过量的水分,并保持器物原来的形态不变,叫做脱水定型。目前常用的脱水定形方法有醇—醚法、聚乙二醇法、有机硅聚合物法、γ射线辐射聚合法等,其中以醇—醚法应用最多。醇醚连浸脱水法的作法是:先将器物经乙醇溶液连续地浸泡,并不断地更换新鲜的醇溶液,使器物中的醇浓度逐步提高,最后器物里面的水便由乙醇代替,第二步将饱浸乙醇的木器物用乙醚溶液连续地浸泡,同样,不断提高乙醚浓度,并最后置换出乙醇。这样,乙醚替换了器物中的水。由于乙醚的表面张力很低,而且挥发速度极快,因此乙醚可以迅速地挥发。

而且,在它的挥发过程中不致引起器物内部细胞壁的溃陷,从而使器物原来的形状保持不变,避免了收缩和变形的危险。对较脆、或糟朽较严重的器物,可采用醇—醚—树脂浸法即在乙醚溶液中溶入一定量的树脂,这样树脂会随乙醚一起渗入到木质细胞中去,待乙醚挥发后,树脂便填充在木质细胞组织中,使器物得到加固。常用的树脂有乳香胶、达玛树脂(溶于乙醚)、聚甲基丙烯酸丁脂(溶于乙醚和石油醚)等。

二、竹、木、漆器的加固和修复

糟朽的竹、木、漆器尚需加固和修复。目前用的方法主要有:(1)使用蜡和天然树脂的混合物加热涂于器物表面,再用红外灯烘烤器物,使蜡渗入器物内部;(2)室温下将天然树脂和蜡溶于适当的有机溶剂(如三氯乙烯)中,用涂刷、注入、浸入或滴渗等方法加固器物;(3)使用合成树脂溶液(如用聚醋酸乙烯脂的丙酮溶液、聚乙烯醇缩丁醛的乙醇溶液)浸入或滴渗方法加固;(4)对于严重破坏的竹质(如古竹简),可采用前述的醇—醚—乳香胶工艺;(5)对于需要一定柔韧性、能够卷曲的器物,如竹席等,在用醇—醚连浸脱水法时,可以再用加有乙二醇的聚乙烯醇溶液涂刷加固。

第六章　中国陶瓷艺术品及鉴定与保护

古代陶瓷是随着社会前进而不断发展的工艺美术。陶瓷作为工艺美术,它在功能上的实用美与造型、装饰上的形式美是统一的。陶瓷艺术发展兴盛时期,出现了专供陈设的陶瓷艺术。本章主要围绕中国的陶瓷艺术及其鉴定与保护展开分析。

第一节　中国陶瓷艺术品

中国是世界文明古国之一,也是世界著名的陶瓷古国。早在八九千年前的新石器时代初期,我国的先民就已经会制造和使用陶器。而后,在几千年积累的制陶经验的基础上,至迟于商代中期我国古代劳动人民就发明了原始瓷器。

我国陶瓷的产生和发展对人类文化作出了卓越的贡献。尤其是精湛的制作技艺和悠久的历史传统,在世界上都是很少见的。古陶瓷是我国原始社会至明清漫长历史时期的见证人。陶瓷是科学和艺术的综合产物,它既是物质产品,又是精神产品,它同时为人类的物质生活和精神生活服务。陶瓷器的造型、装饰、釉色都同当时社会经济、文化的发展水平有关,往往从某个侧面反映当时人们的意识形态。因此,中国陶瓷的历史是我国古代灿烂文化的重要组成部分,也是人类物质文化史上的一个重要研究对象。

一、陶器的起源及发展

人类社会经过遥远的旧石器时代步入了新石器时代,产生了极大的变化。人们的经济生活,已由采集经济发展到生产经济,即人类已经学会通过自己的劳动,生产自己所需要的物质生活资料了。因此,原始的农业、手工业、家畜饲养等经济部门,都在这时出现,并以崭新的姿态向前发展,使得陶器的出现成为可能。其一,陶器不能在流动的生活中进行生产。进入新石器时代以后,由于经济的发展,人们学会了建筑房屋,过定居生活,这就为陶器生产准备了前提条件;其二,农业生产主要是为人类提供粮食。我国新石器时代的粮食作物,在黄河流域主要是粟,在长江流域主要是水稻,这都需要熟食。将粮食煮熟,就需要有耐火的容器,而当时所能出现的这种容器,只有是陶器。这就是说,陶器的产生,是为了满足当时人们的需要;其三,从长时期的劳动和生活实践中,新石器时代的人们已具有控制和使用火的能力,已逐渐了解和掌握了对粘土性能的认识,这就为制造陶器准备了技术条件。

恩格斯在《家庭、私有制和国家的起源》一书中,据美国民族学家摩尔根的研究成果对制陶术发明的过程,作了概括的叙述:"可以证明,在许多地方,也许是在一切地方,陶器的制造都是由于在编制的或木制的容器上,涂上黏土使之能够耐火而产生的。在这样做时,人们不久便发现成型的黏土不要内部的容器,也可以用于这个目的。"恩格斯在此书中还深刻地把人类学会制陶术标志为人类的蒙昧时代的结束。根据一般事物的发展过程规律推断,我国陶器的起源情况亦与此相似,而陶器最初的形制,可能是模仿自然界某些东西的形态而制造出来的。例如:模仿葫芦的形态,可以制造出各种形态的陶壶;模仿剖开的半个葫芦的形态,可以制造出陶碗、陶钵等。总之,制造陶器技术的发明,是生产力发展的结果,是人类的经验和智慧积累的结晶。

目前,我国考古发现的最早的陶器有二处。一处是在广西桂林甑皮岩遗址下层,距今约9000多年,为黄褐色和红褐色夹有砂粒的粗质陶,手制的器壁厚薄不一,上面印有粗细不匀的绳纹,烧成温度不高,手触会碎;另一处是江西万年仙人洞遗址,年代与上者相近,陶质为红色,含有石英粒,火候也很低,表面高低不平,印有窝状绳纹,常碎成小块。这二地出土的实物均反映了我国新石器时代初期陶器原始粗糙的特征。继之约公元前6000年左右的我国早期的陶器,是在华北地区的河南新郑裴李岗、河北武安磁山新石器时代遗址里得到的。裴李岗和磁山出土的陶器,质地仍很粗松,器壁厚薄不匀。器型也很简单,有碗、钵、壶、罐等。少数器表上饰有绳纹、划纹、篦点纹、剔刺纹等。

在磁山发现有一片简单的画红色曲折纹的彩陶。由此可见,我国8000年前的陶器在工艺上还较简朴,但已初具规模,并有一定的技巧。

河姆渡文化是目前长江下游已发现的年代最早的一种原始文化,距今约7000年左右,因1973年首次在浙江余姚河姆渡村发现而得名。它的陶器制作还处于较为原始的手制阶段,陶质疏松,绝大部分为夹炭黑陶,烧成温度多在800℃之上。器型以釜、罐最多,器表往往饰以绳纹、动植物刻划纹和彩绘,朴实优美,其后出现的是仰韶文化、大汶口文化和马家窑文化等。此时的陶器无论在选择原料、成型技术、艺术加工和烧成温度方面,都开始进入到了一个较高的水平。尤以丰富多变、绚丽多姿的彩绘陶器为其代表。彩陶器物上的纹样极为丰富,多数是形式多变的几何纹样,其次是植物纹样,以及人、鱼、鹿、蛙、鸟、蜥蜴纹等。彩陶器物上图案纹样的装饰,其艺术处理相当成功,起到了美化器物的效果。而彩陶图案的内涵是极有寓意的,它记录了人类对于大自然的占有欲望,是人们思想和感情的流露,因此不失为研究当时社会环境、意识形态的形象资料。

大约在公元前4000年末至公元前3000年间,我国新石器时代进入了龙山文化、良渚文化阶段。这时期的制陶业已经非常专业化了,产量和数量都较过去有很大的提高。首先是陶器的制法有了很大的改进,主要表现在轮制技术得到了普遍应用,并辅之以模制和手制。器形相当规整、器壁的厚薄也十分均匀。陶质细腻、陶土可塑性大。陶色以黑陶为多,也有灰、红、黄、白陶。陶器的烧成温度有的可达1000℃。器型多样、规整、精巧,常见的有鼎、盉、釜、碗、盆、罐、盘、杯、豆、壶、簋、瓮、尊等。陶器以素面或磨光的最多,纹饰有弦纹、篮纹、划纹、附加堆纹、镂孔等,也有一些施以陶衣和彩绘。山东龙山文化的蛋壳黑陶,胎壁仅厚0.5～1毫米左右,表面乌黑发亮,是标志这一时期制陶工艺达到极高水平的代表作。

从商周时代开始,由于社会经济的发展,各种手工业的兴起以及物质文化的需要,陶器逐渐广泛应用于建筑业和青铜冶铸业。这样,陶器一词的含义,也就不再局限于日常生活所用器皿的范围了。同时,随着科学技术的进步,以及新材料的不断出现,再加上陶器本身具有的某些不可克服的缺点,于是普通陶器慢慢失去了往昔曾是人类主要生活用器的重要地位,而为后起的印纹硬陶、原始瓷、低温铅釉陶、瓷器、紫砂陶等新生事物所替代。

二、瓷器的出现及发展

对我国瓷器是何时发明的问题,学术界一直存在着不同的看法。其意见的分歧点,主要集中在如何看待陶与瓷的确切定义上。我们通常认为陶器与瓷器的关系主要有以下四个方面。

（1）瓷器的胎质必须是瓷土烧成（高岭土、长石、石英等或者含有这些成分的瓷石构成）;陶器一般为陶土（有的可能也含有少量的高岭土或其他粘土)烧成。

（2）瓷器必须要经过高温焙烧,胎质基本烧结,火候达到1200℃以上(各地瓷土不同烧成温度也不尽相同,主要看它是否烧结);陶器一般的温度为700℃~800℃,有的可达1000℃。

（3）瓷器表面一般施有高温下烧成的玻璃质釉;陶器一般没有釉或施有低温釉。

（4）瓷胎烧结后没有吸水性或吸水性很弱,叩之发出清脆的金属声;陶器一般具有吸水性,叩之声音不脆。

商周时代的制陶业上承新石器时代,并有很大的发展,显示出较高技术水平。突出之点是烧制出了硬陶和原始瓷器,为日后瓷器的出现奠定了基础。

硬陶的表面大都拍印几何形图案纹饰,故亦称印纹硬陶。其质料为含铁量较高的陶土,烧成温度也较高,约在1150℃左右,胎质细腻,硬度在其他陶器之上,有的胎体已经烧结,击之清脆有声。硬陶盛行于长江中下游地区,大多用于烧制各种盛储器。

原始瓷器亦称釉陶。其质料和硬陶基本相同,只是含铁量较低。器表多敷一层石灰釉,呈青色或青绿色。烧成温度约在1200℃左右,胎质烧结,呈灰白色。吸水性很弱,击之有金石声。原始瓷器最早出现于商代中期,西周时期有很大发展,器形多为豆类容器。原始瓷器亦盛行于长江中下游地区,数量和器类都远较黄河中下游地区为多。不过,原始瓷器选料不精,工艺简陋,釉层厚薄不匀,且易剥落釉色青黄或黄褐,与真正的瓷器相比尚有距离。

东汉时期在中国瓷器发展史上是一个重要的转折点,此时由于对制瓷原料的精选,对胎釉配方、成型工具和窑炉结构进行了改造,烧造技术大大提高,出现了符合瓷器标准的青釉瓷器。大量考古资料和科学测试数据表明,浙江地区的一些东汉晚期瓷窑的瓷器制品,已具备着瓷的各种条件而摆脱了原始瓷器的原始性。这时期也能烧造黑釉瓷,只是黑釉瓷的胎釉质量及工艺都不如青瓷。

魏晋南北朝时期,制瓷工艺较东汉又有较大进步,主要生产青釉瓷器。此时制瓷区域由南方扩大到北方,形成南北两大系统,相互影响促进,使我国瓷器生产迅速发展。瓷器总的特征是,质量提高,数量激增、种类很多,装饰丰富。东晋时浙江德清窑的黑釉瓷器,色泽光亮如漆。北朝时期在北方出现的白釉瓷器,是制瓷技术上的重大突破。釉下点彩或彩绘工艺的发明,则预示着在瓷器装饰方面将发生重大变革。这时期江浙地区的窑炉仍采用龙窑,北方地区则用馒头窑。制作流程上,普遍采用轮制拉坯、拍片、模印、镂雕、手捏、刻划、贴花、堆塑等工艺。

隋代仍以青瓷为主,白瓷质量有所提高,瓷器品种增加,器形多样,部分代替了金、银、铜、陶等生活用具。

唐代制瓷业的特点,被归纳为"南青北白",即南方以生产青瓷为主,北方以生产白瓷为主。青瓷仍以浙江越窑名声最大,有"千峰翠色"之誉;白瓷则以河北邢窑质量最佳,有"雪似银"之称。湖南长沙(铜官)窑烧成的釉下彩产品,开创了以花鸟、人物故事、题诗等内容的图案美化装饰瓷器的先河。在烧造工艺上已普遍使用匣钵装烧,促使瓷器的制作及造型起了很大变化,如胎壁从厚重趋向轻薄,底足从平底变成玉璧底,釉面可以不受烟熏污染保持色泽纯洁。器物造型也从笨拙粗重变为轻巧精美。还出现了用白、褐两色瓷土重叠拉坯,烧成"纹胎"瓷器的新工艺

宋代瓷器生产发展很快,制瓷技术有许多创造和进步。各地出现了独具风格的瓷窑体系,许多名窑的瓷器,在胎质、釉色、花纹、式样等方面更加精美,各有特色。著名的有定窑的白瓷、河南钧窑的玫瑰紫色釉,江西景德镇窑的影青瓷、浙江龙泉窑的"冰裂纹"和粉青、梅子青釉、南宋官窑的"紫口铁足"器、江西吉州窑的剪纸贴印装饰、河北磁州窑的白地黑花瓷、福建建阳窑的兔毫盏等。这时期的制瓷工艺也有革新与创造,如普遍应用"照"检查烧制过程中窑炉的温度与气氛,以保证尽可能高的成品率;采用覆烧技术,可装烧多件碗类瓷器,充分利用窑炉空间、扩大生产批量以降低成本。

元代制瓷业的突出成就是烧成了青花(白地蓝花)和釉里红(白地红花)瓷器,使中国绘画技巧与制瓷工艺的结合更趋成熟,使具有强烈中国气派与风格的釉下彩瓷器发展到一个新的阶段(图6-1)。同时,成功地烧成卵白、红、蓝等高温颜色釉,是熟练掌握各种呈色剂的标志,从而结束了元代以前瓷器的釉色主要是仿玉类银的局面。元代景德镇窑瓷器的瓷胎已采用瓷石加高岭土的"二元配方"法,使烧成温度相应提高,能烧造颇有气势的大型器。

明代青花瓷是各种产品中的主流,产量、品种之多,制作之精,超过前代,尤以明初永乐至宣德期间的水平最高(图6-2)。成化时期创始的斗彩瓷,为后来灿烂绚丽的多彩瓷器的发展开辟了道路。弘治时的低温黄釉,正德时的孔雀绿釉,嘉靖时的五彩及青花五彩都是突出的新品种。在烧制工艺上,明代开创了釉上、釉下彩相结合的技法及半脱胎、脱胎器的工艺。

图 6-1

图 6-2

　　清代的瓷器生产,在明代取得卓越成就的基础上进一步发展起来,瓷器在烧造工艺、造型和装饰上都已达到了很高的水平。清代制瓷工匠们能够准确地配料、恰如其分地掌握火候,仿古的瓷器(图 6-3、图 6-4)和模仿各种竹、木、铜、石、牙雕等器及各种动植物,形象逼真。在单色方面又增加了许多新品种如胭脂水、乌金釉等。在彩瓷方面,除大量烧制青花、五彩瓷器(图 6-5 至图 6-7)并有改进外,还创造了闻名中外的粉彩(图 6-8)、珐琅彩(图 6-9)。

图 6-3

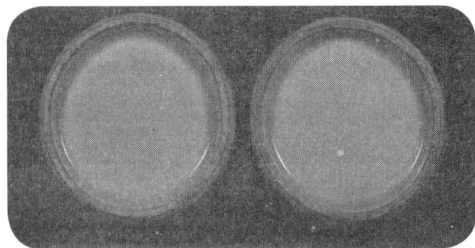

图 6-4

图 6-5

图 6-6

图 6-7

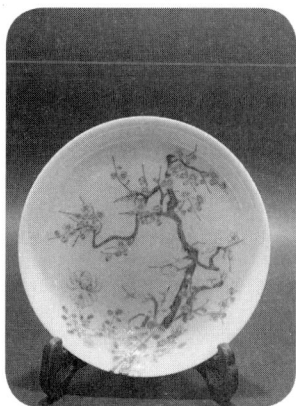

图 6-8

图 6-9

　　我国瓷器,约在公元七世纪的唐代,就开始大量运销国外,其制作技术也随之传入了世界。精美的中国瓷器不仅是很好的日用品,而且是珍贵的艺术品,博得各国人民的喜爱称赞。

第二节　中国陶瓷艺术品鉴定

　　陶瓷器在我国文物藏品中占有很大比重。文物鉴定,是研究文物的基本手段和方法之一。它主要的任务,是研究和辨识文物的真伪、年代和价值。古陶瓷种类繁多,形制庞杂,既有经考古发掘出土的,也有大量历代出土流传至今的,还有经封建王朝内府收藏而传留下来的、更有因时代风尚及利之所趋而各代仿制或作伪的。如果对古陶瓷的真伪不辨,断代不清,就无从对它进行科学研究;或者真假错置,时代错讹,致使保护工作失去科学依据。在此基础上还应运用某件古陶瓷产生的历史时代的政治经济、文化、科技等方面的知识,对其进行综合的分析考察,去粗取精,揭示深层内涵,评定文物等级,发挥文物的作用。文物鉴定方法中,既有金石学家、文物专家使用和总结的传统方法,又有考古学家、科技工作者提供的技术手段。古陶瓷的鉴定,也应注意做到把传统方法和现代技术很好结合起来,相互补充,相互促进,相互提高。

　　文物是历史的载体、民族的瑰宝,无法再生产。古陶瓷的质地脆弱易碎,如何使这一前人留下的珍贵文化遗产传之久远,作为文物工作者和爱好者,应对其维护和保存的方法有所了解。

　　陶瓷器的鉴定手段目前仍以传统的目测方法为主,有条件的单位可用碳 −14 测定法和热释光检定法,以及电子显微镜和金相显微镜等科学仪器对陶瓷器的质地、结构、制作年代加以测试。下面主要讲述的是传统方法。

一、古陶瓷的辨伪与断代

　　古陶瓷的所谓“伪”,可分为仿制和造假两种情形,其缘由均因时代风尚或者利之所趋仿制古陶瓷,是指当时其他地方窑仿烧名窑产品、或后世瓷窑仿造前代名窑瓷器。此种风气的形成,与统治者阶层和收藏者嗜古成风、偏爱成癖有很大关系,故能累世流行。宋代,就有官、哥、定、汝、均五大名窑的仿品。元代如蒋祈彭均宝等仿宋器皿就曾煊赫一时。明代,由永乐、宣德、成化开始便有不少仿制宋代汝、定、哥、弟诸大名窑的作品。从正德开始及以后的嘉靖、隆庆、万历三朝的官窑民窑,都竞相仿烧永乐、宣德、成化窑的瓷器,以及宋官、哥、定窑的器皿。最负盛名的仿古瓷高手有崔国懋、周丹泉、吴为等。清代,康熙官窑瓷器连款识也模仿前朝,著名的郎窑所仿的明代宣、成窑瓷器不仅相当成功,而且恢复了自嘉靖时失传百年的永、宣宝石红釉器。雍正时期,据说由宫中发出古瓷样品甚多,交御器厂仿制,官窑所仿宋代诸大名窑及明代永、宣、成三朝瓷器,达到了历史上最高水平。

乾隆时期所仿的古瓷品类仍很多,尤其是薄胎暗花(花纹镂空,只有一层薄釉而无胎骨,俗称"芝麻漏"或"玲珑瓷")与仿宋影青瓷最为出色。光绪晚期至民国年间,由于中外爱好古陶瓷的收藏家日见其多,因而仿古器物大量涌现,由唐代到清代之器皿,几乎无所不仿。此时期在仿制手法上出现了作假技术;还出现了由古董行家设计,交各地老艺人精心制作;古陶瓷的仿品,虽貌似逼真,然总有破绽可寻。因为一件器物的创作,与当时人们的生活习惯、审美标准以及技术条件都有密切关系。古陶瓷器所显露的时代风格和基本特征,均能体现在它的造型、纹饰、胎釉和款识等方面。我们要识别它,就应从这些地方入手,抓住特点要害,细心描摹其异同,并把它们互相联系,进行综合分析,这样就不难作出科学的结论。

古瓷的造假,是专指对瓷器弄虚做假、篡改破坏,而用以欺世牟利而言的。瓷器造假通常的方法有以下几种。

(1)换底。将破碎名瓷有款识的器底,换装在新瓷器上,用铁锈抹在底足之外,然后将铁锈烤干、烫上一层川白蜡,使黏接的痕迹消除。

(2)去光。古瓷由于年深日久,釉面会自然形成所谓"莹光"或"酥光"一类的光泽。这种釉光由内而发、深厚温润、如玉如脂。新瓷则多具炯炯刺目的"火光",釉光外铄、浅浮于表。作假者往往用茶煮、浆沱、药浸、土埋的办法加工处理,将新瓷器表的"火光"去除。

(3)改款。瓷佳而款识年代较近者,则将底釉及款识全部磨去,改装烧釉并换写上年代较远的款识。若底釉与其他部分的釉色不尽一致,则用汗手盘弄数月,使之混淆不辨。

(4)修次充好。对于一些有缺损的古瓷,均设法加以修补伪装,精心掩饰,以获厚利。如有高颈的瓷瓶,假如颈以上残破得严重,则将颈以上部分全磨去而改为短颈之瓶或系有盖之瓶。若器边口有伤者,则磨平另以铜圈镶扣之,以充古瓷名,混淆视听。

(5)真坯假彩。有用宋以前的单色釉瓷,在其磨伤或脱釉之处饰彩画以掩盖,彩画之上还敷清漆保护;有在雍正以前素烧白瓷表面添补彩色绘画、色调冷解少见,使人无法对证了解了古瓷造假作伪的方法,便不难鉴别古瓷的真伪。其一,我们应观察瓷器表面是否有浮光,浮光暴显当是新器。但釉面发黯无浮光者未必一定就是古器。用人工消除浮光的瓷器表面,往往打磨得较平整,而古瓷在长期流传中必然或多或少有划痕或碰撞过的旧痕。这种差别可在放大镜下仔细分辨。其二,要观察器物是否完整无垢、有无拼接的痕迹。轻轻叩敲瓷器,完整无疵之器,声音清脆悠长;而改补的器皿,声音发涩发闷。若器物上发现有涂抹的痕迹,可用烧开的碱水泡刷去掩饰物,看有没有黏接茬口。其三,须认真检视瓷器表画的彩面或款识部分与其余质地部分的釉色,是否同样的温润和谐,如不太统一,有可能就是后来加彩所致。

判定器物的年代,是古陶瓷鉴定的重要内容。一般古陶器(多指新石器时代至商周时期)的断代方法,应先了解其出土地点,全面观察陶器的质地、色别、形态、装饰、制法等,抓住其主要特征,明确它所属的是哪个阶段、哪个地区的考古学文化。然后,选找出这一考古学文化的同类典型器物,依据其发展演变的逻辑序列进行比照分析,推断出古陶器的年代。

如果是考古发掘中所得的陶器,则通常依靠地层学和类型学的研究,来判断它的年代。地层学断代,旨在根据各文化层次序的先后,以断定各层所含陶器在时间上的早晚关系;类型学断代,旨在将陶器归类按型式的差异程度排比,揭示其在时间上的演变过程,从而体现它们之间的相对年代。

古陶器也可利用绝缘结晶固体的热释光现象来进行断代(简称热释光断代)。热释光所测年代是陶器停止焙烧的年代。不过因存在许多因素,使热释光测定年代的精度受到限制,定出的年代误差一般在 $\pm 5\%$ ~ $\pm 10\%$ 左右,所测陶器以年代较早效果为佳。

古瓷器的断代,一要借助考古发掘窑址、纪年墓获得的瓷器标准器;一要参照具有典型风貌的传世瓷器。从造型、纹饰、胎釉、款识几个方面入手,熟知各时代、各地区、各窑口瓷器的基本特征和风格,多看实物,仔细比较,相互印证,综合分析。在造型方面,应注意掌握不同时期瓷器的不同器形,比较时主要对器口、颈、腹、底足、器里,以及柄、耳、流、系进行观察,找出在风格上的异同;在胎釉方面,不同时期、不同地区,在胎釉原料成分和烧造工艺上都有明显的不同。在鉴定胎质时,先从无釉处观察,如从器足无釉处观察。对器体胎质的观察,可迎光透视。对釉色的观察,用眼或放大镜,注意观察釉质的粗细,釉面的厚薄,釉质光泽的新旧,以及釉质气泡大小等;在纹饰方面,由于不同时代和地区采用绘瓷原料和技术不同,所选题材与内容不同等,所绘纹饰也有明显的不同风格和特点。应注意掌握不同时代瓷器纹饰的绘制原料、题材、笔法、与其他工艺品画面的影响等特征,就可以从不同角度进行观察、仔细研究、认真辨识;在款识方面,要了解不同时代有哪些款识,以及不同款识的运笔技法等。

二、陶器的作伪和辨伪

陶器种类依各时期的制陶工艺发展水平及时代风尚而具有不同的特点,不同地域文化具有各自不同的风格和特点,这是我们首先要加以分析的。新石器时代的陶器因工艺水平低下,种类有限。如新石器时代早期文化的陶器多为手制,器形以深腹盂为典型。新石器时代中期以后,黄河流域仰韶文化或马家窑文化陶器用泥条盘筑,慢轮修坯,器物以彩陶罐、彩陶壶、彩陶盆和尖底瓶为主;长江流域河姆渡文化陶器以手制夹砂黑陶为主,最典型的器物为三足器;山东大汶口文化和龙山文化已由慢轮发展为快轮拉坯成型。商、周时期的陶器品种显著增多,大体与同时代的铜器形式相似。酒器中的陶爵、觚;烹饪食器中的陶鬲、鼎、甑、罐;水器中的陶壶、瓮及陶制工具等都有发现。

陶器的作伪在早期并不被人所重视,因制器复杂,价格低廉,收藏的人数极少,所以造伪的方法不多,也不常见伪作。但是近年来,随着人民群众生活水平和文化修养的不断提高,民间的文物收藏正兴起一股热潮,许多人加入收藏行列,加之受到文物走私的影响,文物不断升值,陶器价格随之上涨,市场上也就相应地出现了各种各样真假难辨的陶器。尤其是新石器时代的甘肃彩陶,由于分布广、数量大、品味高、类型全、精品多,构成了其绚丽多姿、异彩纷呈、魅力独具的特点,为世人所瞩目。因此,社会上出现了大量的彩陶仿制品。最初出现的赝品纯属新仿制,仿造品的造型都比较奇异,如马家窑人头瓶、水波纹大盆、尖底瓶、半山类型的旋涡纹罐、鸟形壶等等,多属于纯工艺品,稍有鉴定常识的人一眼便知是新工艺仿制品。

现在的彩陶作伪跟过去不同,有了专门仿制的作坊,不少作伪者学习过绘画,所以制作和绘彩的水平很高,而且彩陶作伪出现了许多新的手法,作伪的彩陶几乎达到以假乱真的程度。因此,识别彩陶作伪方法,已成为当前陶器鉴定中的重要工作。

三、瓷器的作伪和辨伪

辨识一件瓷器文物应该从器物形制、制作技术、釉料使用及纹饰和堂款等特征来加以综合分析,以便确定年代,辨明真伪。

（一）历代瓷器器形的演变特点

历代瓷器器形同陶器一样，依各时期的制瓷业发展水平及时代风尚而具有不同的特点。原始瓷器产生后，它的种类几乎和同时代的陶器、青铜器一样，有碗、盂、豆、盘、簋、杯、罐、鼎、尊等。器物一般为直口或侈口，直腹壁，小平底，胎壁也较厚。至汉代，瓷器器形有壶、甑、瓶、罐、鼎、盆、碗等。盆一般较大，大口，腹部上大，中下部收束，底部变小。汉代瓷碗多以直口、直腹、平底为特色。三国、两晋、南北朝时期瓷器品种出新，类型增多，归纳起来主要有罐、谷仓、尊、壶、耳杯、碗、盘、洗、高足杯、瓶、水注、熏炉、唾盂、虎子、砚台、镇墓兽等，使用范围明显扩大。这时器物口沿一般多呈盘状或杯状。隋代瓷器种类又大大超过了前朝，按用途分类也较细，如盛储器中的壶、罐、盆、钵、缸、盒；饮食器中的碗、盘、杯、尊、盂；室内用具中的枕、三足炉、灯、烛台及明器中的井、柜、房屋、凭几、凳子、俑人、镇墓兽等。唐代是陶瓷器制造业蓬勃发展的时期，三彩陶器独领风骚。瓷器器物有罐、瓶、尊、壶、碗、匜、盘、钵、杯、唾盂、盏托、扣盒、水盂、砚台、枕、俑人等。许多器物造型十分独特，如隋、唐时期的瓷壶多为凤头壶和鸡首壶，体大，厚重，造型生动活泼，很有特色。宋代制瓷业发展很快，各窑口无论从胎土、釉色和造型上都各具特色。定窑瓷器胎体质细而薄，器形多盘、杯、碗等小件器。钧窑瓷器胎体比较厚重，多产仿古铜器器形，如盆、碗、盂等。耀州窑瓷器品种较多，如盘、碗、瓶、尊、壶等最为常见，其中梅瓶口小，细颈，广肩，长腹，特征明显。龙泉窑青瓷厚重粗糙，器形多盘、瓶等。元代瓷器中，器形多瓶、罐、坛、碗、盘、壶等，一般胎体均很厚重。明、清两代瓷器品种过多，可以说器形千变万化，涉及各种用途，无法一一列举。但在某一时期出现的独特产品仍是我们应该注意的。如明代早期出现的僧帽壶，造型奇特，是一种独有的器形；永乐时的压手杯也蜚声于文物界。明代宣德年间生产的一种由西亚传入的"无裆尊"，作为一种祭祀时托祭盘用的器件，只在清代乾隆时有过仿制品外，余为宣德朝独有器物。明代成化年间出现的瓷器多为小件器，其中最具特色的如鸡缸杯等。又如明代弘治年间崇尚黄釉器，其中的黄釉盘颇为典型。再如明代正德年间瓷器中室内用具增加，如笔架、插屏、水洗等很有特点。到明末时，《景德镇陶录》记载，几乎"制作盖考，无物不有"。厚重的大件器物如鱼缸、大罐、大瓶、瓷纫墩等都十分突出。清代瓷器的造型品种更为丰富。器物蕴以新意，独树一帜。可以说，清代宫廷用瓷是中国历史上瓷器造型最优秀、品种最齐全的时代。清代前期，康熙朝的瓶和尊最具特色，天球瓶、梅瓶、棒槌瓶、柳叶瓶及琵琶尊、马蹄尊、象腿尊、凤尾尊、观音尊、太白尊等,应有尽有。雍正朝多小型器物,精巧玲珑,造型丰富多彩,其中以各式盘、碗、盖碗为佳。乾隆朝的瓷器制作达到鼎盛时期,瓶类中的转颈瓶、转心瓶较以往技高一筹。大型粉彩瓷器造型新颖,尤其是仿制历代名瓷的作品无不达到以假乱真、鬼斧神工的地步。自嘉庆朝以后,创新之作顿减,这和国力衰微有重大关系。

（二）瓷器工艺的发展规律

从制作工艺上看,瓷器修坯留下的痕迹往往是我们鉴别瓷器真伪的一个依据。例如,元代瓷器的底部修坯一般不很规整,往往会露出一个乳突状的尖锥修坯的刀痕。到元末明初时,瓷器底部的露胎部分就很平整细腻了,在旋坯工艺制作时留下的同心圆纹路也极规整。明末清初时,不少民窑瓷器的底部常会有明显的轮状旋削痕迹,一般人称为"主跳刀",这种现象在官窑瓷器中是难得见到的。

瓷器入窑烧制前后出现的一些痕迹也是我们必须把握住的。如唐代入窑呈每件叠压状,器物中往往有一个耐火泥做成的垫饼。在瓷器出窑时再将垫饼敲掉,从而在器物底沿出现一圈支钉痕迹,十分明显可辨。宋代由于常用一个圆形垫饼或垫圈,所以宋代器物的圈足相对就高些,圈足内没有上釉。因为碗心往往有垫圈,所以敲掉垫圈后,底部是涩胎,无釉。明代一些民窑还将瓷器底部撒上一些粗砂面,于是形成砂底足。这些不同的制作方法为我们鉴定瓷器提供了较可靠的依据。

（三）瓷器的纹饰和胎釉

釉料和釉色是瓷器的一个特点,也是辨识的重要标准。把握住不同时代的瓷器装饰纹样和艺术风格,了解一个时期绘画原料的特点,就能比较容易识别一件文物的年代和真伪了。由于历代瓷器的情况不同,问题较多,差异也相当大。瓷器的装饰纹样和绘画艺术一样,有着鲜明的时代风格,尤其是瓷器作为广大民众的生活用具,更具有民俗风情,时代特点强烈。皇家御用瓷器随着时代的变迁,也会出现明显的变化。

原始瓷器阶段,商、周及春秋战国时期的青瓷制品,一般光素无纹,个别瓷器上略有回纹、方格纹、直线纹等简单纹样,没有什么显著特征。汉代的瓷器纹饰也很简单,多是拍印的钱纹或弦纹,朴素大方。到三国、两晋、南北朝时期情况有了变化,内容丰富,制造技巧显得高超。用于装饰的手法有刻印、模印、贴花、堆塑、镂雕、施彩等工艺。图案呈多样化趋势,如花草、动物、人物、建筑等内容的彩绘和雕刻都十分生动和贴近生活。

隋、唐时期瓷器的装饰手法充满生活气息，无论是绘画、划花、刻花、印花、堆贴、捏塑等手段都得到了充分展示。在纹饰内容上，主要以花卉和人物为主，花卉如忍冬、莲瓣、梅花、菊花、葡萄、蔓草等，人物以舞蹈、杂耍艺人形象最为生动。这反映出大唐盛世时文化生活的发达。

宋代是我国陶瓷艺术发展的高峰期，独具风格的瓷窑体系已经建立，各窑之间风格迥异，色彩纷呈，如定窑的刻花、划花；耀州窑流行的印花；磁州窑的黑色彩绘等各具特色。装饰纹样的题材也大大超过了隋、唐时期。花卉题材千变万化，成为宋代各窑系的主要装饰题材，也经常使用寓意吉祥美满的花卉、动物组合纹饰。人物山水彩绘的场面宏伟，与宋代的中国画特点十分贴近，同时融入民间艺术特色，显得意趣横生。

元代瓷器出现了青花和釉里红釉色，开创了以后瓷器釉色的新领域为瓷器业的发展做出了不可低估的贡献。从纹样特点来说，以花卉为主，气势豪放、粗犷，但人物形象画较少。前人曾总结说，瓷器装饰画中"元代人少，永乐无人，宣德女多男少"。如果称为规律，也不尽然，但它反映了一个时期彩绘瓷器的某些差别，还是有些道理的。

明代瓷器主要釉色特点是以青花为主的瓷器釉色得到空前发展，同时出现了斗彩、五彩的彩釉瓷。青花瓷从元代到明初永乐、宣德年间采用了进口的钴料"苏泥勃青"，所以这一时期的青花瓷色调不够稳定、浓艳，色呈靛蓝，并出现铁锈斑痕和晕散现象，后世很难仿学。宣德以后的青花瓷釉料多采用国产钴料，提炼纯净，色调稳定，淡雅柔和。其间也有变化，如正德年间使用瑞州石子青料，在烧成后的青花彩中，蓝中泛灰，成为特色。嘉靖年间，将瑞州青料与云南产的回青料相配合使用，青花色显得浓厚了许多。明代宣德朝始创至成化年间成就突出的一种名贵的新品种是斗彩瓷器。斗彩是釉下青花与釉上彩绘相结合的装饰艺术。先用青色料在胎上绘出纹样的轮廓线，单上透明釉，烧成淡描青花瓷器，然后在釉上依轮廓内填色彩绘入炉烘烧，使釉下青花与釉上彩绘构成完整画面。有时我们将这种做法称为"填彩"。斗彩使用的彩料多为天然矿物，色彩鲜明，其中成化斗彩的釉上彩以鲜红为显著特征，其色艳如血，其他色彩中如鹅黄、杏黄水绿、孔雀蓝、葡萄紫等也十分艳丽夺目。斗彩彩绘内容十分广泛，尤以婴戏图、子母鸡、草虫等最佳。斗彩瓷器一般小巧玲珑，人称"成化无大器"，也是因为成化年间以斗彩瓷器为代表。五彩瓷器在明代也十分盛行，洪武年间在元代五彩基础上就有所发展。宣德年间出现了青花和釉上红相结合的新型制瓷工艺。成化年间用绿彩描绘纹饰，出现了绿彩的特殊品种。正德年间专以三种素色加以彩绘，人称"正德素三彩"，三种颜色以黄、绿、紫为主色，明净淡雅。嘉靖、万历时期是五彩瓷器的主要发展时期。嘉靖时在原有五彩基础上加入金彩，使器物显得富丽堂皇。

清代瓷器的新釉色更加增多，其中以青花和粉彩瓷器为代表。清代青花瓷器主要采用浙江钴料，康熙时绘画内容多以戏曲人物、祈福求祥图案为主。雍正时，青花色淡而深沉，其间官窑仿明代宣德青花瓷很有特色。由于用笔点加深色来仿造外来钴料所呈现的自然斑，效果不十分理想、不自然，时而会露出人为修饰的痕迹。这时的纹饰以龙凤纹为主，其他如人物及吉祥图案也并不少见。乾隆时，青花瓷器图案精美、新颖、繁缛多姿，釉色鲜亮、浑厚。纹饰清晰沉重，蓝中泛黑，整体感觉更加明快。乾隆朝以后，青花瓷器多沿袭清初旧制，很少特色了。清代粉彩瓷器，创于清初康熙年间，为釉上彩，因彩料中含有"玻璃白"粉而得名。色彩较原五彩瓷器更加柔和、淡雅，所以也称为"软彩"。雍正时，粉彩普遍使用，图案多为花卉，也有人物、山水画。乾隆时，粉彩开光瓷器创出新意，别有意趣。雍正时还出现了一种新瓷器，即"珐琅彩"瓷器。珐琅彩是用铜胎画珐琅的彩料施于瓷胎上，所以也称为"瓷胎画珐琅"。这种瓷器深受当时帝王喜爱。珐琅瓷胎极薄，颜料来自西方，加以绘画精细，技术很难掌握，不易烧制，所以产品数量很少，极为名贵。雍正和乾隆两朝均有制作，以后就很少见了。清代的单釉瓷中还有几种十分出色的产品。

康熙年间制作的"郎窑红"釉。它因江西巡抚兼督陶官名为郎廷极而得名。这种红釉色如凝血，玻璃质感很强，表面开冰片纹，器口垂釉现象突出，十分华贵。另外，康熙时还生产一种"豇豆红"釉，釉面呈浅红色，时有绿斑，酷似红豇豆色，也有人称为桃花红，其色淡而不俗，甜润秀美，由于烧制时温度和空气控制难度相当大，产量也很少，且釉色极易脱落，难于保管。雍正时出现了"窑变釉"。这种新品种出于仿钧釉，釉中呈色剂以红为主，釉质肥厚，艳丽悦目。乾隆时，窑变釉瓷器数量更多。雍正、乾隆时期另一个釉色新品种为"炉钧釉"。它的釉色红中泛紫，红点多，青点较少，状似高粱穗色，故称"高粱红"。其余，如康熙年间创造的"茄皮紫""洒蓝釉"；雍正朝新制的"茶叶末"釉、"珊瑚红"釉等都各有特色，红极一时。

由此可见，原料的成分、釉色的特征是我们鉴定年代及真伪的重要参考。如一件绘有明代款识的瓷器，釉色却是清代创制的窑变釉等新釉色，那这件作品定假无疑了。

（四）瓷器堂款的辨识

除釉色外,瓷器上的文字、堂款也是一个十分重要的研究对象。掌握款识的规律对我们鉴定瓷器的真伪十分重要。元代以前,没有正式的、带规律性的年款,偶尔所见也不规则。明、清两代是瓷器年款最多的时期。对照目前存世的明代瓷器年款规律,以往有人讲:"永乐款少,宣德款多,成化款肥,弘治款秀,正德款恭,嘉靖款杂"。这种说法有一定道理。如成化款书法肥润,而弘治款书法秀气。"宣德款多"则表现在它可以写在器身的各个部位,如足底、口边、器身随处可见,横款、竖款兼而有之,所以有人说"宣德年款遍器身"。这种情况在明代其他各朝确属少见。"嘉靖款杂"指书写方式,横、竖、环行,甚至上下左右写成十字形款式,可以说是杂乱无章了。除写款方式各具特色外,书法字体也有一定规律可循。如清代官窑瓷器,顺治、康熙朝年款多为楷书;雍正朝楷书、篆书皆有,而楷书多于篆书;乾隆朝流行篆书;到嘉靖朝又以楷书为主。字形的变化也是区别真伪的一个标志。如明代宣德年制的"德"字,心上不写一横。成化年制的"成"字,右上方的一点多写在横笔的右上方,有的甚至在横笔的右下方,所谓"成字一点头肩腰"。至于民窑的堂款,在明、清两代,尤其是清代非常多。

（五）瓷器的作伪和辨识

瓷器的器形、烧制工艺、纹饰等是古代文化艺术的结晶。历代仿制、作伪之风之所以盛行,究其原因,一为赏古悦旧,一为利之所趋。由于明、清两代以来,瓷器制作工艺日臻成熟、完善,各种釉瓷相继出现,仿制前朝影响较大的瓷器制品已成为可能。于是民窑仿官窑、后期仿前朝的现象越来越多,形成了瓷器文物辨伪中的特殊问题。由于瓷器仿品许多都十分精致,同样可作为文物来收藏,如清代乾隆朝仿宣德青花瓷、哥窑瓷很多,但本身制作就十分精致,也无须假冒,在底款上就明确写有"大清乾隆年制"字样。这类情况相当普遍。至于民间烧制的瓷器仿造官窑产品以抬高身价,这种情况自然会有很多破绽。例如,至今景德镇生产的一些青花瓷器尚用"乾隆年制"字样,这只是一种仿古制品罢了。因此,我们不能简单地将这部分仿制瓷器一概按伪作论。瓷器作伪的手法很多,而其仿制水平也很精湛,几乎可以乱真。因此,我们不仅要了解作伪的手法,而且要掌握历代瓷器制品的基本特征,以此为标准来进行鉴别、辨伪工作。

（六）瓷器主要的作伪方法

1. 仿烧制品

仿烧制品即后人根据前朝的某一器物，照样或照文献的记载，用当时烧制真品的瓷土制作成型后，仿绘花纹，为了使所仿器物更酷肖真品，往往用烟熏（用香火烟熏做旧，但嗅之有味）、茶水煮（用茶水煮器，使器面上有红褐的茶锈痕）、假出土（将所做之伪器故意长期埋入地下，以期整新如旧。尤其是低温铅釉的五彩、粉彩、三彩等瓷器，更易于氧化或腐蚀而显旧气）等，然后再入窑复烧，即复窑，烧制近似于真品的瓷器。值得注意的是，这一部分的伪器或仿制品特别多。烧制的成品经做旧后虽然与真器胎质很接近，但是有一定的差别。

2. 部分作伪

部分作伪是指器物的部分（如足、流、手、底、口等）是后补或后配的。后补的有补缺（即在器物破碎后缺少的部分，用石膏、铜、锡、铁、木、金漆、水泥、油漆等补上）、补釉（即在器口磕缺部分或磨口处敷以釉汁，再入火烧之，但往往可看出后施釉面衔接边际的接痕）。后配的有配腿（因香炉、雕塑、兽类等的腿或足伤残不全而补配或改变足形）、配手、插头（指佛像等人物手、头缺损而后配，但接口明显）、安把、镶流嘴（即在缺损把、流嘴的器物上用其他的类似的器物镶配上去而成整器）。这一部分器物在鉴定、辨伪时，只要仔细观察就能找出其破绽。因为，原来的器形或釉色与修补后的多少是有差别的，几乎没有不留下痕迹的。即使再好的高手，补的颜色开始与原器一样，一段时间以后仍会显出原形的。

3. 套口、镶底、后加款

套口有两种形式：一种是器物口颈破损后，旋削切去肩部以上部分，用其他器物与之严密地进行插套镶接。以肩部的黑线弦纹遮盖接痕，或在折沿口的下边套接，往往不易看出。若用手指伸入器口内拭摸，即有触感。另一种是旧器套新、旧口颈。即在旧的器物上套上新的或旧的相仿器物的口颈。如果注意接口部分，是能发现痕迹的。

镶底器物底部损坏后，在器底近釉处精密游切，用同类品或其他合适的底足与之镶接，一般不易显露痕迹。如康熙朝器物的二层台阶底处的接痕，更不易被发现后加款在原无款的器物上加款，具体方法有：一是在原无款的旧器物或新仿器物上加刻、加书稀有年号款，如有人在宋代影青或定窑器物上加刻"元祐"或加书"绍熙""嘉定"等年款。二是将新旧器物的底取下,将原无款或有款但损坏或普通款的器底旋切下来换上其他合适的且带官窑真款的旧器底,特意改装,以混充真品,这是后加款中嵌底款的办法之一。清代有人将铁锈抹于底足之外,然后将铁锈烤干,烫上一层白蜡,遮盖住接缝痕迹。器身较深的器物作伪多采用此法。民国时较流行将瓶底款与碗、盘底款互用,且技术很高明,但仔细观察也会露出马脚。这种方法一般讲,琢器(如罐、瓶、炉等)的底款书写得比较紧凑,而圆器(如盘、碗等)底款则疏散且双圆环开阔;琢器底款外圈小,圆器底款外圈大。此外,有仿款者将真款字样描画在伪器上进行烧制,因字体差别较大,一般也容易识别。但这种仿款伪器一窑就能烧制许多,流散各处,数量自然也不少。三是作伪者模仿真品的釉料配方,仿制底款,烧成近于真品的瓷器。这种瓷器一般胎质不好,釉色达不到真品那样的色泽,釉料使用比例及温度控制均不能达到原器烧制水平。因此,在鉴别时,只要常见真器,具有一定常识是会加以区分的。

4. 后加彩

后加彩是比较常见的一种作伪手法。其表现手法:一是在旧器脱釉后加刻暗花,施釉后再上彩。如将康熙朝脱釉的旧器,施描成墨地三彩的品种。二是将旧器改造成新品种。一般将唐、宋、元、明、清各代的素白胎或青花瓷器后挂各种彩色,以冒充旧彩器。如将成化青花盘后挂红釉,成为红釉青花瓷器等;更多见的是在清代各朝的素器上后加彩,使其改头换面,成为粉彩、斗彩、珐琅彩、三彩、墨彩、金彩等较为名贵的品种。如民国时期,在康熙朝旧器上后加五彩的伪品很多,绘画虽深,但神态不足,色彩过于鲜艳,且釉面及彩上无自然形成的蛤蜊光泽和彩晕。三是原器物表面彩绘局部缺损,按照原样填补描绘,入窑烘烧以后挂彩,一般以挂红彩的较多。

5. 瓷器的做旧方法

在旧器上欲加新彩,首先,要经火清除胎体釉面的杂质(如汗渍、油渍、水分、污物),俗称"净火"(若清除不尽,挂彩入火后,往往有流失"笑彩"的现象);然后,正式挂彩烧制,出窑后,再经人工着意打磨彩面,去掉浮光;最后,以化学药品(常用的是盐酸、碱或高锰酸钾)侵蚀,或用茶叶水久煮,或用土埋。其整个工序为素旧器→净火→后加彩→小窑复烧→打蜡失亮→做旧。经此过程做旧处理后的彩器,可同真器一样,出现五光十色的蛤蜊光,釉面也仿佛经历了漫长岁月的自然老化而显得陈旧。

（七）辨伪常用的基本方法

首先,掌握各时代各类器物的基本特征,将所需鉴别的器物与标准器物对照、比较。其次,瓷器辨伪最根本的是从瓷器本身着手。因为瓷器本身是由胎釉、造型、纹饰及款识和烧制工艺组成,各时代有各自的特点。另外,可以从瓷器所反映的外部特点入手,如瓷器所反映的各时代的文化特征(可以从器形、纹饰上体现出来)、瓷器的用途(用作日常生活器皿,各地区的不同使用情况)等来辨伪。

我们知道,仿瓷(或曰瓷器作伪)之难,第一,胎质。因为各时代、各窑口烧制瓷器的胎土是各不相同的,且"瓷质之贵,在于瓷泥",瓷土的成分不同,其炼泥之法也不同,因此,烧制成器所表现出来的胎骨各具特征。如龙泉窑瓷器与哥窑瓷器均为原处州(今龙泉县境内)的窑口,使用的基本是同一地区的胎土,两窑胎质均白,微带灰色。但龙泉窑淘炼最纯,哥窑另有紫泥、黑泥两种。由此就可以分别出龙泉窑瓷器与哥窑瓷器。仿制、伪作之器的胎土区别更大,由于时过境迁,很难找到相同的瓷土,这就是辨伪需要掌握的第一要点。第二,造型品名。因为历代所制之器,造型品名不尽一致,有的称盘,有的称盆,甚至有的称洗,加之尺寸规格没有统一的定制。历代仿制、作伪之器,一是照蓝本模仿,虽形制正确,但尺寸规格又不能完全一致。二是仿制、作伪之器是根据文献或历代相传而作,故更差矣,而有些"创造性"的伪品则更无衡量的标准。第三,釉药。历代瓷制品的釉药多凭经验所得而无文字记录,除清代唐英首先研究记录制瓷的方法和釉药的配方外,在他之前几乎无人做此工作,一些仿制、作伪的器物由于釉药的配方,各种釉料的比例不同,加之烧造技术,包括窑温、气氛的掌握不一致,烧制出来的釉色很难与原器相同。另外,瓷器的纹饰(包括笔法、题材、表现手法)、款识、青花料、彩料等要仿制得如同真品一样,确实很难。辨伪瓷器一般采用的方法是:

（1）分类法:将各时代的同类器(包括相同器形、相同纹饰题)理出发展序列,先找出它们的共同点,再找出它们的不同点,摸索它们的发展规律和各时期的特征。

（2）比较法:主要是利用考古发掘出来的、有地层年代的器物作为标准器物,将所需鉴定、辨伪的器物与之比较,从而得出鉴别的结论。

（3）鉴别法:利用同时代的同类器或不同类器上的时代特征来对照、比较所需鉴别的器物,从而得出综合鉴别的比较合理的结论。

历代文物鉴赏家对瓷器的辨识下了很大力气,总结出较多的经验。

孙瀛洲先生在《元明清瓷器的鉴定》一文中曾说："辨其色泽,度其厚薄,审其片纹,观其气泡,用手摸,以别粗细,用手扣敲以察音响",这也是鉴定瓷器通用的手段。总之,鉴定、辨别中国古代瓷器,通过以上几种方法,再从造型、纹饰、款识、釉质、釉色、胎质等几个方面着眼,同时注意全面加以详查,在掌握出土的或传世标准器物的前提下是一定能够辨别出真伪、鉴定出好坏的。

第三节　中国陶瓷艺术品保护

陶器是粘土、长石和石英等无机物质混合物经成型、干燥、烧制而得的制品的总称。陶瓷文物包括土陶、陶器和瓷器等。本节着重介绍出土量最大、保护和研究价值很高的陶器和古瓷的保护。

陶器的制作开始出现于新石器时代早期,这类出土文物数量很大。陶质文物主要的成分为粘土即硅酸盐。早期的制作工艺是将粘土捣碎,用水调合,揉捏柔软,再塑成各种需要的器形,晒干,然后烧结而成。大多数的陶质文物在700～1000℃烧成,部分釉陶的烧结温度达1200℃左右。一般情况下,它们较为稳定,但它们也存在着各种不利于保存的因素和病害:(1)器物的孔隙度很大,一般在15%～35%左右,因而吸水性很大;(2)由于长期埋藏在地下,大量可溶性盐类(如 $NaCl$、KCl、$MgSO_4$ 及相应金属阳离子的氢氧化物)深入器物内并积聚起来,出土后由于温度和湿度的变化,发生溶解—重结晶现象,可使器物表面泛白,并被盐结晶撑出无数小花点,造成器物表面粗糙,釉面脱落;(3)陶质文物表面多孔,长久埋于地下可吸附大量的难溶物,覆盖和掩蔽了原彩陶表面的花纹图案,器物表面覆盖物多为石灰质类($CaCO_3$),少部分为石膏类($CaSO_4 \cdot 2H_2O$)及硅质类物质;(4)有些陶质文物作为陪葬品,长期作用于遗存能产生腐败物或烟熏污迹如脂肪类、焦油及炭黑等物质,从而使原器物出现污迹;(5)有些陶质文物已支离破碎、松软酥脆,甚至残缺不全,必须复原加固,才能发挥文物功能。

基于以上原因,必须对出土后各种陶质文物进行相应的技术处理、修复和科学保护、陶质文物病害的去除方法。

一、陶质文物病害去除的方法

（一）可溶性盐类的清除

可溶性盐是陶质文物最主要的病害，一般采用水洗涤的方法去除。对于素陶器（器物表面没有其他材料装饰的陶器），通常是把它放入流动的水中，洗涤 1～2 天，除去大量的可溶性盐后，再换用蒸馏水浸泡洗涤。这个方法需时较长，但安全可靠，除盐程度较彻底；对于彩陶器，上述方法原则上都是可行的，但对于制作粗糙颜料图纹很松散的某些彩陶，必须先对其表面进行加固。加固剂一般用高分子材料，它们形成的薄膜能让水和可溶性盐类自由通过，又对器物有加固作用。常用的加固剂有：2%的硝基纤维素丙酮溶液；2%可溶性尼龙酒精溶液；3%的乙基纤维素酒精溶液。加固后的器物可用洗涤法去盐，除盐结束后可用溶剂除去高分子材料。也可不除，因高分子材料能起到保护加固器物的作用。实际工作中还有用纸浆包裹除盐的方法。用滤纸制成的纸浆敷在待除盐的器物上，使液体和盐类从器物内部转移到器物表面，并在纸浆上结晶。反复操作，即可除去可溶性盐。而对于彩绘颜料出现脱落起甲的情况，则应先对器物加以修整，进行表面加固后视其强度选择合适的方法进行除盐。

（二）陶釉表面石灰质及硅类难溶物的清除

由于陶质文物表面多孔，难溶物和器物结合很牢固，故不宜用机械法去除。通常是根据难溶物的化学特性，用不同的化学方法处理。

1. 石灰质覆盖层的去除

配制 1%、2%、4% 的稀盐酸溶液（视覆盖物厚度而定）对器物进行擦洗，待图案花纹快出现时，用 5% 的六偏磷酸钟溶液浸泡，以除去剩余石灰质，然后用大量清水冲洗。去过程的化学反应如下：

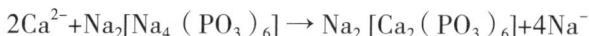

$$CaCO_3+2HCl==CaCl_2+H_2O+CO_2\uparrow$$
$$CaCO_3==Ca^{2+}+CO_3^{2-}$$
$$2Ca^{2+}+Na_2[Na_4(PO_3)_6]\rightarrow Na_2[Ca_2(PO_3)_6]+4Na^-$$

2. 石膏类覆盖物的清除

石膏类（$CaSO_4\cdot 2H_2O$）覆盖物一般不溶于酸碱，微溶于水，故难以用纯水去除，但它们可溶于硫酸铵 [$(NH_4)_2SO_4$] 的热饱和溶液，可用此热

溶液擦洗除去这类覆盖物质,然后再用大量清水冲洗。其化学反应式为

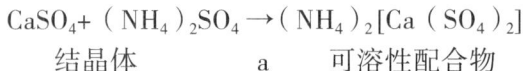

$$CaSO_4 + (NH_4)_2SO_4 \rightarrow (NH_4)_2[Ca(SO_4)_2]$$

结晶体　　　　a　　可溶性配合物

3.硅质类覆盖物的去除

一般用机械法去除,也可用1%的氢氟酸溶液擦拭去除,但因氢氟酸挥发性及腐蚀性特强,对陶质中的所有成分均有作用,故应仔细地在通风橱中操作。

除以上方法外,越来越多的螯合剂也用于陶器表面难溶物的清洗,如EDTA二钠盐、二乙烯三胺五乙酸五钠盐等。

二、陶质文物的修复

松散酥脆或残缺不全的陶质品,应视其具体情况加固保护,其主要方法有以下两种。

(一)粘接

目前粘接陶器使用较多的材料有以下几种。

1.聚醋酸乙烯酯

它有溶剂型和乳液型两种,干后无色透明,稳定性较好。

2.乙烯醋酸乙烯共聚物(EVA)热溶性胶粘剂

其胶接效果是依靠它在熔融状态时对胶结表面良好的浸润性以及由此产生的冷却固化状态下的胶接强度来实现的。

此胶操作方便、粘接速度快。

3.环氧树脂

它具有优异的粘接性能及耐候性。用它粘接陶质文物时,先擦净胶接面,涂刷一道3%的聚乙烯醇溶液使其表面形成一个初级胶接面,待其干燥后,再涂抹环氧树脂。由于它们之间的化学结合力很强,粘结效果很好。

四川联合大学化学系于1990年起,经近三年研制,合成了用于陶质文物修复的粘结剂(定名为陶粘B),经过一年多的推广试用,效果良好,已通过技术鉴定。该粘接剂制作的主要过程是:(1)以醋酸乙烯、丙烯酸酯为单体,在一定条件下聚合六小时,制得共聚乳液;(2)再用一定浓度的聚乙烯醇的水溶液搅拌、共混,制得均匀的共混乳液;(3)将共混乳液,

加入经活化处理的无机填料和颜料,搅匀。由此制成的陶粘剂经有关文物考古单位对破损陶质文物粘接修复试验,均得到满意结果。其主要优点是:粘接强度高;使用操作方便,不需加热,可在多种工作环境中(发掘工地、室内整理、修复)使用;具有粘接的可逆性,使用操作后易于清洗,不污染手、衣物。这是很有前景的陶粘剂。

(二)表面封护加固和整体加固

对于表面彩绘起翘、脱落的彩绘陶质文物需要加固保护。在气候干燥的情况下,可用下述材料修复加固。

(1)1.5%的聚乙烯醇水溶液:1%的聚醋酸乙烯乳液 =4:1(体积比)。

(2)2.5%的聚乙烯醇水溶液:1%的聚醋酸乙烯乳液 =4:1(体积比)。

(3)3%乙基纤维素酒精溶液。

材料(1)、(2)可用于起翘、脱落部分的修复加固,材料(3)可单独用于彩绘部分的表面封护。

对于内部松散脆弱的器物,可采用 5% ~ 15% 的聚醋酸乙烯酒精溶液渗注加固;若器物比较潮湿,可用 5% ~ 10% 的聚醋酸乙烯乳液或丙烯酸酯乳液渗注加固。加固后再用溶剂擦去表面多余高分子物质。

三、瓷器的保护和修复

瓷器是质地较细、上釉或不上釉而半透明的一种陶瓷制品。通常由粘土、长石和石英等无机物质经研磨、加水混合成形、干燥、烧成而得。胚体致密,较薄者呈半透明。音响清彻,断面无吸水性。有时直接是生胚上釉而烧成。从陶瓷发展的历史看,开始是粗陶,后来发展为精陶,最后为瓷器。

古人在原始社会里学会了制陶术,在奴隶社会的商周时期,出现了原始瓷器,到了封建社会的东汉时期瓷器的生产工艺趋于成熟,从而完成了陶器向瓷器的过渡。从瓷器的制造工艺看,它是制陶术的继承和发展。

(1)从使用的原料看,陶器和瓷器都以粘土为主要原料,但瓷胎粘土原料却经特殊选取,是一种特殊的粘土,它是高岭土、石英和长石的混合物,我国江西景德镇地区生产瓷器的主要原料是高岭土和瓷石。它的分子式为 $H_4Al_2Si_2O_9$。瓷石主要由石英(纯粹的 SiO_2)、白云石($CaCO_3$、$MgCO_3$)组成。

(2)彩釉是瓷器区别于陶器的另一特征。釉的发明、发展,使陶器克服了易于吸水污染的缺点,为瓷器的发明奠定了物质基础。釉一般是由长石、草木灰等物质制成浆液,施于瓷胎烧制而成,烧成后的釉为硅酸盐。但釉与胚体之间有一中间层,这是釉在熔融时与胚体发生作用的结果。釉层很薄,一般只有胚体厚度的 1% ~ 3%,但它已强烈地改变了胚体的热稳定性、介电性和化学稳定性。

（3）瓷器的烧制温度较陶器高。一般瓷器的烧制温度在 1200℃ ~ 1500℃左右。在此温度下,胚胎中的部分成分开始熔化,填充到胚体中的孔隙中,高岭土、石英、氧化铝聚合形成紧密的网状结构,从而导致烧制的瓷器质地坚硬,吸水性很低。

由于瓷器在原料选取和制作工艺等方法都优于陶器,因而,对于出土的瓷器文物并不需要特殊的保护,主要是防震防止碰撞、挤压。下面重点介绍损坏瓷器的修复和加固。

20 世纪 60 年代以前,文物工作者以天然胶为粘合剂(如天然树脂虫胶)对损坏瓷器进行修复,近年来逐步为人工合成高分子粘合剂所取代。

（一）环氧树脂

它的粘着力强,使用方法简单。但固化时间长,一般需 2 小时,特种快速固化也需 4 小时,加温后需 20 ~ 40 分种。而且由于环氧树脂的热固性,固化后难于改变,缺乏修复工作的可逆性。

（二）热熔胶

它以乙烯 – 醋酸乙烯共聚物为基料,耐湿、防霉,常温下为固体,加热至 60℃即熔化为液体。其优点是操作方便,具有文物粘接的可逆性。

（三）瓷粘剂

四川联合大学近期研究成果,专用于瓷器粘接。它的制取方法是:以醋酸乙烯、丙烯酸酯为单体,在一定条件下制得共混乳液,再将共混乳液加入经处理的无机填料或颜料即成。经过古瓷文物破损修复试验,粘接效果好,不需加热,具有粘接的可逆性,现已开始推广使用。

对于瓷器的加固和封护,通常使用的是聚醋酸乙烯或丙烯酸酯乳液。作法是:将被加固的瓷器放入容器中,加入蒸馏水,然后加入乳液。乳液的浓度由稀到浓逐渐增加,若干天后将瓷器取出,擦去表面多余溶液,阴干。乳液用量、渗透天数视瓷器的需要而定。

第七章　中国历代佛像的鉴定

佛是梵语"佛陀"的略称，又为"觉者"，是佛教对彻底觉悟真理者的尊称。一切佛像从其形体容貌来说，都是大同小异。之所以区分各个不同的佛，主要从其手的姿势——"手印"来外势，例如释迦牟尼佛就有说法、降魔、禅定像之不同。右手上举，食指与大指作环形，余三指微伸，是说法相。右手平伸五指，抚右膝上是降魔像。以右掌压左掌，仰置足上当脐前是禅定像。弥陀佛像是以右掌压左掌置足上，掌中置宝瓶。药师佛像是垂伸右手，掌向外，以食指与大指夹一药丸。本章主要对中国魏晋南北朝时期、唐宋时期、元明清时期的佛像进行鉴定。

第一节　佛像艺术概述

一、铜造像概说

铜佛造像是以铜或青铜铸造而成的一种佛教造像，表面鎏金的，俗称金钢佛造像或鎏金钢佛造像。包括佛、菩萨、弟子、天王、力士、诸天等形象。造像起源于印度，东汉时传入我国。从东汉开始，历代都有铸造。南北朝隋唐时期是铜造像盛行的时期，造像的背光和佛座上大多都刻有铭文，明清时期巨躯的铜造像也颇盛行。

佛教自汉代由印度传入中国以来，逐渐与中国文化相结合，形成了中国佛教。同时，佛教造像也在不断摆脱印度等外来艺术特点的基础上，融合中国艺术的民族风格，产生了具有浓郁中国艺术特色的造像。中国现存较早的一件金铜佛造像，出土于湖北武昌莲溪寺的砖墓中。在一鎏金铜带饰上镂刻有佛像。佛立于莲花台座上，有肉髻和圆光，袒上身，披飘带，下身穿裙。据考证该佛像的时代为三国时期。现存十六国时期的铜造像，其形式尚保留着较多的印度犍陀罗、莬秣罗的艺术风格。后赵石虎建武四年(公元 338 年)铭的金铜佛像,是现存最早有明确纪年的铜造像。南北朝时期,渐渐吸收了汉以来的中国艺术传统,形成了自己的风格。北魏的金钢佛造像进入全盛阶段。现藏美国纽约大都会美术馆的正光五年(公元 524 年)"牛酰为亡儿造金铜弥勒像"是一组包括一立佛、二菩萨、二思惟菩萨、四供养菩萨、二力士、十一飞天等的大型造像,为现存北朝金铜佛的最佳作品,标志着南北朝金铜佛铸造艺术的最高水平。经过南北朝的发展与完善,隋唐时代的金铜佛造像已达顶峰。这一时期的造像,形象亲切生动,身姿优美,衣饰华丽,铸造工艺精湛,造形富有血肉之躯的美感。初唐、盛唐为铜佛造像发展的高峰。盛唐以后,造像越来越世俗化,观音像逐渐成为造像的主流。唐代以后,金铜佛造像逐渐衰落,虽然也有铸造,但终究已是强弩之末。

近年来,山东、陕西、山西、河北等地不断发现窖藏金铜佛像。1973年陕西临漳纸李通灵寺出土鎏金铜佛造像二百四十件,1982 年、1983 年河北河间相继出土隋唐鎏金铜造像,1983 年山东博兴出土百余件北魏至隋代遗像,1984 年陕西临潼邢家村出土鎏金钢佛造像近二百余件,1986 年山西寿阳出土一批东魏至唐代铜造像,反映了各地铜佛造像的艺术水平。

二、几种造像方法的区别

由于佛教造像所用的材料不同,方法大约可分为几种:

(1)金鍱像,用薄铜板槌打而成。西晋时即采用这种造像法。

(2)铸像,用铜或铁铸造而成,六朝时期已有精美的小型盛金铜铸像,在背光后或像座上刻有铭文。

(3)雕像,用石、木、玉雕刻而成。魏齐至隋唐均有不少石雕造像流传下来,其形式有一尊一石或多尊共一石的,有带金形的,佛座上刻有铭文或题名。

(4)夹纻像,又叫脱沙像。光用泥捏塑成形,加上木架,蒙上麻布,然后施漆。待漆干燥凝固后,再除去内中之泥土。

(5)塑像,用泥塑成。甘肃敦煌石窟和炳灵寺石窟保存有不少六朝至唐宋的精美塑像。宋、元、明塑像,风格各异。

(6)瓷像,用瓷造成。分素瓷和彩瓷,尤以唐三彩瓷像最为名贵。

(7)绣像,用丝线在锦缎上绣成。

(8)织成像,亦称"丝像",用丝和金线织成。

(9)泥像或陶像,用模型压泥而成的小型佛像。泥像在唐代有一种特殊类型,叫作"善业泥像",它是僧人尸体被火葬后,用骨灰与泥压制而成的佛像,在像背后往往有铭文"大唐善业"等字样。

三、我国佛教艺术鉴定的范围

中国古代留传下来的宗教艺术作品,主要是佛教艺术,它由佛教寺院和石窟艺术组成。佛教石窟仿照寺院形式而结构,佛寺与石窟又都融建筑、绘画和雕塑于一体,它们均是世界佛教艺术遗产的主体部分。

我国古代佛教艺术遗产包涵的内容十分丰富,举凡寺塔、石窟、版刻、佛画、藏经、佛曲、金石文物、佛教文学(变文、宝卷等),种类繁多,不一而足。就佛教造像来说,其门类即有金鍱像、雕像、塑像、铸像、瓷像、绣像、夹纻像、织成像、泥雕像等。遍布祖国东西、大江南北的佛教艺术品,不仅形象地反映了各时代政治、经济、宗教,文化的曲折变化,而且,随着宗教职能的逐渐消失,那沉睡的佛教艺术珍品还成为人们研究历史上雕塑、绘画、建筑、文学、天文、历法、音乐、舞蹈乃至人们社会生活各个方面的形象资料。中国佛教艺术的审美价值与历史价值,正日益被现代人们所理解和欣赏。佛教艺术这种舶来品,为我国人民吸收、融化已成为中华民族艺术遗产的一个组成部分。

一、南朝的佛像

南朝从 420 年刘裕代晋到 589 年陈亡,历经宋、齐、梁、陈四朝,这一百六七十年里据史料记载,佛教发达,寺庙林立,高僧云集,佛像当然也为数不少,但目前只有四川成都出土了数十件南朝石佛像,内中有几件带有年号。传世的还有上海博物馆藏中大同元年(546 年)释慧影造佛坐像。此外尚有一两尊带年号的金铜像藏于国外,真伪也有待推敲。石窟遗留有南京栖霞山和浙江新安大佛,但风蚀过甚,多失当年风貌。由于南朝带年款的单尊铜、石佛像极为罕见,故伪造南朝佛像颇多,不可不慎。

南北朝佛像真质举例如下:

现藏日本东京永青文库的刘宋元嘉十四年(437 年)韩谦造金铜佛坐像(高 29.2 厘米),原为端方旧藏,收入《陶斋吉金录》题为"宋韩谦造像",并绘有线图,佛座像为束发式髻,着通肩大衣,胸前及大襟部衣纹呈 U 形,双手作禅定印,趺坐于方形四足台座上,身背后为大火焰光背,台座侧有铭文:

元嘉十四年岁在丑部翔五月一日,弟子韩谦敬造佛像,愿令亡父母、姨子、兄弟值遇诸佛,常与三宝共会。

此像的具体出处不明,如果这尊像没问题的话,它是南朝造像中有铭文可证的最早的单尊金铜佛像,属南朝造像的开山之作,在学术史上弥足珍贵。佛教史上南朝的佛教也曾极为兴盛,善画塑佛像的画家画史上多有著录,但石窟和造像所遗极稀,如凤毛麟角,最早的南朝纪年佛像非此莫属。

巧合的是近年山东莒县文物管理处也从废品收购站征集了一尊元嘉年款的佛坐像,其样式与端方旧藏元嘉像完全一样,铭文亦有出入:

元嘉二十一年岁在甲中三月二十一日弟子皇甫员敬造佛像,愿令亡父母姨子兄弟值遇诸佛,常与三宝共会。

如此即产生了疑问,作为失蜡法铸造佛像,一次只能铸成一件,一般情况下,佛像多为孤品,即使是多尊,样式大致相近,也不能毫厘不爽,这是蜡型本身所决定的。从莒县元嘉像看,细部铸造不精致,铜质生硬,手部做工等诸方面都远逊于端方旧藏像,但造型显然是依据端方像而来的。其背光后的铭文与元嘉十四年端方像相差七年,作为常理,样式完全相同但年份相差七年的情形也是说不通的,从各方面分析莒县像是伪作无疑。如果端方像是真品,那么莒县像就是以真品为模范在清末民国期间仿造的。尽管端方旧藏像目前尚无充分证据被否认为真品,但同时出现两尊元嘉像,端方像也有待细考。

南朝的佛像本身即极稀,带铭文的更是绝无仅有,能具备这些知识恐非一般庸商能办到。端方旧藏像虽不知所出,但莒县的伪造者起码是见过端方旧藏像的。不管怎么说,山东的关联是不能排除的。

二、北魏时期

北魏的造像可分为前后两个阶段,大约以永平年间(公元 508—512 年)为界。

(一)北魏早期

北魏早期的铜佛造像基本上保持着前代的传统式样与风格,但已经开始出现更多的汉民族美术风格。

题材:释迦、多宝并坐佛、坐佛、立观音和立佛。

服饰:佛着通肩衣,衣褶从身体中心线向左右对称刻出。约太和年间(公元 477—499 年)开始出现汉族特色的褒衣博带式佛。菩萨裸上身,下身着大裙。出现当时汉族妇女流行的披帛,披帛绕两臂后垂于体侧。

发髻:佛为高肉髻。菩萨有花冠、发替冠与化佛冠三种。

手势:坐佛为禅定印。立佛右手施无畏印,左手与愿印。立观音右手上举执莲蒂,左手下放提水瓶。

面相:丰圆脸,短颈。

身姿:身姿平直,立像两脚稍外撤。

背光:举身舟形大背光。内刻头光及身光,外刻火焰纹。背光高宽大略相等。

底座:坐像多为束腰四足方座,四足短粗、稳重。立像多为覆莲圆座,下有四足。

这一特点一直沿袭到隋代。

雕法:浅雕,内饰线刻纹。

（二）北魏晚期

由于迁都以后一系列汉化政策的实行以及与南朝接触的频繁,北魏晚期的造像风格为之一变。

题材:立像多而坐像少。出现了以观世音立像和弥勒佛立像为主佛,胁侍二菩萨的一铺三尊甚至一铺多尊的组合。

服饰:佛外着褒衣博带式、内穿僧祇支者渐多。菩萨上身着披帛短衫,宝缯垂肩,饰项圈、璎珞、披帛交叉于腹部后垂于体侧。下身大裙厚重,下摆密褶向外扩张,衣摆如翅。

弥勒坐式为通肩衣,立姿为褒衣博带式。山东地区弥勒无交脚菩萨装。

发髻:由高肉髻变为较低肉髻。菩萨头冠与前期无大区别,较低。

手势:坐佛为禅定印,立佛作施无畏、与愿印,立菩萨举右手,左手下放体侧,也有双手合十、施无畏与愿印者。

面扣:面相清瘦,细颈削肩,两眼低垂为沉思状。

身姿:瘦长平扁。

背光:举身舟形背光上下收缩,变得高细,顶端尖角锐利,头光内饰莲瓣、火焰等,用浅浮雕代替线刻。背光渐短,不及佛座,仅到足跌。

底座:基本形式仍为四足方座,四足变得高、窄,出现仰覆圆莲座,胁侍菩萨立于莲枝上。

雕法:铸造工艺渐繁复,出现高浮雕、直平刀法等,造像立体感增强。

三、北魏末——隋代

这一时期一方面表现为继承北魏晚期造像的某些特征,同时又显示出向唐代造像的过渡。

题材:佛像以单身佛为多,此外有一佛二菩萨。菩萨题材多,有单身菩萨、单身观世音、一观音二胁侍菩萨等。

服体:佛着通肩袈裟;内着偏衫。下摆不大,重叠层次变少,甚至几乎不重叠。菩萨一种着宽袖长裙,天衣羽状外张。另一种上身全袒、饰项圈、璎珞,肩披天衣,下着密褶长裙。山西寿阳出土的这一时期菩萨均极少饰项圈、璎珞。

发髻:馒头状肉髻变矮,臀根部变大。菩萨仍为莲花状三瓣宝冠、花馨宝冠、三珠宝冠,冠两边宝缯下垂至肩或肩下。出现高宝冠。

手势:佛多施无畏、与愿印。观音多施无畏、与愿印,胁侍菩萨多双手合十,单身菩萨手中或持莲蒂,或拿摩尼珠、香袋、净瓶等。一手持藻瓶,另一手持柳枝的观音像开始出现。

面相:由前期的清瘦变为方圆。

身姿:矮壮丰圆,躯干结实。

背光:长尖、长圆舟形背光,头光及身光饰图珠纹。透雕舟形背光,背光内出现化佛。早期背光高、宽略等,尖部角钝,以后逐渐变高变窄,角变锐,以至成尖锥状。观音头后饰火焰纹、中间镂空的头光,胁侍菩萨头后菩提式头光,在隋代很流行。

底座:覆莲四足座、双重圆覆莲座,覆莲四足方座,胁侍菩萨立于莲枝上。此外尚有不带四足的圆形莲座,有的床足出现羊蹄形。

雕法:多用圆雕技法。

四、唐五代时期

唐代佛像的风格已发展成熟。初唐至盛唐,为其全盛期,也是我国铜佛造像的最高峰。中晚唐已开始走下坡路,世俗、颓唐的风格开始弥漫。

（一）初唐——盛唐

题材:单身佛造像,坐佛多于立佛。坐姿多为结跏趺坐或一腿趺坐一腿下垂的舒相式。单身菩萨多为立姿。此外有罗汉、力士、七化佛、阿难、伽叶造像。观音菩萨多于佛像。

服饰：佛主要是双领下垂和袒右肩袈裟两种，大衣下摆披露佛座，衣纹简洁。菩萨主要是袒露上身，下着大裙，饰项圈和腕钏、披帛自双肩绕臂垂于体侧。大裙下摆两角尖长，衣纹稀疏，紧贴两腿。有佛装菩萨像。

发髻：高发髻和三珠冠，发顶多有化佛。佛为螺髻。

手势：佛主要为说法印。一手作施无畏印，一手伸展五指抚膝。立菩萨则一手上举肩部执拂尘、柳枝或莲蒂，一手下放体侧执宝瓶。

面和：方圆饱满，温和艳丽，鼻高目深，眉眼弯曲，唇厚嘴短，五官比例适中，有"妙相庄严"之称。

身姿；躯体比例匀称。体态丰满，线条优美。立像上下左右不对称，为"三曲式"姿势。

背光：主要有两种形制。一为通身背光，分头光、身光两段，中部收分，形如葫芦，不透雕，浅刻出稀疏火焰纹，背光上部有一化佛。二为背光仅及肩或腰部，不作通身背光，多透雕馈空，头光处饰莲瓣或忍冬纹，头光外缘饰火焰纹，这种背光，有的作头光、身光交接处肉收的葫芦形，有的作三重同心圆、头光处向外放射的车辐形。

底座：一种为保守的早期四足方座，另一种是新出现的束腰仰覆圆莲座及多角式莲座。

（二）中晚唐——五代

这时期的造像基本上是承袭唐前期传统，只是由于国势减弱及社会的动荡，造像的气势没有盛唐时的强健，已显出衰落之势。

五、南诏、大理的佛像

少数民族的佛造像，除了藏传佛教系统的佛像外，云南地区的南诏、大理以及南传佛教即巴利语系佛教的造像也有必要述及。

南诏是基本上与唐朝相始终（649—902 年）的以乌蛮为主体包括白蛮等族的奴隶制政权，以太和城（今云南大理太和村）为国都，全盛时辖有云南全境及四川、贵州一部分。南诏在统治上层中使用汉文，并派子弟到唐留学，大量汲取汉文化，流行佛教，至今遗存的佛教文物尚多，著名的大理三塔即此期遗物（824—839 年左右）。

南诏的单尊造像所见较少，偶有小型金铜佛像制作亦不甚精，完全是唐土所流行小型样式，应是当地依内地作品翻制。从大理三塔塔身浮雕的佛、菩萨像上亦可看出,其样式可以说基本上没有什么明显的地方和民族特色,大致与唐代风格一致,总而言之,不唯滇南地区,即使是隔海的朝鲜半岛乃至日本的造像,也不出唐代造像规范,可见唐文化的强大影响力。

大理(937—1253年),是与历史上所称的五代和宋朝相始终的以白蛮族为主体建立的政权,辖境基本与南诏相同,统治上层使用汉文,流行佛教,蒙古宪宗三年(1253年)忽必烈征云南、灭大理,后建云南行省。

从石钟山石窟造像题材可看出,大理国佛教已趋密教化,各类明王题材很引人注目。从造像样式上看,既与中原地区五代时的造像有着共同的规律,又有其独特的样式,典型之作和内地的造像风格相比较可清楚地看到二者差异之处。先说佛陀像,造像整体大形上仍可看到唐代之遗风,一般均体躯丰满匀称,比例舒适。佛的发型,肉髻和螺发之间界线并不分明,呈迂缓的隆起状,肉髻饱满而扁圆,似乎回到北周和隋的佛发样式,突出的特点是肉髻和螺发之间,髻珠明显地加以表现(佛经云,只有真心归向佛教者,佛陀才能将其髻中所藏宝珠赐予他)。此髻珠早在东魏、北齐造像上即露端倪,但并不普遍,若隐若现,可有可无,但到了晚唐五代以后,髻珠却成为佛造像中不可缺少的一部分,愈加清晰突出,一直到清代而沿袭不废。

整个头型呈倒置梯形,宽额,五官端正,双目呈冥想状。

大理的佛陀像与北方佛陀像较明显的区别是衣着。内地造像虽也是通肩式大衣和袒右肩式大衣混合应用,但汉民族的仍是喜表现衣褶的起伏转折,质感较厚重,有写实性。大理佛陀多见袒右肩式,衣纹极流畅,纹线细密如丝缕通贯全身,极富装饰性,大衣的质感轻薄如纱,这也是南方地区天气晴暖、僧衣单薄的反映。

如前述,由于大理国佛教的密教化,且受云南西部藏传佛教造像以及东南亚造像的因素渗透,值得注意的是佛陀也戴上了项饰和臂钏,这在内地北方佛像上所见甚稀。可参见日本新田氏藏金铜佛坐像及流失到国外的大日如来金铜像(见《佛教雕塑名品图录》,北京工艺美术出版社,1995年)。又佛像的造型较之内地更趋秀美,制作精细,而北方造像则略呈敦厚雍容。这也是五代内地造像和南方大理造像在气质上的较明显差异。

菩萨像的特点较为突出,如现存大理及流落美国的数尊阿嵯耶观音像,造像框架更偏清瘦,站立的菩萨像全身板直,双腿并拢,似缺乏动感。上身袒,腰部细瘦,胸部呈扇形,下着的裙上多阴刻双U形线,可明显地看出仍是印度帕拉王朝时代造像在我国云南地区的反映,而此时也恰逢帕拉王朝末期,可见整个亚洲造像的共通的时代趋势。

　　大理国菩萨像虽有帕拉时代造像板直的大框架和细部衣纹的共通手法,但大理造像较之帕拉造像更为秀美纤长,高耸的束发,尖瘦的脸型,细蜂腰和纤细的手臂,应该说更接近邻国泰国、柬埔寨等所谓印度支那半岛地区造像,是印度帕拉造像样式通过印度支那半岛在云南地区的反映。

六、宋辽时期

　　这一时期的造像同前代相比,数量明显减少,但承袭了隋唐以来的写实风格,呈现出不少新意。题材:以菩萨为主要题材,有观音菩萨、千手千眼观音菩萨、普贤菩萨、文殊菩萨、地藏菩萨等,有坐像、立像、骑象像、骑狮像等。此外尚有佛、慧能、天王等像。

　　服饰:佛着垂领袈裟,下束长裙。菩萨多袒胸,项佩饰物,两臂戴钏,上身披帛转折自如,腰系长裙。衣纹简洁流畅。天王头戴盔、耳翅翻卷,肩披纱,腰束带,下着裤,足穿靴,与当时军戎服装接近。

　　发髻:佛为螺髻。菩萨高髻、花冠、高冠以及双层金冠,冠上有化佛。

　　手势:千手千眼观音二主臂合掌当胸,左右各臂辐射状,手中分执日月、宝剑、净瓶、宝镜、宝杖、拂尘、金刚杵等。菩萨手势多样化,没有唐代的定型化模式。有半跏趺坐式,有右手作火天印、左手置膝托珠,有的左手撑扶台座、右臂搁置膝上,有的右手置腿上、左手持经卷,有的右手执如意、左手置胸前。

　　面相:面部比例适当,肌肉松弛,神情安详。略带微笑,广额长耳,双目下垂。辽代有的额饰白毫,更接近平常人的形态。

　　身姿:不再作唐代的"三曲式"之态。姿态端庄,造型简洁明快,比例匀称合度。

　　背光:有环形透雕背光,多饰火焰纹。

　　底座:仰覆莲八角座等。

第四节　元明清佛像的鉴定

　　元明清三代,由于统治者对佛教,尤其是对藏传佛教的提倡,铜佛造像出现了两种趋势。一种是在藏传佛教的影响下形成的喇嘛教的题材,如尊旺佛母像、弥勒佛像、修罗乾闼婆像等,带有许多藏民族的艺术特色。造像多为细腰、高乳、大臀、高鼻、长脸、眼向上钩。多为女身,形式千姿百态。另外一种是在受藏传佛教影响较小的地区,仍沿袭着许多宋代的写实风格。宗教色彩消退,富于较多的生活情趣。面部上宽下窄,肩薄腰细,身姿显得有些刻板僵直,全身装饰繁缛华丽,结构细腻,但亦多少流露出轻浮、浅显的感觉,缺乏内在的精神力量。总的来说造像形式比较明显地趋于概念化和模式化。

第八章　其他文物艺术品的鉴定

玉对中华民族有着不可抗拒的魔力。在古代中国人眼里,玉不仅是一种矿物,玉器也不单纯只是工艺品,它们是一切高尚、纯洁、美好的代名词,同时也是道德的化身,并且代表着神圣和神秘。于是,祭祀、朝会、盟誓等政治、宗教仪式,嫁娶、生育、举丧等社会家庭生活,乃至日常生活中的佩饰、饮食都离不开它。家具与钱币更是日常生活中离不开的。因此,本章主要是对玉器艺术品、家具艺术品、钱币艺术品等做补充分析。

第一节　玉器艺术品及其鉴定

一、古代玉器艺术品的鉴定

(一)玉器的起源和发展

中国是世界上最早制作和使用玉器的国家之一,玉器的使用已有7000 多年的历史。

矿物学界认为,中国玉以和阗玉为最佳。角闪石类的阳起石、透闪石,可称为软玉;辉石类的翡翠,称之为硬玉。宝石、彩石之类,均不能纳入"玉"的范畴。

翡翠是玉石中最珍贵的品种,素有"东方宝石"之美誉。翡翠的矿物成分主要是硬玉 $NaAl(Si_2O)$,其理论分:SiO_2 59.44%,Al_2O_3 25.22%,Na_2O 15.34%,属辉石族钠硅酸盐。天然翡翠常含有其他辉石的类质同象混入物,如透辉石、钙铁辉石和锥辉石(霓石)等。根据这些混入物的比例关系,可将翡翠划分为纯翡翠、透辉石翡翠和暗绿玉三种。

纯翡翠所含翡翠成分不低于80%(白色者92% ~ 99%,绿色者80% ~ 85%)。缅甸产的一种最纯的白色翡翠,SO_2 和 Al_2O_3 含量接近理论值,特征是几乎不含铁,镁的含量也不高。

透辉石翡翠是纯翡翠和透辉石间的过渡类型,含翡翠组份42% ~ 79%(分子百分比),透辉石10% ~ 49%,锥辉石(霓石)0.9% ~ 11.3%,钙铁辉石0 ~ 12.5%。这种翡翠一般为鲜艳绿色,其化学成分与纯翡翠有很大差别。其Al_2O_3(12.0% ~ 20.1%),Na_2O低(6.14% ~ 13%),CaO高(2.69% ~ 14.3%),MgO高(1.2% ~ 7.87%),Fe_2O_3 0.27% ~ 5.67%,FeO 0.59% ~ 2.95%。

暗绿玉是一种碱性辉石,其成分处于翡翠和霓石或翡翠、透辉石和霓石之间。呈暗绿色,近黑色,是最廉价的翡翠。

翡翠属单斜晶系,完整晶体少见。其结构主要有两种:一种为粒状镶嵌状结构或花岗变晶结构;另一种为毡状、纤维状结构。透明至不透明,呈玻璃光泽、油脂光泽;解理面珍珠光泽。硬度6.5 ~ 7,比重3.30 ~ 3.36,几乎等于二碘甲烷的比重(332),强韧性。二轴晶正光性,2V=72° Ng=1.683,Np=1.556,Ng-Np=0.027,平均折射率为1.654 ~ 1.667。

翡翠原生料呈块状,次生料多为翡翠砾石。

翡翠的颜色有无色、白色、绿色、翠绿色、黄绿色、浅黄绿色、褐色、红色、橙色、淡紫色、粉紫等。其中红色称"翡",绿色称"翠"。鲜绿祖母绿色的翡翠含Cr,混浊绿色和黄绿色含Fe,其中Fe取代了矿物晶格中的Al。与祖母绿相似的一种透明的祖母绿色翡翠,Cr含量一般不超过万分之几,而不透明的所谓铬翡翠,Cr含量可高达7%。缅甸翡翠漂砾表面呈白色、褐色或黄色,这是长期风化期间铁的氢氧化物渗到细小孔洞和显微裂隙中而造成的。翡翠在长波紫外光下发浅白—亮白萤光,无多色性,X射线下发蓝色萤光。

软玉的化学成分界于透闪石和镁阳起石两个端员矿物之间,分子式是:$Ca_2(Mg, Fe)_5[Si_4O_{11}]_2(OH)_2$,除主元素Ca、Mg、Fe、Si、O外,还有一些杂质元素,如B、Al、Mn、K等,有时含Ti。

软玉属透闪石—阳起石系列,有时含透辉石、滑石、蛇纹石、绿泥石、黝帘石、钙铝榴石、铬尖晶石等。软玉为块状、河床卵石状及纤维束状、交织和毡状结构和构造。

软玉的颜色有白色(最好的是羊脂白玉)、灰绿、灰白、绿至暗绿、米黄、淡黄、黄绿褐、淡紫、黑色等。它的颜色取决于铁对镁的替代量。贫铁透闪石为白色、灰色或绿色,富铁变种(阳起石)为暗绿、灰绿至黑色。

软玉的硬度6 ~ 6.5,比重2.9 ~ 3.0(通常2.95)。二轴晶负光性,Ng1.622 ~ 1.640,Nm1.612 ~ 1.630,Np1.599 ~ 1.619,Ng-Np=0.021 ~ 0.023。半透明至透明,玻璃至油脂光泽。

软玉属单斜晶系,无荧光和磷光。某些软玉在 689mm 有双重吸收光谱线,在 498nm 和 460nm 有两条模糊不清的吸收光谱带,在 509nm 有一条灵敏的吸收光谱线。

然而,矿物学上的玉概念,与中国古代用玉的实际情况不一致。以矿物学对中国出土古玉鉴定表明,中国古玉既有矿物学确认的角闪石软玉、辉石硬玉,亦有松绿石、孔雀石、红宝石、蓝宝石、琥珀、珍珠、蛇纹石、水晶、玛瑙等上等宝石及普通玉石,内涵很广。许慎在《说文》中认为:"玉,石之美有五德者"。所谓五德,即指玉的五个特征。凡质地坚韧、光泽晶莹、色彩绚丽、组织致密而透明、声音舒扬而致远的美石,都被认为是玉。[①]

事实上,古人对玉的认识,不是一成不变的,各个历史时期有所不同,其立足点是玉的社会价值与工艺价值。杨伯达先生认为,玉的最初定义是石之美者,其次是石之利于器者,又次是石之美者亦神物也,再次是石之美亦货宝者。这是新石器时代至商周时期,先民对玉的认识。春秋至汉代,玉是石之美者,还必须具有"德"性。这个时期将玉的特征上升为观念、伦理。汉以后,礼制衰微,玉的工艺美术价值占主导地位,羊脂白玉一度被尊为世间最珍贵的宝石。至 18 世纪,翡翠大量输入中国,登上宫殿宝案,羊脂白玉则让位于翡翠。而清代皇室奉为至宝的东珠、珊瑚、碧玺等,今日地位已渐低微,无法与昔日荣光相比了。

中国最早的角闪石玉,是出于公元前 6000 年的辽宁查海文化。查海文化玉器现已出土 8 件,其中 7 件是透闪石软玉,1 件是阳起石软玉,但并不取自一块材料。

新石器时代的玉器制作大部分为就地取材。红山文化取材于岫岩玉,良渚文化取材于江苏茅山山脉(已在江苏溧阳小梅岭发现透闪石软玉矿)。有些玉矿已采掘枯竭,有些玉矿还有待寻探。这些玉材的品质,虽不能与和阗玉比,但绝大部分系角闪石软玉。

过去认为是中国最早的河姆渡文化玉器,经鉴定为萤石制品。新石器时代除大量使用角闪石软玉外,还较多地使用玛瑙、水晶、萤石和绿松石等。

新疆的和阗玉,新石器时代已被使用,商代可能已形成规模生产。1976 年河南安阳殷墟妇好墓出土的玉怪鸟(393)、玉羊头(364),经闻广先生鉴定,为和阗羊脂白玉。先秦时期关于玉德的儒家学说,都是以和阗玉为依据的。降至汉代,和阗玉便成为中国玉雕工艺的主要材料。

在大量使用和阗玉的同时,一些运输方便的玉矿也得到采掘。最迟

---

① 高嵘.陕西历史博物馆藏石峁玉器赏析 [J].文博,2009(04):79-82.

至汉代,陕西西安的蓝田玉、河南南阳的独山玉就已被采掘使用,并逐渐形成规模生产。

1. 汉唐旧玉

秦汉时期,社会稳定,经济繁荣,社会风气与前代大为不同。玉器的格局发生新的变化,主要体现在:(1)玉的迷信思想逐渐盛行;(2)葬玉系统取代了佩玉系统成为主流;(3)雕琢的风格呈现出求实、简朴与粗犷的韵味。最主要的发现有河北满城中山王刘胜夫妻墓、河北定县中山怀王墓、广州南越王墓、北京大葆台汉墓等,所出玉器不但数量丰富,而且质量精美。汉代玉器的种类多种多样,其中璧、圭、璋等器仅有其形,已失去了原有的意义。如东汉时的出土玉璧标有"宜子孙"等字样,可见不再是礼玉。佩玉类逐渐减少,如出现了鸡心佩、玉舞人、玉具剑等佩饰,具成为主淀。玉环、玉辟邪、玉飞马、玉羽人、玉座屏等出现,玉铺首、玉翁仲、刚卯、严卯等压胜玉器则明显带有驱灾避邪的性质,玉豚、玉蝉及九窍塞已成为丧葬中不可或缺的玉器,而金缕、银缕玉衣的广泛使用,表明对玉的迷信已达到顶点。

汉代玉器在玉器发展史上是先秦玉器的总结,是古代写实主义传统向以装饰化为主的玉器时代转折时期,在玉的理念上是从上层贵族文化向世俗文化的转折。习惯上,所谓的"古玉"主要指汉代以前的玉器。汉代以后主要为玩赏、陈设及实用器。汉代玉器的纹饰主要有几何纹和动物纹,如谷纹、蒲纹、卷云纹等,有翼神兽如辟邪代表了受外来文化影响的结果。而广州南越王汉墓出土的近1.8米长的成组佩玉,则表明传统的佩玉系统并未完全退出历史舞台。

魏晋以降,玉器的发展进入一个相对迟缓的时期。玉器的数量减少,种类单一,制作亦趋于粗糙。一是佛教传入后,人们的思想行为受到释家思想的影响;二是战乱频繁,丧俗从简;三是玉器原料的来源一度中断,而佛教造像兴盛,工艺重心已开始转移。

已发现的玉器往往一座墓中仅一、二件,且有些还是滑石制品,仅见的玉器种类有玉豚、带钩、杯、玉印、玉辟邪、天禄、瑱等,其中瑱开始出现云头形,普遍以动物、花草为装饰纹饰。辟邪形象则与寝陵上的石雕风格相似,有独角麒麟、双角天禄及无角辟邪等。多数玉器光素无纹,少数纹饰亦较呆板,另外还出现了一些玉雕佛像。

隋唐为中外艺术大融合时期,传统艺术以清新、自然为特点,玉器的制作有所复兴,但玉器的种类已不同于汉代,主要为人们日常生活用具、带饰、佩饰等,如簪、钗、镯及戒指等。唐代玉佩主体一般菱形云头状和梳背状玉璜。西安郭家滩一座隋代大兴六年姬威墓中出土一种由22件玉器组成的玉佩。另一座隋墓中曾出土一件有异域风格的宝石项链。而唐代的玉步摇已成为女性平常饰物,唐代壁画墓中已提供了颇多的玉步摇使用方法的图像资料,实用玉器中的杯、盘、碗等,与当时的金银器造型颇相似,恐怕也是一种富有、奢华的表示。

唐代的玉带最富有特色。玉带也称玉跨,由跨和铊尾组成。玉板多为光素,也有雕以伎乐人、飞天、胡人、鸟兽等形象的。《通典》中载唐代玉带有一定制度,玉板天子十三节,三品以上十二节,四品十一节,六、七品九节,八、九品八节,庶人只能六节,唐末前蜀王建墓出土的一套玉带,仅七节。

唐代的玉飞天也别具一格,一般为一横身女子像,手执花蔓,两臂高举,两腿婉绕,上身裸袒,下身着长裙,身下为云朵或卷草,其造型极具特征,是受佛教艺术影响的结果,总体来看,唐代玉器与金银器的风格颇为相近,盛行浅浮雕和单层透雕,纹饰题材有花鸟人物和行龙、如意云头纹等。

2. 宋元明清玉艺

宋元时期,玉雕更为世俗化,如玉雕观音像、子母狮、玉人、玉笔山、龟游荷叶、执荷童子等均是流行的题材。其中玉带板的花纹题材主要为道教的吉祥图案或道教人物,西域风格的纹饰已消失。由于受当时绘画的影响,玉雕的风格亦趋于体现现实主义的写实作风,在构图上体现出绘画的章法。从雕刻工艺看,技法精细,动、植物纹饰刻划生动、逼真,而且能运用多层次透雕技法,在墙壁纹、春水玉、秋山玉方面尤为明显。春水玉即以鹘捉鹅为图案的玉器,有荷叶、莲花、水草等纹饰,一只天鹅颈钻于水草之下,而一只鹰正欲鹅脑。这些春水图案的作品称为春水玉,而以山林虎鹿为题材的作品称为秋山玉,图案为山石、树林及虎、群鹿等。

金代玉雕近年来发现较多,其造型风格与中原大体一致,但纹饰中动物形象的题材居多,常将山林、神兽集于一体,常见的纹饰如冬青、攫天鹏、松虎鹿鹰、鱼穿莲叶等,富有情趣。

元代承袭宋、金传统,如杯、碗、文具、笔架、书镇、笔杆都是流行的器形。蒙古人穿长袍,玉制的朝顶、带钩、绦环大量出现,一般以鱼水、山林、虎鹿为纹饰图样,目前已知有明确纪年的元代玉器资料较少,北海团城的渎山大玉海,是已知元代形体较大的玉器.墓葬材料还很有限,有无锅元墓、上海元代任氏墓、山西大同冯氏墓、元末张士诚母亲墓等。

明清已降,玉器进入恢复发展时期,至清乾隆时期,古玉制作再度达到高峰,明代初期,玉器承元代风格而继续发展;中期以后,实用、半实用器大量增多,如玉执壶、玉杯、玉花片、玉坠,完全世俗化。纹饰题材受道教影响,吉祥图案占统治地位,如八仙、福禄寿喜、荔枝、桃子、灵芝、梅、兰、竹、鹿、鸳鸯、龙凤等瑞兽灵草;玉板使用有了定制,如宣德时期规定;二品以上或由皇帝赏赐才可使用,且一律二十块;明代初期玉雕技艺、刀工雄厚有力,有粗枝大叶之感;中晚期由于受"文人画"的影响,出现了写意山水、诗词、款识等,刻工亦趋于细致、规整。明代的北京、苏州、广州等为制玉中心出现了众多的名师艺人。

清代手工业繁荣,玉雕业也极昌盛。玉器质美、工精、器类多、产量多、用途广。清初至乾隆二十四年,由于原料限制,玉器发展较为缓慢,仿古玉器多以旧玉改造。随后,由于和阗玉的大量开采,乾隆帝好玉,宫廷及民间制玉技术空前发展。

清代玉器花纹题材的变化有如下特点:(1)乾隆以前承袭明代,布局疏朗,花纹简单。(2)乾隆二十四年以后,形成三个主流:一是伪古玉,二是时做玉,三是仿痕都斯坦玉。仿古玉主要仿青铜外器和仿汉代玉器。时做玉人以苏州工匠为代表,每件均极具巧思,造型构图新颖、独特,由于乾隆帝看不惯,斥责为"新样"玉,后衰落。仿痕都斯坦玉器亦称莫卧儿玉,或印度玉,其造型、纹饰具有典型的阿拉伯风格,最初为新疆地方官吏进贡,乾隆皇帝甚为欣赏,于是掀起仿制之潮流。

清代的大型玉器甚为精彩,如大禹治水山子,重达五吨,从采料到制成共十八年时间。这类陈设玉器很多,每一件玉山都如一幅优美、典雅而富有情趣的山水画。清代治玉的工序相当严格,包括设计、审查、做坯、临画、打钻、叼雕、做细、光玉、刻字等。宫廷中玉器制作只求效果,不惜工本,许多玉器常刻上乾隆皇帝的"卸制诗"。清代玉器种类繁多,宫廷玉器中陈设器有炉、瓶、壶、插屏、花插、香亭、香熏、象驮宝瓶、甪端、山子、烛台、人像等,器皿类有执壶、杯、盘、碗、盘、痰盂、尊、钵、盒、烟壶等,佩饰类玉器有各式佩玉、带板、带钩、带扣、合符、香囊、扳指、翎管、佛手等,文玩类玉器有玉砚、玉笔、书镇、笔筒、墨床、笔架等,玉礼器有璧、圭、玉册、玉宝等。

总之,从矿物学角度看,中国古代始终以角闪石软玉为主,软玉中久负盛名、使用最为广泛的是和阗玉、蓝田玉、南阳玉、岫岩玉。还有一些不著名的软玉矿,也得到不同程度的使用。绿松石、孔雀石、玛瑙、青金石、水晶、琥珀、珍珠、红宝石、蓝宝石等,在每个历史阶段,都有一些应用。翡翠自清中晚期始,才加入玉雕行列。

（二）制玉工艺及名师佳作

中国制玉工艺历史悠久,佳作纷呈。早在久远的新石器时代,制玉工艺已很成熟,达到相当高的水平。不但器形规整、纹饰繁细,而且还出现了诸如抛光、铁雕等技艺。如我们已习知的红山文化、良渚文化、山东龙山文化等新石器时代的考古文化中,都出土有丰富的各式造型复杂、纹饰瑰奇、工艺精致的古玉制品。远在新石器时代,还没有金属工具的出现,要解剖、雕琢这些坚硬的玉材,绝非易事,但新石器时代的玉器又十分普遍,已有大批量生产的可能。这样看来,在当时制作玉器又不是特别困难,对先史时代的制玉工艺,已有种种推测,以为其技术与后世有颇多联系的认识不致于太远离真实。至少已有线类切割技术及琢、磨、抛光、钻孔等技艺。

良渚玉器上最流行的纹饰是"神人兽面纹",其奇异、复杂、多变的构图,给人们留下了甚多的谜题,但我们最关心的还是它们是如何施刻的?令人遗憾的是,目前我们仍然所知甚少,即使以现代的技术去雕琢这些纹饰,亦非易事,良渚文化、山东龙山文化及红山文化都有一些精雕玉器,其造型设计巧妙,线随形转,技法圆熟,如红山文化的玉"勾云形器",山东龙山文化的玉冠饰,良渚文化的玉冠饰等。从造型上看,良渚文化的玉琮、三叉形器,红山文化的玉猪龙、筒形器及山东龙山文化的玉璧等,均设计复杂,而且形制非常规整、准确。如已发现的良渚玉琮有的高达49.7厘米,举世闻名的"玉琮王"重达6.5公斤。若非有考古学的证据,这是我们不敢想象的事情。

在研究古玉雕琢技艺时,我们更新了一个习惯认识,即阳线纹早于或不晚于阴线纹的出现。按照习惯,阴线似乎比阳线更容易,故出现的时间亦可能要早。实际上并非如此,从已知的材料看,红山文化的玉器纹饰均是采用琢磨两面而使中间凸起成线的做法来饰纹的,这并不奇怪,在雕刻工具发明之前,攻玉的基本方法就是琢磨,阳线是琢磨而成的。

商周时期,制玉技术不断进步,技艺更趋成熟。早在二里头文化时期,制玉技术中已经发明了"勾撤"雕法,即依图案纹样勾出阴刻线条,线条深而似沟,再把一侧的线墙撤成一定的坡度。如二里头文化的玉柄形器即是以此法雕琢纹饰的。商代最大的技术成就是"双钩线"和"掏雕"技术。所谓双钩线,即是以并列平行的阴刻双线条来构成图案,此法系商代的一大发明,一直沿续使用至西周时期,是商周玉断代的标准之一。商代玉器上的纹饰多用此法雕刻而成,特别是片雕作品更是如此。所谓掏雕技术,目前仅见一件,出土于江西新千县大洋洲的一座商代晚期墓葬中,是一件玉"羽人"。羽人的颈后有一串扣连环,即为掏雕制成。除片雕外,还有许多浅浮雕和圆雕玉器作品,如殷墟妇好墓出土玉器中便有许多圆雕作品,造型有象、牛、熊、虎等。此时期玉雕技术的表现力更加增强,表现的范围亦更广更大,各种各样的动物形象均可自如表现。同时还发明了"俏色",所谓俏色就是巧妙利用玉质的自然纹理、颜色来雕刻玉器。如妇好墓出土的玉龟,龟壳为黑色,而头部和腹部则为白色,非常生动、可爱。[①]

西周时期,玉雕技法上与商代大体一致,但在风格上有一种崇尚简单、朴素的倾向,或与周人"尚文"有关,从目前的考古发现看,小件玉器逐渐流行,许多片雕如玉鹿不雕刻纹饰。有的学者片面认为西周时期在琢刻技法和造型设计上比商代更为进步,严格说来是不确切的,因为无论从数量上还是质量上,商代玉器都远超西周玉器。

至少在春秋战国时期(有人说更早,甚至早到新石器时代晚期),以"水沙"解玉的方法已开始使用。大件的作品更易于雕琢,镂雕玉器普遍出现,雕琢工具日益进步,技术更为熟练,从风格特征上看,其雕琢刀法繁细、有力,器物造型如玉龙盘旋扭曲,极富动感和力度。

掏雕套环技术从商代出现后至此才发展起来,套接键嵌技术逐渐成熟。玉器佳作在各诸侯国竞相出现,像中山国、曾国这样的小诸侯国也出土有相当精美、丰富的古玉。东周时期组玉的出现,玉器的风格向两个方向发展:一是日益繁细、复杂;一是简单的单件组合成复合器,即各种组佩。临淄郎家庄1号墓、三门峡2009号及2001号墓、天马曲村墓群及安徽寿县蔡候墓等均出土有成组佩饰。这两种潮流同时并存,说明玉器制作中既有复杂、华丽的价值取向(金嵌玉是其顶峰),亦有一种尚朴、自然及程式化的价值取向,前者或代表保守的旧派势力,后者则可能是新派求实风格的反映。

汉代玉器崇尚质朴,雕琢刀法比较简洁自然。特别是玉豚、玉蝉等加工甚为简单,仅用几刀琢刻其形,不加任何雕饰。汉代玉器有"汉八刀"之称,其工艺之简朴,由此可见一斑。除镂雕出玉璧外,玉马头、玉辟邪、玉甬端、玉铺首及各式玉衣等,均是此时的佳作。

汉代以后,玉器雕刻艺术逐渐衰落。由于玉材本身表现力的限制,又由于佛家思想逐渐传入并深入人心,玉的原有理念逐渐减弱、淡化,成为一种平常陈设工艺品。在雕刻技法上并无明显的进步,不过纽丝纹的出

---

① 宗毅.浅谈殷墟玉器的继承与发展[J].华夏考古,1997(03):58-60.

现却给平淡的制玉工艺带来一线生机和活力。

唐代以后,镂雕小件玉佩饰较为普遍,如缠枝花卉、葵花图案等,雕琢日益精细、一丝不苟,而宋代小件玉器的图案常带有绘画的艺术特点。唐代的飞天、元代的渎山大玉海,均为此期佳作。

明清以降,制玉业有所复苏,出现了许多制玉产地和名师佳作。明代的制玉工艺,刀法粗犷有力,三层透雕技法冠绝一时,而镂雕技术可谓巧夺天工。苏州、北京、扬州是当时三大琢玉中心,名师辈出,佳作迭起。著名的雕玉大师如陆子冈、刘诠、贺四、李文甫、王小溪、曾鼎、文征仲、顾听、三桥、何长卿等,其中以陆子冈最为著名,带有"子冈"款的玉器无一不是高水平的杰作。

清代制玉技术代表了传统制玉业的最高成就。不但相料眼光独到,而且手法巧妙,设计完美,出现了许多"鬼斧神工"的杰作。一代代名师佳匠争相亮相,特别是乾隆一朝,琢玉业达到鼎盛时期。一代名师如尚均、王定、胡德成、邹学文、鲍友信、王斌、陈宜嘉、姚汉文、姚宗仁、倪秉南、张象贤、张君先、贾文远、张德绍、蒋均德、朱云辛、金振寰、徐松、李德光、刘令估、杨瑞云、方若微、俞氏女、王心鲁、沈松平、张溶等,闻名遐迩,不知名的能工巧匠更是不胜枚举。清代制玉中较突出的技艺有俏色、镂空雕、掏雕及半浮雕等。清代玉器中,如玉山、仿古玉器陈设等均是名师佳作。这些精华之作,至今仍收藏在故宫博物院(包括台北故宫博物院)中。

(三)古玉作伪法

由于尚玉文化的雄厚根基,古玉历来为文人所重,嗜玉者均不惜重金争相购买。光绪至民国时期,各种仿制古玉器物大量出现,混杂于真品之中。由于高额利润的驱使,作伪者总结出一整套作伪的方法来迎合收藏者的口味。然魔高一尺,道高一丈,其作伪手段无论多么高超,终会露出种种蛛丝马迹。同样,前人在实践的基础上也总结了一整套鉴别古玉伪作的方法。今天,随着科学技术的发展,考古地质学已有许多成果应用于古玉的鉴定之中,因此,辨伪的方法更是多种多样,日精一日。

古玉的作伪的历史极为悠久,若将仿制玉器也包括在作伪之列,那么至迟在宋代已有明确记载的仿制古玉的例子。由于玉器在礼仪制度上的独特价值,仿制古玉有着特别的意义,它不仅具有陈列、观赏的价值,而且在某种程度上也是一种文化底蕴的载体。因此,早先古玉仿制多有以礼制为宗旨按图索骥的意味。通常情况下,这些仿古玉器不属于今日文物辨伪的内容。这种情况还包括清内廷玉器作所仿制各类三代器皿及其他玉件。故宫博物院收藏有为数甚多的这类玉器,其造型主要以青铜为主,易于辨识。而且许多鉴定专家与文物学者认为,这类仿古玉虽然也是复制古玉(copy),但严格说来与古董商们的仿制古玉(copy)性质有所不同,尚不必列入赝品中。需要说明的是,英语 copy 一词既有"复制"的含义,亦有"赝品"的含义,但在中文里,二者不能完全混为一谈的。

如若全面总结一下古玉作伪的方法,那一定是蔚蔚大观,用"丰富多彩"一词来形容毫不为过。用通俗的话来讲,就是说作伪者各有招数,不唯历朝历代作伪方法翻新变化,就是同一时期不同地区及不同作伪者,其方法也是变化多端。二十世纪初期以后,随着西方对中国玉器收藏与研究的增多,一批专事伪造古玉的作坊应运而生,作伪者或自开古玩铺(有的原是经营古玩珠宝玉器的),或与古董商相勾结。北京、天津、广州、苏州等地的古董商和古玩铺多招聘琢玉高手,有的甚至不惜工本制造假玉器。西安、杭州、洛阳、潍坊等地也有一些专事制造假玉器的工匠。这些仿古作伪一般以真器为本,依样画葫芦,若技法高超,其造型、纹饰几或乱真,鉴定起来也颇不容易。也有些伪作系作者凭空想象,或依据其他器物而仿造,这一类伪作较易鉴认,稍有文物考古知识的人一望而知。

经过初步总结,玉器作伪可以分为以下三种情形。

1. 新玉做旧

具体说来就是按古器物的形制、花纹来加工制造,可亦称为仿旧。这种出于商业目的做假古董的方法,约始于明朝中期,清乾隆时期达到兴盛。民国时期,新玉旧做的器形主要仿春秋战国及汉代玉器。这些仿古玉器整器皆伪,为了达到以假乱真的目的,还发明了种种"做旧"的方法,传世古玉由于长年流传,藏者每每把玩观赏,长期的摩挲使器物形成一种"自然旧"。加之玩玉者又特强调古玉的"盘功",且贵古玉沁色(通常以所谓的"五彩玉"为贵),因而对玉器颜色的做旧是作伪的重要一环,即便是出土古玉,也因其长年埋于地下而形成种种土斑蚀痕(受沁而成),因此仿"新坑"古玉,颜色也是极为重要的一方面。

陈性《玉纪》、刘大同《古玉辨》、王心瑶《玉纪补》及赵改珍《古玩指南》等书都详细记述有种种古玉作伪的方法,兹列举出来以供参考。

(1)火烧法。把玉件用火烧烤,以此改变玉石性质,通常将玉件的明性烧掉成为"鸡骨白"或"象牙白"。这些玉件常有裂痕,且因受热不均而裂缝不规律,人工痕迹较为明显。

(2)水煮法。把玉件放入浓灰水加乌梅的锅里,长时间煮开,趁热取出置于风雪中冷冻,使之光泽变暗,玉纹冻裂,这种玉称为"风玉",因其裂纹细如老丝,常用以冒充古玉中的牛毛纹。

（3）油炸法。将玉件放入热油锅里炸。较早的玉器多由岫玉所制,后世玉器颜色较浅,故用油炸法上色。油炸过后,由于热油浸入玉质,有的器表发红,给人一种油乎乎的感觉。

（4）药煨法。此法与水煮法略似,但此法主要用于作旧制。这种方法的裂纹较深,且围有晕色。

（5）"羊玉"法。将玉件放入活羊腿中缝好,经年后取出,玉器上形成有血丝纹,以之冒充传古世玉上的红丝沁。这种方法做成的旧玉,习称"羊玉",其与真品相比,较为干涩,不够温静。

（6）"狗玉"法。将玉件放入刚杀死的狗腹中,缝好埋入地下,经年后取出,玉器表面会形成土花、血斑。这种方法做成的旧玉,习称为"狗玉"。与真品相比,其光泽较新,亦不够温静。

（7）"梅玉"法。用质地松软的玉(石性较重的玉)制成器物,先用乌梅水煮,然后再用提油法(提油法有老提油和新提油法两种)上色,以之冒充"水坑古"。这种方法制成的旧玉,习称为"梅玉"。与真品相比,其沁色较为做作,不甚自然。

（8）"叩锈"法。将玉器拌以铁屑,并用热醋淬之,然后置湿地十余日后埋入地下,经月取出即成。由于玉器为铁锈所蚀,器表呈桔皮纹,为深红色,并有土斑,宛若古玉。这种方法为乾隆时无锡阿叩所传,习称"叩锈"法,亦称"阿叩伪造法"。以灰提法鉴别,即易于辨出。

2. 旧玉旧做

所谓旧玉旧做就是原本为古玉(传世古或出土古)而再为做旧,通常是做旧颜色。其主要的手段是"提油"法。因传世古玉或出土古玉没有沁色而难得善价,故以提油法为之上色。以"卤提"法上色可使色浸入玉质纹理,灰煮亦不能退去。此法上色几可乱真,然而置于阳光下,则显玉质混浊不清,且缺少灵气。

3. 旧玉新做

所谓旧玉新做就是原本为古玉(传世古玉或出土古玉)而再予以加工改造,使之变成新器。当然也有改成新器后再做旧的,于是就成了旧玉新做再旧做。旧玉新做的方法一类是加工、改造,尚不改变原器的基本类型,即不改变原器的性质;另一类是以旧器为坯制成他器,原有造型被完全改变,即改变了原器的性质,这两类情况均较多见,后一种情况早期的例子亦有很多,如河北满城西汉刘胜墓出土的玉器,就有不少是由战国玉器改造而成的。前一种情况如清乾隆时期流行的给古玉刻以年款,加琢花纹,或重新磨光等均是。乾隆皇帝本人就是这方面的高手,清宫所藏的诸多古玉上,每每题刻有"御制诗"。

有一个乾隆皇帝鉴玉走眼的例子,可以帮助我们认识古玉作伪的"高超"技艺。有一回,有人贡来一种汉代的玉杯,乾隆皇帝甚为欣赏,后来玉工姚宗仁指出此乃其先祖所做的仿汉代玉杯,这使聪明过人的乾隆帝倍感羞愧,于是只好硬着头皮向姚氏求教,并作《玉杯记》以记此事,大有永志不忘之意。此文收入《御制诗初集》卷五中,其内容如下:

"玉杯有晁其采绀其色而璘璘其文者,骤视之若土华剥蚀,炎刘以上物也。抚之留手,餐匽非内。出以视玉工姚宗仁,曰:'嘻!小人之祖所为也,世其业故识之。'然则今之伪为汉玉者多矣,胡不与此同?曰:"安能同哉!昔者小人之父、授淳炼之法,曰:钟氏染羽尚以三月,而况玉哉!染玉之法,取器之纰颣且怨者,时以夏取,热润也;炽以夜,阴沉而阳浮也,无贵无瑕,谓其坚完,难致入也,乃取金刚钻如钟乳者,密施如蜂蛋,而以琥珀滋涂而溃之。其于火也,勿烈勿熄,夜以继日,必经年而后业成。今之伪为者,知此法已鲜矣。其知此法,既以欲速而不能待,人之亟购者,又以欲速而毋容待,则与坋者坋墙又何以殊哉!故不此若也。'宗仁虽玉工,常以艺事咨之,辄有近理之谈。夫坋者梓人虽贱役,其事有足称,其言有足警,不妨为立传,而况执艺以谏者,古典所不废,兹故隐括其言而记之。"

由此可知伪作古玉亦相当费时费工,也要有相当的技艺。当然,不入流的伪作,这些方面都是谈不上。乾隆皇帝一生热爱文物艺术,其造诣决非寻常辈可比。

古玉作伪的方法还有很多,由于作伪者通常都是秘不传人,因此有些手段尚不为人们所知晓。随着科学技术的进步,一些用现代技术制作仿古玉器的方法不断出现,如以激光注色等即是。然而,无论作伪的技术多么先进,手法何等高超,赝品终究是赝品,即便可以做到障目一时,但在鉴定行家的"法眼"下终会"原形毕露"。

(四)古玉辨伪与鉴定

古玉的鉴定殊为一门专学,其内容主要包括辨伪、断代及历史、艺术价值的评价等方面。古玉辨伪是古玉鉴定的第一步,是古玉鉴定的基本功。拿到一件玉器首先应该对其真伪问题作出判断,否则断代及价值的断定都是空话,可见辨别真伪的问题特别重要。

正如前文中已经提到的,国人自古好玉、重玉、尚玉之风有悠久的传统,藏玉及古玉造假的历史亦相当久远,因此要确定一件作品是真是假,并不容易。概而言之,古玉的辨伪至少应该有两个方面的知识:第一,应该了解各时期古玉真品的情况,如各时期古玉的风格、主要造型、纹饰、质材、制作工艺技巧及沁色等;第二,应该了解历代作伪的情况,这些内容在前面已有叙述,兹不详论。今天考古学已相当发展,为古玉辨伪提供了丰富的背景知识,从事古玉鉴定必须以考古学为基础。有了出土古玉的标尺,鉴定传世古玉就容易了。需要提及的是,出土古玉也有一个重新断代鉴定的问题。由于古玉的流传时间一般比较长久,加上古人重玉的观念,同一墓葬或同一地层内出土的古玉,相差千年以上者并非耸人听闻。另外,古代某些时期或由于玉料缺少等原因,旧玉改造(以旧玉为坯做成他器)的现象也颇多见。因此,某一时期出土的玉器并非尽属这一时期,但至少不晚于这一时期。

有了考古学的标尺,下面我们谈一些辨伪的具体操作方法。

第一,辨析器物造型,确定其应属某一时期,其器物造型与该时期的出土古玉是否一致。若是,则继续进行第二项;若否,则看一看其与传世古玉真品中有无一致的,这些传世品可以是各时期的公私收藏,并已被证实为真的。若是,也可进行第二项。第一项内容没有通过的玉器,则基本可以确定为伪。

第二,分析花纹,确定其应属时期及施刻位置是否与真品(那些已鉴定的出土古玉及传世古玉)一致。通常情况下,每一时期都有独特的流行纹饰,不同器物施刻纹饰不同,同一纹饰在不同器物上的位置也不相同。作伪者若不能掌握这些特征,常易于露出马脚。常常是纹饰极真,而施刻部位极不符合要求,或饰纹的位置正确而纹饰又是假的,有的玉器,本来是一件先秦古玉,后人却在上面刻了纹饰。有的古玉专家以为造型极为古朴雅致,上面的纹饰也不会有问题,这正好中了作伪者设下的"埋伏",其画蛇添足之举,与原器格格不入的情况,在海外的藏品中比较多见。因为最初西方人对中国玉器感兴趣多是出于研习美术史的目的(或称美学目的),其对古玉纹饰如何很重视,正如金石学家对器物上铭文多寡较重视一样。因为这正是可以提高价格的标准,纹饰越多越值钱。这一点并不难理解,如在文物市场上,甲骨的价格是按其上面所刻文字的多少来计算的。好多古董商为了"糊弄"外国人,每在光素玉器上施刻纹饰,有的甚为奇异,显系凭空想象;有的采自其他器物,显系移花接木;有的虽本自真器,但往往技法呆滞,可谓"画龙无晴"。目前,这类玉器仍然存在于西方诸多博物馆中(一部分原为私人收藏,后陆续捐赠给公共博物馆、美术馆等),已骗过了几代古玉专家。

第三,若第二项大关没有问题,还不能完全确定其为真品,还要经过玉料质材的检验。矿物学的发展,为了我们提供了许多玉石的检测方法。如玉的染色主要是以那些夹杂了粗松矿物的不纯的玉材,无瑕的美玉是难以作伪古玉的。作伪者通常以价格低廉的玉石夹杂的质材来雕琢器型,其石性的部分常带有赭色或黑色,更易染色。至于那些色纯质美,如白、青、碧、黄、灰、墨等玉质,色泽纯正,温润而少有瑕疵,其玉料本身很名贵,造价亦高,加之染色亦不易,故通常不用此类质材,矿物学知识内容很多,不限于上述颜色方面,包括玉材的成分、结构、硬度、密度及透明度等方面。掌握这方面的知识,也会提高辨伪能力,增加辨伪的科学性。需要指出的是,对古玉的矿物学检验除万不得已,只能采取无损检测,不可对器物本身造成损伤。

第四,看制作工艺的特点及水平。制作工艺包括两个方面的因素:一是技术因素,一是风格特征。两者相互结合,综合考虑。每一时期,由于制作技术的不同,古玉有不同的风格特征。一般玉器的制作可分为三个阶段。

(1)选料与设计:首先应"相料",解剖玉材,设计出欲制作的玉器品种(炉、瓶、动物等),通常情况下,款式问题因玉材条件而设计,即因材而异,并不固定,因此,玉器制作中这一步最为关键。

(2)粗加工:包括粗绘、铡、錾、冲、磨等工序,制成大样。

(3)细加工:包括轧与勾,如用轧砣开脸、开眉,轧出耳、鼻等,最后用胶砣、葫芦、皮砣等给玉器上光。

掌握玉器制作的特点特别是不同时期的制作特征,对古玉的辨伪非常有帮助。如刀法是否有力,做工精细还是简朴,雕线坚硬还是柔软,这些都是辨别真伪的条件。其风格特征是浑厚古朴,还是新颖繁细,也是辨别真假的标准。若能结合造型及纹饰的特点,则真伪易辨。

第五,看论色特点。传世古玉或出土古玉(即所谓"熟坑""新坑")因时代久远及所存置空间不同,常有不同的沁色。陈性在《玉纪》中对沁色问题有颇为详细的叙述,可资参考。《玉纪》中谓:"风玉入土年久则地中水银沁入玉理,相邻之松香、石灰以及各物有色者皆随之浸淫于中,如下染缸,遇红即沾红色,遇绿即沾绿色,故入土重出之玉无有不沾染颜色者。若无水银视入,虽邻近颜色亦不能入玉中也。有受黄土沁者,其色黄,名曰绀黄;有受院青沁者,其色蓝,名曰绀青;有受石灰沁者,其色红,名曰孩儿面;有受水银沁者,其色黑,名曰纯漆黑;有受血沁者,其色赤,名曰枣皮红;有受铜沁者,其色绿,名曰鹦哥绿,此外,杂色甚多,有朱砂红、鸡血红、棕色,名之曰十三彩。"①

古玉沁色名目繁多,不一而足。人们习惯上称黄色沁为土沁,白色沁为水沁,绿色沁为铜沁,紫红色就为血论,黑色沁为水银沁。近年来人们对古玉沁色问题亦有颇多的研究,为古玉辨伪提供了科学依据。古玉的作伪多伪作其色,即做旧,以往鉴别多凭经验,现在有了科学的手段,辨伪不再仅仅是少数人的专学,而是多数人都可以掌握的知识。

综上,辨伪工作是一项复杂的系统工作,上述器形、纹饰、质料、工艺及沁色五个方面应综合考虑,反复比较才能做出结论。长期以来,由于受学术界的"疑古"风气的影响,古玉鉴定中也有一股"疑古"的倾向,对那些不能肯定的古玉,通常怀疑其真。面对古董商日盛一日的伪作,大有谈"虎"色变的情形。今天古玉的辨伪应建立在考古学基础上,对那些尚不能肯定的作品,应暂且存疑,不要过早下结论,待考古学资料丰富后,人们的认识水平亦会逐步提高。

传统古玉辨伪,主要靠肉眼、凭经验,今天辨别伪作应借助一些工具和科学仪器。最基本的工具有如下几种:

（1）放大镜:最好为袖珍型,以高倍数为佳,通常要 5 倍以上。

（2）显微镜:普通显微镜可以用来鉴定玉质矿物,特殊设计的显微镜则更佳。

（3）做拓片的工具:一些小件玉器,其纹饰细微,做出拓片更容易分析辨别。如小拓包、墨、宣纸等。

掌握辨伪的步骤、方法,还需要有一些基本功。最容易做到的就是多看图录,经常参观各种古玉展览,熟悉各种古玉真品,培养感性认识,在此基础上逐渐上升到理性认识。

二、现代玉器艺术品的鉴定

（一）真假软玉的鉴定

1. 白玉与硝子的鉴别

硝子是一种料质的白玉仿制品,洁白明莹,是假水晶加药烧制而成。与软玉的主要区别是:

（1）白玉中常泛青色,极洁白纯白者少,而硝子则为一种匀净的洁白

---

① 齐玫.首都博物馆馆藏玉器简述［J］.首都博物馆丛刊,1995（00）:112-116.

纯白色,灯光照后硝子还微有橘黄色光。

（2）白玉温润匀腻,如膏如脂,而硝子虽也莹润,但感精光外露,于莹润之中闪烁赋光。

（3）白玉断口为石性特点,暗碴无光,参差状或锯齿状。而硝子断口为料性特点,亮碴有光,贝壳状。这是主要的分辨特征。

（4）白玉体质并非均匀如一,常有玉筋、玉花等,而硝子则无此表现。

（5）玉石内没有气泡气眼,硝子却有气泡气眼,有时在表面可以发现,内部气泡可在强光下检查。

（6）有时可通过轻轻的碰击,以辨其声。白玉声凝重,硝子声轻飘清脆。

（7）硝子 G2.5 左右,比白玉轻。

2. 软玉与岫玉的鉴别

岫玉品种繁多,常有色形似软玉者,其中以一种略有玉花的青白色或青灰色的岫岩玉更为相似。主要区别是:（1）软玉与岫玉声音不同,悬空轻叩时,软玉声凝重,而岫玉声轻脆。（2）在透明度上,岫玉更显灵透一些。（3）岫玉的比重、硬度都低于软玉。

3. 软玉与部分其他玉石的鉴别

软玉以其特有的巨大韧性区别于其他玉石,其细腻感亦是其他玉石无可比拟的。如软玉与绿玉髓的区别是后者性脆和无韧性,软玉与东陵石的区别是后者无韧性并含有闪亮的铬云母小片。

（二）岫玉的鉴定

广义的岫玉指蛇纹石玉,这是一种品种繁多的玉种。狭义的岫玉专指辽宁岫岩出产的蛇纹石玉。因辽宁岫岩蛇纹石玉在整个蛇纹石玉类中最负盛名,故我国习惯以岫玉泛指整个蛇纹石玉类。

岫玉颜色多样,以似蛇皮状青、绿斑为特征。常见有白、黄、绿、黄绿、蓝绿、蓝白、褐、褐红、暗绿、暗黑等各种色调。呈油脂光泽、蜡状光泽、绢丝光泽,半透明、不透明。

岫玉颜色要求均一鲜艳。色泽优劣依次为:翡翠绿鲜绿、蓝绿、苹果绿、亮黄绿、黄绿、淡黄(柠檬黄)、亮褐、褐绿、褐、暗褐至黑色。要注意鉴别有些属于颜色较浅的经人工着色使之加浓。

岫玉最大的鉴别特征是硬度都低于翡翠和软玉,同时具有较明显的油脂光泽或蜡状光泽,而翡翠和软玉则多具有玻璃光泽。

常有将岫玉假充软玉的情况,其鉴别可参见"真假软玉的鉴定"。

(三)绿松石的鉴定

松石在国外亦称土耳其玉,因古时伊朗和欧洲的松石都经土耳其转运往来,故名。松石颜色多为鲜艳淡绿、苹果绿、天蓝、深蓝、蓝绿、淡灰绿和黄绿等色。呈蜡状光泽,薄片半透明——不透明。松石有如下主要品种。

(1)瓷松。这是绿松石中之上品,有深蓝、天蓝、蓝绿等色,质地纯净细密,坚实光滑,断口平坦略呈贝壳状,似瓷质,故名瓷松。其中以深蓝、天蓝色者为最佳,但较罕见,通常呈天蓝色至蓝绿色即为优质品,其硬度超过 H5。

(2)普通绿松石。其质色次于瓷松,颜色以草绿、黄绿、浅蓝绿色为主,断口呈参差麻花状,硬度 H4.5～5。

(3)面松属绿松石。低档品种,其色淡,不正,系风化脱水所至,呈淡蓝至月白色,色泽稍差,其断口略呈柱状。硬度 H3～4.5,小刀能刻动。

(4)铁线绿松石。这是一种含网状、细脉状褐铁矿绿松石,俗称"铁线",其中以花纹清晰分明者为佳。

(5)蓝绿松石。这是一种有珍奇的蛛网状纹带构造的绿松石,亦称花边松石。

我国松石主要产自湖北和陕西,以天蓝色、湖蓝色为上品,草绿、蓝绿色次之。

松石较软,色娇艳怕污染,水、油、杂色溶体很易侵入其孔隙,使之变色。松石还易受酸腐蚀,尤其是较软的松石结构松散、孔隙大,酸易侵入破坏其结构,久之松石则变为泥土一样的细粉。松石还怕高温,甚至日晒也会使之变色。加工抛光过程中,温度过高会使之发白,发褐黄甚至黑褐色。

鉴别过程中应注意,绿松石矿体中常含有黑斑、黑线或黑色杂质。另外,绿松石的天蓝色和蜡状光泽或土状光泽亦是与其他玉石区别的主要特征之一。有些孔雀石和硅孔雀石很象蓝色的绿松石,但其颜色有明显的孔雀绿色。绿松石在酒精、芳香油、肥皂泡沫及其他一些机质的作用下,可以褪色为棕绿色,风化也能使其变成棕绿色或浅绿色。在许多情况下,很漂亮的绿松石,用久后可能变成浅绿蓝色。[①]石蜡侵到多孔隙的绿松石之中,可加深其蔚蓝色。浅色松石常用人工染成深色。

① 周树礼,张良钜,郑姿姿.中国古代玉器玉质鉴定特征 [J].桂林工学院学报,2000(04):354-359.

绿松石赝品主要有合成绿松石,合成绿松石于 1972 年由国外制成,其与天然品难分真伪。有一种赝品是用塑料把粉末状的绿松石胶结起来,或者用塑料把与绿松石的颜色相同的各种化学混合物胶结起来。用塑料胶结的这种仿制绿松石在其底面有模压的外观,并且用刀刻划没有绿松石粉末。这种松石的硬度要比天然绿松石低。此外,还有染色玉髓、玻璃、塑料、珐琅等亦常充作绿松石。如仅从颜色很难用肉眼分辨。对于合成绿松石,可借助放大镜(最好是大于 20 倍的放大镜)观察其内部,如出现密集的小球则是合成品,天然绿松石无此特征。另外,还可根据赝品的其他物性特征进行综合分析。如天然松石在贝壳状断口面上一般呈暗淡光泽或蜡状光泽,而玻璃仿制品的断口是玻璃光泽。各种仿制的绿松石一般都含有铜的化合物,因此用一滴盐酸滴在这种绿松石的底面,很快就变成黄色。还可以热针检验绿松石是否经过塑料、石蜡、蜡、油等处理过。当把烧红的热针靠近渗透石蜡或蜡的绿松石时,石蜡或蜡在热针前头就熔化了,而且流动。当热针接触到绿松石时,油或塑料会发出特殊的气味。另外,渗透塑料的绿松石其比重经常在 G2.50 以下。

(四)青金石的鉴定

青金石因其艳蓝色中常伴有黄铁矿之点状金星而得名。

青金石常含有散点状黄铜色黄铁矿和白色方解石包裹体。不透明,磨光面玻璃光泽。颜色呈天蓝、深蓝、浅蓝、绿蓝、蓝紫等色调,含黄铁矿时出现"金星",含方解石时出现白色团花或斑点。

青金石主要品种有如下几种。

(1)普通青金石。这是指矿体中无黄铁矿和透辉石杂质的青金石。

(2)青金。这是青金石中最好的品种,其色呈深蓝、极浓蓝、艳蓝、翠蓝或藏蓝,色浓而不黑,质纯而细,无杂质,无白斑。这里的"青金"是指玉料品质而言,并非单指矿物学中的"青金石"这一概念。"青"指玉石的颜色,"金"则是指玉石中固有的黄铁矿产生的"金星"。

(3)金格浪。较上好青金逊色,其色呈深蓝色,黄铁矿含量较多,且较为密集,抛光后如同金龟子外壳一样美丽。由于黄铁矿含量大,影响了其质量,并微有白石花掺入。

(4)催生石。此为青金石之下品,呈浅蓝色,矿体中一般不含或少含黄铁矿。其特点是青金石与白色方解石混杂在一起,或为蓝色点状,或为蓝色与白色相混而为一种斑驳状,色多浅淡。据说在古代曾把这种青金石作催生药,故名"催生石"。

鉴别青金石时应注意,青金石以纯正鲜艳的深蓝色和天蓝色为上品。最好的青金石应无杂质,白色方解石含量少,有少量漂亮的黄铁矿金星。其质应细腻致密,颜色纯正均匀。较次的青金石其色较浅淡,蓝色稍有深浅变化,不够匀正鲜艳,色质欠佳,金星发暗。最次的青金石是催生石,其色多浅淡,白石多,无金星,个别部位有黄斑,质地也较粗糙。

青金石与其他玉石的区别特征主要是其独特的蓝色以及含有方解石和黄铁矿,且易受酸腐蚀,在青金石上滴一小滴盐酸会有臭蛋味的硫化氢气体逸出,并留下很难去掉的胶状氧化硅白霜。

目前市场上青金石赝品主要有如下几种。

(1)瑞士青金。这是一种用玉髓染色而成的无黄铁矿星点的青金石仿制品。

(2)合成尖晶石。这是一种用铬盐人工着色而呈青金石佳色,并具有蓝铜斑点的仿制品。

(3)染色青金。这是一种用淡色青金石原石染色,或使原色加深而成的青金石制品,其色调往往没有天然色调自然。

还有一种抢色青金采用岫玉染色而成,多为浅蓝色,见不到黄铁矿金星。

(4)料仿青金。这是用玻璃仿造的假青金石,颜色较纯正,但不如天然品色调丰富,并有玻璃感。

(五)苏打石与青金石的鉴定

苏打石(方钠石)和青金石都是一种深藏蓝色玉石,颜色较为接近。主要鉴别特征如下。

(1)色调不同。青金石蓝色鲜艳,苏打石蓝色暗淡,并带有紫色的感觉。

(2)青金石断口暗而为参差状,苏打石断口出现部分平坦而光泽小面。

(3)青金石最显著的特点是具有黄铁矿的微小颗粒而星光闪烁,苏打石无此现象且常带有白色石筋石线。

(4)苏打石透明度好一些,硬度亦稍大,青金石则脆性大些。

(六)孔雀石的鉴定

孔雀石是一种微透明到不透明,由暗到亮的浅黄绿、暗绿等色矿物,其典型绿色有如孔雀羽毛。孔雀石经常有淡绿色和深绿色交替出现的图案,由于孔雀石和深色的紫罗兰色的蓝铜矿混杂共生,所以加工成成品的孔雀石上可能出现蓝铜矿的蓝色斑点。另外,在放射状结构的孔雀石的各种不同的针状体上,有很强的光泽,使它呈现出一种令人喜爱的光彩,即孔雀石猫眼,但较罕见。

除以上特点外,鉴别孔雀石还应注意,孔雀石以具有孔雀绿色和美丽的同心圆状花纹为主要鉴别特征。另外一个特点是易顺花纹劈开。常有质量差的绿松石和硅孔雀石混淆,主要鉴别特征是,与绿松石相比,孔雀石颜色鲜绿并有纹带,绿松石无纹带。与硅孔雀石相比,硅孔雀石颜色呈粉绿色,有时也具有纹带,但硅孔雀石的硬度及比重均低于孔雀石。

中国孔雀石主要产地在广东、江西北部。

(七)独山玉的鉴定

独山玉产于河南南阳市独山,又名南阳玉、独玉。颜色呈绿、白、紫、黄、杂五个色系,半透明—不透明。其颜色优劣依次为纯绿、纯蓝、淡蓝、绿、蓝中透水白、干白、杂色。色正及均匀者为上品。

独山玉的主要品种及其鉴别特征如下。

(1)白独山玉颜色以乳白色为主,有的带灰和粉红色,质地细腻,坚硬致密,玻璃光泽,略透明。

(2)绿独山玉颜色以绿色和翠绿色为主,颜色似翡翠,质地细腻,坚硬致密,玻璃光泽,半透明到微透明。

(3)紫独山玉颜色呈暗绿色,并在虾肉般的质地上分布有淡紫色的斑点,质地细腻,坚硬致密,玻璃光泽,不透。

(4)黄独山玉颜色呈均匀的黄绿色或橄榄黄绿色,质地细腻,坚硬致密。

(5)杂独山玉具有两种以上主要颜色,其余性状同黄独山玉相似,玻璃光泽。

(八)密玉、东陵石及晶白玉的鉴定

密玉、东陵石和晶白玉均属石英岩质玉石。纯石英岩多为白色或灰白色,因含少量有色矿物小晶体或杂质浸染混入而往往呈现各种鲜丽颜色,晶莹多彩,是一种质色似软玉,细腻匀实、坚韧的玉石,其抛光面常有星光。此类玉石包括密玉、东陵石、贵翠、晶白玉、琅玡玉等。颜色呈绿、翠绿、浅黄绿、紫、淡紫、白等色调,半透明—不透明,蜡状光泽—油脂光泽或玻璃光泽。

密玉是一种含铁锂云母的石英岩,产于河南密县,又叫河南玉。有绿

色、橙红色、肉粉色、黑色和白色多种,其中以苹果绿色为主要名贵品种,一般的为草绿色,有深浅变化。密玉质色介于翡翠(色)和软玉(质)之间,很受欢迎。断口平坦或参差,粒状沙性特点,性脆,玻璃光泽,微透明—不透明。

东陵石有绿东陵石、蓝东陵石、红东陵石之分。其中绿东陵石是一种含铬云母的石英岩,呈绿—翠绿色,成品抛光面呈绿色星点闪光,其颜色在石中为丝点状,断口参差状。

晶白玉是一种白色致密石英岩,因最早发现于北京西山,故名京白玉。但为了区别于白玉并显示其石英岩性质,以晶白玉名之较妥。晶白玉质地细腻,具有晶晶石亮度特点,抛光后洁白如同羊脂白玉,但性脆,其质虽细腻但不如羊脂白玉滑润。断口粒状,质差者有砂性特点,微透明,有半油脂光泽。晶白玉以北京产质地较佳,湖南亦有产出,但常带有淡蓝色,有砂眼。

密玉与东陵石常有混淆者,主要鉴别特征有如下几方面。

(1)东陵石多为暗绿色,色调好时为翠绿色,密玉常为灰绿色,色佳时为苹果绿色。

(2)东陵石的色形特点为一种明显的点状绿色,其绿色在透光下呈丝状,没有密玉绿色均匀。密玉色形特点不明显,绿色无大变化,局部颜色多均匀。

(3)东陵石为铬云母石英岩,内部微晶为鱼鳞片状晶性闪光,且闪光较强,透明度稍高于密玉。密玉为铁锂云母石英岩,内部微晶呈针尖样沙性点状闪光,且闪光较弱。东陵石整体效果要比密玉鲜亮。密玉酷似软玉,东陵石与软玉差别较大。

(九)石英晶石的鉴定

石英是自然界中最常见又是最主要的矿物之一,品种繁多,按结晶程度可分为显晶质石英和隐晶质石英。石英晶石则是石英族矿物中重要的显晶质种类。其品种通常无色,有时因含杂质和包裹体等而呈紫色、茶色及至黑色等不同颜色的品种,红色、绿色较罕见。透明—半透明,玻璃光泽。

石英晶石的主要品种及其鉴别特征如下所述。

1. 水晶

这是一种无色透明如水的石英晶体,古称"水精""水玉",以透明无瑕及有晶莹星光者为佳品。其中如有大型包裹水形成水胆则称水胆水晶。

水晶与玻璃制品常易混淆,主要鉴别特征有如下几点。

(1)水晶色白而多明亮,玻璃则于白中微泛青、黄色,明亮不足。

(2)水晶体内的杂质有绵绺为其自然特点,玻璃体内则多有气泡气眼,无棉绺特点,即使人为加上也不自然。

(3)用放大镜观察,在玻璃内部经常有因熔融不均匀而产生的漩涡状或弧形弯曲状的线纹,水晶中无此现象。

(4)将欲鉴别的工艺品擦洗干净,待干燥后,用舌尖舔触,如有冰凉感,则是水晶制品,如有温感,则为玻璃。试验时不要用手拿样品或将样品放在热源(阳光下、火炉边)附近,以免样品温度升高而判断错误。①

(5)对于水晶球,可将它放在报纸上,从水晶球顶端看下面的报纸,如是水晶,则字迹会出现双影,玻璃则无双影。为准确无误,可在报纸上略滚动球体再次观察。无色水晶可以染色,方法是将水晶加高温后,突然投入溶有染料的水中,水晶因骤冷而生成大量细小裂隙,染料随水进入裂隙使水晶染色。用放大镜仔细观察,可以辨别。

2. 紫晶

这是一种呈淡紫、浓紫或葡萄紫色的水晶。一般透明块状紫晶作高档玉石材料。紫晶以"色如葡萄"者为佳。因紫晶优质者用肉眼看似半透明,故须用聚光手电观察其内部是否均一,以颜色均匀者为好,有色带变化者次之。

紫晶与紫玛瑙较易混淆,主要区别在于:紫晶透明而晶莹明净,紫玛瑙则为半透明,多显混沌凝滞;紫晶较晶灵有神,紫玛瑙则柔润而略呆板。

3. 黄晶

这是一种浅黄色到黄褐色的水晶,多为透明柱状晶体,形似黄玉(宝石黄玉),又名"假黄玉"或"黄玉水晶",但比重及硬度均低于黄玉。由于黄晶稀少,市场上的黄晶大多是由紫晶或茶晶经加热辐射处理变色而形成,多为黄褐色。黄晶属高档品种。以浓黄色(酒黄色)为最佳,淡黄色次之。

4. 烟晶、茶晶及墨晶

这是烟色(浅黄褐)、茶色直至黑色的一系列水晶。

---

① 燕来荣.漫谈时尚流行的家居水晶玻璃装饰和制品[J].现代技术陶瓷,2013(06):34-40.

5.蔷薇水晶

这是一种呈淡红、玫瑰红至深红色的石英晶体,因其色似芙蓉花而得名"芙蓉石"。由于在绝大数情况下不仅晶形不佳,且多裂纹,故其矿物学名又称蔷薇石英而不称水晶。有些芙蓉石含针状金红石包裹体,在琢成弧形的抛光面上,出现六道放射状星光,而且十分清晰,故又称"星光芙蓉石"或"星彩蔷薇水晶"。芙蓉石一般来说很纯净,但有时因其晶体中分布有白色棉绺、筋络而显混浊,透明度稍差。

6.发晶和爆晶

这是一种含有大量很长的针状、发状或纤维状的矿物包裹体的石英晶石。这些包体矿物是金红石、电气石或蓝线石等,大多数是横七竖八地排列,成草束状、头发状甚至鬈毛状,故通称发晶或爆晶。发晶与爆晶的区别是发晶所包含的矿物纤维较细,且以细如毫发者为佳;爆晶包含的矿物纤维则较粗,以粗若猪鬃者为上品。

(十)玉髓的鉴定

玉髓是一种隐晶质石英。一般呈白色,但常因杂质而呈各种颜色,可借助矿物有孔隙渗透性进行人工染色,经染色处理的玉髓颜色鲜艳,纹理清晰。玉髓的主要品种及其鉴别特征如下所述。

1.红玉髓

这是一种含氧化铁而呈淡红到深红以至褐红色的半透明状玉髓。别名"光玉髓""肉红玉髓"。

2.蓝玉髓

这是一种深蓝色的玉髓,透明度甚佳。产于台湾。

3.血石髓

这是一种白红色的玉髓,其血红色经常呈血滴状、斑点状、星点状分布于矿体中,故有"血滴石""血石""血星石"之称。

4.葱绿玉髓

其色呈葱绿色,透明如水晶,也有因含绿泥石而呈绿色者,多数呈半透明和不半透明状。色深者亦称"浓绿玉髓"。

5.绿玉髓(澳洲玉)

绿玉髓亦称澳洲玉、澳洲石、英卡石。其质地细腻,呈绿色、苹果绿、粉绿、黄绿等色,玻璃光泽,半透明,性脆,断口平坦或贝壳状。

澳洲玉由于有呈较鲜艳的苹果绿色者,其绿色有时漂亮得像翡翠的葱芯绿一样,故有假翡翠之称。但其绿色不实,有漂浮感,鲜艳之中显嫩;无绿色形状,绿色分布较均匀;绿色之中有白斑,闪瓷性、闪黄色调。澳洲玉质地细润,但其原料有白色或灰色外皮,且外皮较粗,有龟裂纹特征。澳洲玉与绿玛瑙成分相同,色调、浓度、比重均相差不大,极易混淆,主要鉴别标志是:

(1)绿玛瑙的绿色显老而艳,在绿中闪蓝味;澳洲玉的绿色显嫩而鲜,在绿中闪黄味。

(2)透明度亦略不同,绿玛瑙油味足,给人以油腻感;澳洲玉则蜡性浓,给人以凝滞感。

(3)绿玛瑙断口为明显半发亮碴口,贝壳状;澳洲玉断口则较平坦,发暗。

7. 碧玉

这是一种有杂质而不透明的隐晶质石英,亦即高度不纯的玉髓,常含黏土质矿物。其颜色以绿色为主,但亦因含氧化铁或其他杂质而呈红、红褐、黄褐、暗绿、灰绿、黑等色。按其质色可分为绿碧玉、红碧玉、黄褐碧玉等。其中有较宽的条带状者称"带状碧玉"而不能称玛瑙,因为其成分中含有黏土等杂质。我国碧玉名称又叫"肝石",其中褐色的叫羊肝石,绿色的叫绿肝石。碧玉因其光泽和透明度差,一般作低档玉石。应注意其名称易与软玉中的碧玉名称混淆,有人主张将其更名为碧石,似为较好。各类玉髓小件成品容易与东陵石、密玉等混淆,可根据颜色、质地的差别区分。在外观上,东陵石或密玉制品不如玉髓制品光亮,质地也不够细腻。因为东陵石、密玉都是石英岩质玉石,其矿物颗粒比玉髓的直径大,相对粗糙一些。

(十一)粉翠的鉴定

粉翠又名桃花石,主要由蔷薇辉石组成。因其质地硬度等酷似翡翠,故名粉翠。呈黄红、紫红、淡红、淡粉红、淡黄红等色,半透明—不透明,玻璃光泽。

中国主要品种有京粉翠,其中红白花京粉翠是高质品种。其矿体由粉红色品种与白色硅化石英组成,呈红、白色花斑状,在矿体中蔷薇辉石宛如零星花瓣散落于乳白色半透明石英中,很美丽。这是我国北京特有的特级品种。其他颜色优劣依次为粉红色—紫红色—灰粉色等,红白花京粉翠还要求红白色分明和无裂纹。

粉翠以其独特的粉红色(桃花色)区别于其他玉石,各品种之间的区别主要根据颜色和花斑特点划分。另外,粉翠常与菱锰矿混淆,主要区别是:粉翠硬度大;在菱锰矿上加酸会起泡,粉翠则无。

(十二)软水紫晶及软水绿晶的鉴定

软水紫晶矿物名为萤石,为了和石英质紫晶、绿晶区别,加软水二字。萤石呈无色、绿色、红紫色、紫红色、深紫色、蓝紫色、黑紫色、蓝色等。紫色以深紫为佳,绿色以祖母绿为好。透明—半透明,玻璃光泽。软水晶鉴别时注意如下两点:软水晶有加热发光和曝晒发光现象,易受强腐蚀;软水晶与紫晶的区别是硬度低于紫晶,光泽亦比紫晶差,而比重则大于紫晶。

(十三)木变石的鉴定

木变石为硅化石棉。因其颜色、纹理似木,故名。其断口有明显的方向特性,顺石棉丝方向易劈开,具木纹特点,断口平坦;逆石棉丝方向不易打出断口,断口参差。颜色呈褐色、黄褐、绿、蓝绿、绿灰、蓝灰色,个别呈紫色。以蓝色为佳品,次为黄色。不透明或半透明。木变石的鉴定特征如下。

(1)当标本方向及光源不同时,可见木变石颜色有明显变化。在有光泽的木变石上或是将坯料木变石沾上一些水,这种光带及颜色的变化就很容易观察到。其主要表现为闪光部分颜色浅,不闪光部分色深,当移动标本角度时,闪光也移动。随着闪光的移动,颜色由明亮的浅色变为暗色。通常将这种光称为活性光,其他玉石不具备这种特性。

(2)木变石的线状反光明显,黄色者琢磨成戒面后形似虎眼,其蓝色者又酷似鹰睛,故又名"虎睛石""鹰睛石"。其线状反光类似猫眼效应,故又有假猫眼之称。木变石与金绿宝石猫眼的区别是:木变石光带比金绿宝石猫眼松散,亮度也不够强,质地也不够水灵。

(十四)叶蜡石的鉴定

叶蜡石种类繁多,颜色呈白、绿(罕见)、红、紫红、粉红、红黑、灰、黄、淡绿、淡蓝、灰绿、褐绿、褐等色调。

有时为单一色,有时为杂色。微透明—半透明—透明(冻石),油脂光泽—珍珠光泽。性较脆,有滑腻感,但次于滑石。

叶蜡石的主要品种及其鉴别特征如下所述。

1. 寿山石

这种叶蜡石产于福州市寿山。质地细腻温润如玉,色泽庄典,呈红、白、黄等多色。

(1)田坑石。这是指出产在水田里零散的寿山石,其中黄色品种最珍贵,称"田黄石"。呈奶黄—金黄色半透明状,是叶蜡石长期埋在水田中受铁质水浸蚀、酸化和染色而成。半透明—不透明的田黄石称"田黄冻",是田黄石之最上品。白色田坑石称"白田",其中有的外裹黄色,称"金裹银"。红色田坑石称"红田",其中又有"橘白红"和"黄红"两种。黑色田坑石称"黑田",其中有"乌鸦皮""纯黑""灰黑"三种。

(2)水坑石。亦称坑头石。按透明度和花纹可分为"冻油石"(微透明)、"水晶冻"(透明如水晶,有红、黄、白三种)、"玛瑙冻""天蓝冻""桃花冻"等。

(3)山坑石。指寿山乡周围矿山产出的寿山石,品种较多。主要有"高山晶"(白色,晶莹透明)、"高山冻"(质地细腻,透明如胶冻)、"月尾艾绿"(近于透明,色如艾叶)、"虎皮冻"(透明度较高,有虎皮纹)等品种。

2. 青田石

产于浙江青田,质地细腻温润如玉,有白、黄、红、绿、青、绛紫、黑等色。优质品种质地半透明或微透明,可与寿山石媲美。其主要品种有:

(1)封门青。亦叫凤凰青。其质地细嫩,透明度高,象竹叶一样翠绿。

(2)灯光绿亦叫灯光冻。其质地似牛角,在灯光照射下完全透明,犹如冰灯辉映,皎洁如玉。

(3)五彩冻质地细腻,近于透明,常有数种美丽色彩。

3. 鸡血石

这是一种含朱红色辰砂的叶蜡石珍品。呈鸡血红色,最珍贵者其辰砂不仅血红而且成条状、血斑状和血滴状分布,十分艳丽。鸡血石有"肉糕地"和"瓦砾地"两种,前者细嫩如肉,色似"藕糕"(粉红色),间有白点;后者瓦砾状结构,常有杂质。鸡血石主要产于内蒙古巴林和浙江昌化,以昌化鸡血石为佳品。

市场上常有质差的鸡血石上涂染红色染料,仔细观察即可辨别,其红色明显地依附在表层上。

4. 东兴石

产于广西东兴（防城）。色粉白、土红、赫黄等，质地细腻，微透明。但常夹有石丁。

（十五）菊花石的鉴定

菊花石是一种优良的玉雕材料。其矿物主要由石灰岩、灰质粘板岩、方解石、天青石组成。

中国菊花石有两大品种，一种产自北京西山，已停采。另一种产于湖南浏阳的湖南菊花石，相传发现于乾隆年间。湖南菊花石的特点是在石灰岩和灰质粘板岩中有方解石和天青石矿物组成白色菊花状"花瓣"，"花瓣"白色到灰白色，呈放射状分布，直径大小以 5 ～ 8 厘米者为多。矿体较致密，呈灰白到灰黑色，亦有暗紫色调。矿体中菊花瓣清晰可见，呈不同姿态。北京菊花石质量不如湖南菊花石。

菊花石以花瓣美丽和边界清晰者为佳。其花瓣颜色越白，质地越细腻越好。其基底颜色则以深暗者为佳，这样才能衬托出"菊花"的清晰。

（十六）琥珀的鉴定

琥珀是一种有机宝石。它是由上百万年甚至上千万年前的松树木凝胶状分泌物经长期掩埋失去挥发组分氧化团结而成，是一种多成分树脂混合物化石。由于有些流溢的松脂黏住了草虫之类，并把它们包裹在里面，隔绝了空气，使琥珀中有了几千万年前栩栩如生的古生物形象。琥珀一般呈致密块状，透明—不透明，油脂光泽，有滑腻感，性脆，断口贝壳状，摩擦后有静电产生。颜色呈黄、褐、淡黄、淡红、乳油色、橙色，亦有少见的蓝、浅绿、淡紫色。

无瑕透明琥珀为高档玉石材料，尤以含有完整的昆虫或植物包裹体者为上品，其包裹体要求昆虫或植物越完整越清晰越好，其价值亦越珍贵。琥珀颜色和品种之优劣依次为金珀、灵珀、石珀、水珀、明珀。颜色以浓正无杂质、透明度高者为佳。

琥珀主要品种及鉴别特征如下所述。

1. 金珀

如同黄水晶，金黄色是珍贵的优质品。

金珀与松香外形相似，主要区别是：金珀比松香稍坚韧些，断口呈硬物锥刺状，比松香稍耐高温，且耐久不变。松香质脆，不耐热，且日久会光泽黑淡,表面粗糙,错纹纵横。

2. 虫珀

包裹有昆虫,已发现 50 多种。

3. 香珀

带有特殊香味。

4. 灵珀

蜜黄色,透明度高,较珍贵。

5. 石珀

黄色透明,硬度大,有一定石化。

6. 花珀

黄白相间,形如马尾松,透明。

7. 水珀

浅黄色,透明,外皮粗糙起皱。

8. 血珀

色如松香或橘红色,透明度高。

9. 蜡珀

又名蜜蜡,蜡黄色,不透明。

10. 熔结琥珀

这是国外一种琥珀仿造品,是将许多小块琥珀用人工加热的 (200 ~ 300℃) 办法熔结到一起。

另外,我国用一种高分子化学材料甲基内稀酸钾脂制成了一种人造琥珀,也可使内部具有虫蚁草芥。用塑料、有机玻璃及其他化学制品制作琥珀,常能以假乱真,其主要鉴别特征是:

(1) 琥珀性脆,用针尖在表面一戳可有小碴蹦起,化学制品性韧,用针戳有痕无碴。

(2) 琥珀摩擦生热或用烧红的热针轻触有松香味,化学品气味辛辣。

(3) 琥珀体内常有包裹体,化学制品质纯如一。

(4) 琥珀性脆而常有蜡裂,化学制品性韧而无蜡裂。

(5) 化学制品如塑料及有机玻璃颜色多呆板单调,天然琥珀则颜色多灵艳。

（6）在饱和盐溶液中,琥珀浮起,化学制品大多下沉。

（7）用树脂等将小块琥珀胶结而成的模压琥珀在乙醚中几分钟即变软,琥珀则不然。

（8）琥珀在150℃时软化,在250～300℃时熔化。

（十七）珊瑚的鉴定

珊瑚是珍贵的有机质宝石。它是海洋中一种珊瑚虫在不断的繁衍生长中所堆积的骨骼,主要成分是碳酸钙。多呈树枝状体,断面有同心圆层的花纹结构。颜色呈月色、肉红、深到浅玫瑰红色、粉红色、红到暗红色以及蓝色(罕见)、黑色等。透明—不透明,玻璃光泽—暗淡光泽。珊瑚质地细腻、柔和,富于韧性,是一种高档玉石。以呈树枝状,富有枝、权、杆为特点,最宜人物雕琢。其质色要求艳丽而纯正,以艳红为佳。其中的“辣椒红”为深红色,如干辣椒样颜色,深红而有光润;“蜡烛红”似红蜡烛样暗红,细腻而光泽稍差;“关公脸”浓红色,如戏台上关公脸色样红艳而有光彩;“孩儿面”粉红色,质润而嫩,色鲜而粉。质色若有白心、白斑者则次之。有虫蛀、虫眼者最次。

珊瑚常有被骨制品假冒者,由于骨质和石质的不同,鉴别甚易。如用热针轻触珊瑚,会有头发烧焦的气味。

第二节　家具艺术品及其鉴定

随着家具艺术品的不断升温,从事传统家具收藏的人越来越多,各个阶层、各种身份的爱好者都有,拥有一件传统风格的古典家具成为一种时尚,一些名人将自己家的现代家具环境与古典家具相融合,不闹不喧,成为现代家具品位的一种象征。但也因此,有许多人由于本身学识和眼力的局限,恐怕对于名目繁多的明式和清式家具,清代家具和清式家具,红木家具与紫檀家具等等各种家具的区分并不十分明了。对于一个传统家具爱好者而言,如果没有足够的鉴定知识,可能会导致很多贻笑大方的尴尬,甚至可能造成很大的经济损失。因此,本节主要介绍一些古代家具的区别以及鉴赏鉴定方法,希望能给读者一些帮助。

一、明式家具和清式家具的区别

一般说来,在鉴定一件家具时,我们往往说该家具是明式家具,或者清式家具。明式或者清式,这种称谓方式并非依据朝代而来,而是依据其造型风格。明式家具指明代以及清代前期(雍正以前)制作的家具,清初的家具形式上继承明制,依据明式的规格制作,结构上与明式差别很小,造型上仍遵循明式的基本特点——简练,保留了我国家具传统的装饰风格及制作方法,所以统称为"明式家具"。

关于明代及清初家具的特点,通常的说法是"精""巧""简""雅"四字。因此,鉴别明式家具也常以此为标准。精,不但选材精良,而且制作精湛。明式家具的用料多采用紫檀、黄花梨、铁力木等质地坚硬、纹理细密、色泽深沉的名贵木料。工艺上,常采用卯榫结构,连接合理,结构稳定,家具坚实牢固,耐久力强。[①]从材质上区别,清式家具的用料已经较为少见紫檀、黄花梨木等名贵木料,而主要是红木材质。巧,就是设计巧妙,配套灵巧。明式家具的造型结构,十分重视与厅堂建筑相配套,家具本身的整体配置主次分明,秩序井然,十分和谐,装饰陈设都有极其巧妙的作用。简,就是造型流畅,线条流畅。简单的几根线条,给人以静而美、简而稳、空灵俊逸的艺术效果。雅,由于明代很多苏州文人对家具设计制作的参与,明式家具逐渐具备文人的雅趣,风格清新,造型简练,装饰古朴,简直就是清水出芙蓉啊。

而从清朝雍正年间开始,尤其进入乾隆年间之后,由于国力强盛,统治者好大喜功的心态日趋显现,加上西方文化对我国的浸透及影响,各项手工工艺得以高度发展,家具制作工艺逐渐崇尚精雕细刻和华丽多样繁复豪奢的装饰手法,形成了雍容华贵的清式家具。清式家具风格特点主要表现在以下几个方面:用材厚重,形体宽大,局部尺寸也大多采用夸张的手法,这一风格以广式家具最为突出,主体构件很少拼接,多用一块整木制作;装饰手法丰富多彩,雕刻、镶嵌、彩绘技法全都采用;做工精细,整体造型稳重、精致、豪华、艳丽。也因此,清式家具厚重有余,俊秀不足,也缺乏应有的科学性。

所以,明式与清式的主要不同就在于风格上明式简洁典雅,清式雍容华贵;装饰上明式崇尚自然,清式崇尚雕饰;明式以朴素、大方、优美、舒适为标准,清式以厚重、豪华、富丽堂皇为取向。

二、明清家具材质鉴别

古代家具尤以明清为极品,而明清家具之所以能够堂而皇之地登上

---

① 胡德生 . 红木家具——一段至尊奢华的历史 [J]. 生命世界,2012(07):22-29.

大雅之堂,吸引那么多的注意力,除了其本身工艺的成熟精美之外,一个很重要的因素在于上好材料的使用,从南洋流入境内的各种优质硬木的充足供应,使得家具工匠们如鱼得水,如紫檀木,黄杨木,铁力木等。可以说,是这些优质的硬木给了家具艺术一个更大的发挥空间。明清家具在选料时,比较注意木材的纹理,凡纹理清晰、美观的"美材",总是被放在家具的显著部位,并常呈对称状,显得格外隽永耐看。"美材"中有一种长有细密旋转纹理的"瘿木",如楠木婆子、紫檀瘿子等,十分难觅,常用作高档家具的面心材料。此外,明清家具也很讲究不同材质的搭配使用,利用木材的质地和色泽对比,达到一定的装饰效果。

明清家具的材质以"一黄"(黄花梨)、"二黑"(紫檀)、"三红"(老红木、鸡翅木、铁力木等)、"四白"(楠木、桦木、柞榛木等)为排列顺序。江苏太湖边的大片桦木林,使苏州成为明式家具的生产中心。后来桦木逐渐匮乏了,人们开始寻找新材料。明代手工业发达,与东南亚贸易频繁,紫檀等原木源源不断地运来,造就了明式红木家具的辉煌。明末,由于当时被视为高档的黄花梨、鸡翅木和铁力木越来越少,通常用来压船舱之后被丢弃的紫檀木才开始被人们试用,终于成为家具用材的"新贵"。乾隆年间,紫檀木也越来越少了,于是人们又开发了新材种——红酸枝木,即上海人惯称的"老红木"。之后又引进泰国的酸枝木。清朝末年,人们开始就地取材地使用东南亚的红木。[①] 今天海内外红木资源日渐匮乏,人们一样可以开发出新材料来取代,这是符合中国人传统习惯的。

(一)紫檀木

紫檀木为常绿亚乔木,是檀香的一种,树干树叶都与荔枝极为相似,有特殊的香气,质地坚硬细密,入水即沉,纹理纤细交错如同绞丝,结构致密,耐腐蚀性强,多呈紫黑色,有美丽的光泽。由于生长期长,紫檀木内部往往都是空的,俗称"十檀九空"。紫檀木又有金星紫檀、积雪紫檀、花梨紫檀、牛毛紫檀等不同的品种,不同的品种其价值亦有差别,以金星紫檀最为名贵,牛毛紫檀次之,花梨紫檀最次。

(二)黄花梨木

黄花梨木锯剖的木料表面具有天然美观的花纹,明朝人利用黄花梨

---

① 凌士义, 周佳培.现代室内设计中明清家具的魅力之所见[J].大观(论坛), 2018(03):66-67.

木天然优美的纹理,制作的家具堪称家具艺术的典范之作。黄花梨是业内人士的习惯称谓,分为两种:一是花榈木,产于我国南方及越南和南洋诸岛,树叶像梨叶却没有花果,木材色泽淡黄、黄色、棕黄色等,纹理细腻,材质坚硬,可以用作器具、桌椅、木床等,是明代以前制作家具的传统良材。另一种是海南檀,即俗称的降香黄檀,是海南岛特产,木色不均匀,有光泽,有辛辣的香气,纹理或斜行或交错,精致美丽;结构略显疏松但均匀,耐久力强,材质坚硬厚重,强度高,适于雕刻和家具用。黄花梨木在我国家具制作历史上的使用年代相当久远,早在唐代就有使用黄花梨木的记载。

由于黄花梨木纹理、色彩的与众不同,工匠们往往倾向于突现其自然美,因而只在造型上多下功夫,而不尚雕饰,着力表现黄花梨的自然、纯朴、柔和、文静。

(三)酸枝木

酸枝木又称红木,红木有光泽,有较为刺鼻的酸味或酸香味,也有少数上品有蔷薇香味;纹理或斜行或交错,与黄花梨木类似,结构细密均匀,耐腐蚀性强,耐久力强;木质坚实沉重,通常也沉于水。在硬木当中,红木是木质仅次于紫檀的木料,但红木产量较高,名贵程度不及紫檀。

在家具行,约定俗成的红木是指在特殊或特定的森林地区生长的木材,色泽呈红色、黄色、棕黄色、红褐色和黑褐色,其木料坚硬沉重、细腻而有光泽,木纹如同杉木、纹理清晰,这样的红木制成的器物不易变形,稳定性和耐久力上好。如果不是生长在热带雨林地区的木料,即使木质呈现红色也不能叫作红木。

其中的香红木锯剖的木料表面,色泽同黄花梨木相似,木纹间密布许许多多微小的麻点小孔隙。据实践研究,红木在加工制作时,刨削的木花、木屑露天丢弃堆放遇到雨水时,堆积的洼地里的渍水就会变成青蓝色,这也是鉴别香红木的一个方法。

(四)铁力木

铁力木在我国两广等地都有出产,原产于东印度,属于大常绿乔木,树干笔直挺立,高度可以达到10余丈,周长亦可达丈许。铁力木质地坚硬厚重,色泽、纹理与鸡翅木极为相像,但铁力木花纹较粗,木料高大,故价格相对低廉。铁力木的使用在明清时期也较为普遍,常用来制作大件家具,经久耐用,甚至用于造船、造桥等大型建筑工程,足以见得其耐用程度之强。

(五)鸡翅木

鸡翅木是明清家具中常用的木材,也是时常被木材商用铁力木冒充的木材。鸡翅木因木材表面有深浅相同,形似鸡翅的花纹而得名,按照今天的植物学分类,鸡翅木包括崖豆木和铁刀木,崖豆木产于东南亚和非洲,但东南亚地区的木材,从密度、结构和花纹看,均优于产于非洲的木材。铁刀木产于东南亚和我国南方一些地区。

(六)核桃木

还有一种极为特别的木材,以前往往被大多数研究者和收藏者所忽视,现在却越来越显现出其与众不同的价值,这种木材就是核桃木。核桃木纹理细腻,不如榆木纹理那么清晰通畅。它的纹理含蓄,若隐若现,与其微黄的颜色相匹配。核桃木坚硬而致密,分量适中,性韧,不易开裂,受刀凿雕刻,与楠木有近似之处。核桃木的缺点是,木材内芯与外皮有色差,内芯呈深棕,外皮呈浅黄,色差度有时极大,做成家具后不是所有人都能接受。[①] 核桃木家具几乎是山西独有的家具,尽管其他地区也有发现,但都没有山西地区那么集中、那么优秀。山西地区盛产核桃树,有的达几百年树龄。核桃树到晚年以后,结果率低,故自然淘汰成为制作家具的木料,顺理成章。

核桃木家具品种极为繁多,许多旧品尚在大量制作,新品就已经层出不穷,生产制作年代跨度大,从明代至晚清,甚至民国应有尽有。明式核桃木家具中有许多与黄花梨家具一模一样,制作精良无可挑剔。明式家具中的细微精彩之处,核桃木家具都注意到了并有所表现,这在北方其他乡村家具中十分罕见。清式核桃木家具大都与宫廷或城镇家具明显不同,其乡村风格浓重。

如上种种,明清两代的家具制作工艺在选材上,大致有以下规律可循:黄花梨木和铁力木是明式家具的常用材料;紫檀木则是明代及清中前期制作考究的家具时常选用的材料,清后期开采过度,紫檀木匮乏,紫檀家具极为少见;而一些中上等木材如楠木、榆木、榉木、黄杨木等一直都是明、清两朝家具的常用木材;至于红木家具,则纯粹而且一定只是清

---

① 张重.山西民间家具的研究 [D].北京:北京林业大学,2005.

代中后期的产物了。了解这些,那些仿冒作假、破坏家具艺术名声的伪作就没有立足之地。

三、紫檀

在世界各国的家具热潮中,中国的古典家具深受推崇,在美国的博物馆里,中国的明式家具往往被放在明显的位置。由于欧美对明清家具的推崇,掀起了一次又一次的收藏热潮,其中,紫檀家具因为原料珍稀,加上当时只有皇室及王府和富贵门第才有权有财请能工巧匠制作,所以显得越加珍贵,博得世人珍爱。紫檀,这个木中显贵,以其优雅端庄、平和亲切的魅力征服了所有见过和没有见过的人。

紫檀如缎似玉的质地,细腻致密的纹理,沉穆怡静的色泽,紫檀家具不变形、难磨损,紫檀家具静中带动、动中有静的高超的艺术形式……这许多的优点无不极大地吸引着国内国外的众多收藏者。紫檀真的有这么大的魅力以至魔力吗?还是让我们详尽地了解一下吧。

紫檀,又名"紫榆",早在公元 3 世纪东汉晚期时就有古书记载,如崔豹的《古今注》称之为"紫梳"。我国自古以来就认为它是所有木料中最为名贵的品种,而将紫檀的特质真正淋漓尽致地发挥出来的,还是在明清两代。

一些专门从事紫檀研究的人士对紫檀标本进行剖锯、精磨、浸泡并分类观察,通过试验与有关文献记载进行比对分析,得出一个结论:中国明代至今所使用的紫檀主要分为两类,一类是海岛性紫檀,色素不具有水溶性,明清皇宫中的紫檀大器物多为此类紫檀制作;一类是大陆性紫檀,色素具备水溶性,清代中后期紫檀来源枯竭,大多数家具就用这类紫檀制作,存世数量也相对多一些,但由于这种紫檀本身品质的局限,用大陆性紫檀制作的大件紫檀家具数量稀少之至。

传统的观点认为,"十檀九空",即紫檀木材基本都是空心的,难以有较大的木料。也因为这样,稍微大一点的紫檀家具价格高得出奇。但这种观念却给人们的收藏和鉴定带来一些误解即中间不空的一定不是紫檀。然而专家们的研究表明,空心的紫檀是有的,被称为"牛毛纹紫檀",产自东南亚以及南亚,南北纬 15 度以内的热带地区;历史上曾有一个时期大多数家具都用这种紫檀制作,于是长期以来,人们见到的紫檀大多都是空心的,所以有"十檀九空"的说法。然而,即使是牛毛纹紫檀,也有不空心的例外。许多的收藏者喜欢通过看和摸的方法来感受和判断紫檀木的真伪,似乎这更符合传统意义上的收藏内涵,见得多了,了解深了,对于紫檀的认识便不会被某些错误或者片面的判断愚弄了。紫檀新鲜的剖面由于存在一种有色物质而呈现红褐色或者红色，但是经过打蜡、磨光和氧化，木质逐渐变成褐紫色或者黑紫色，其木质中富含的油质渗透出来，在木质表面逐渐形成了酷似角质，非人工所能打磨出的润泽外层，所以紫檀家具根本不用上漆，它那完整无损的表面也常常能够发出幽幽的缎子般的光泽。但是，这种优点也带来了一种对外表的过分追求，清代的"贵黑不贵黄"就是由此而来，本是古人对紫檀器物外表的一种追求，却造成了很多的偏执的理解乃至误解。很多的黄花梨木家具被染成了深色，留存下来的很少，有财力的人甚至请工匠拆开旧的紫檀家具，以期获得一些珍贵名料，用于在其他地方使用，往往都是在视线所及的地方进行包镶，用紫檀木做成贴片，粘在次等木料家具的表面，迎合人们追求紫檀的要求，使紫檀家具变得不再纯粹。而平常人家的浅色家具，受此影响也都被染色加深，方式是把杂木染黑后制作，或者在油漆的时候刻意追求紫黑效果。所以清代在家具颜色方面形成了清一色的追求，前世后代都是无法比拟的。

　　紫檀色泽紫黑凝重，有如同笔墨点染的黑色花纹，还有极其细密的波纹，管孔里嵌有晶亮的硅化物，棕眼稀少，油质厚重。它的新鲜剖面，紫红晶莹，鲜艳无比，纹理色彩变化莫测，黑色、紫色、红色相间交错的花纹看上去好像名山大川，犹如行云流水。同一根紫檀木料，在不同的位置，纹理、色泽会有所不同。制作家具时，开料下锯角度的不同，也会使紫檀的纹理千变万化。如果平行轴线切剖，则花纹长直；如果斜切，则纹理短密；如果遇到树结或者树杈交汇处，则纹理更是变幻多姿。由于天然的病态，有的紫檀树身长满木瘤，剖开后瘤纹密布，纹理巧夺天工，这就是通常所说的"接木"，紫檀瘤木得遇的可能性极为微小，众多收藏者穷其一生而不遇，但是一旦得之，必是天价。紫檀纹理的形成有其特殊的因素。一棵紫檀树，历八百年而后成材，生长如此缓慢，直径又小（所以树不粗），故而其木质坚实细密，不是其他树木所能比拟的。这就造就了紫檀特别细腻的纹理，其管孔很细微，几乎不在肉眼所及之范围内，绝对不会破坏木材纹理的观赏性。紫檀的木质包含丰富的油质，并不断渗透出一种胶质，经过人工磨合后会形成一种类似角质的"包浆层"，润滑如镜，不仅能够使木料本身的纹理清晰地彰显出来，更可以反射其他部分的影像，相映成趣，使纹理看上去更加扑朔迷离，质感十足。

　　大料的紫檀原木很少有人能亲眼目睹，因其能成大器，非千年不能造就。表面纹理就像山川云水，极为少见，是天然风景的影像再现，这样的天造美材，很少有人舍得再去画蛇添足，雕琢修饰，所以大料紫檀在家具制作过程中,常常是被整块地置于柜面上,或者直接用整块制成屏风,一切源于天然,却又巧夺天工,不落俗套,脱颖出众。特别是充满神奇色彩的金星紫檀,黄色的"金星"有如满天星斗,在沉穆肃静的紫檀上流光溢彩,是人工无论如何都不可企及的。所以,金星紫檀的价位在所有的紫檀木料中是最为昂贵的一种。紫檀木的纹理气质优雅,这是它优于其他木料的主要原因。很少有这样的一种木材,能够像紫檀一样在自然光线下渐渐趋向紫黑透亮,光成为它的陪衬而不是反差,这种质感自然、醇美,简洁中蕴含着端庄和雅致,深邃中浸透着清丽与隽永。所有这一切,源于天然,也因为源于天然而更显弥足珍贵。

拥有一件紫檀家具或是一件精心雕刻的小件,是许多收藏家梦寐以求的。寒冷冬天,触摸紫檀,感到一种温暖;炙热夏日,触摸紫檀更有一丝冰凉,沁人心脾。而这些看似没有生命的器物在人们的抚摸下,非但没有什么破损,反而越来越圆润,越来越有灵性了。不过,玉不琢不成器,紫檀不精工细作也没有灵气。紫檀木的坚硬特质,使其可以让能工巧匠们将它如玉石般雕琢,而这些雕刻艺术被紫檀所承载,流传至今。也正因为紫檀的名贵硬木本质,一般的工匠不敢问津,毕竟一件紫檀家具,哪怕只是制作一件小木器,都需要耗费大量的精力,非技艺高超的人不能成器。

紫檀资源奇缺,地球上能生长紫檀的地区极少,紫檀的生长周期又很长,大约八百年,近千年才能长成大材。人们用肉眼是看不清紫檀的年轮的,因为它生长年限实在太长,直径却不大,所以年轮十分紧密,如果用放大镜去仔细观察,就会明白此言非虚,明白紫檀的生长是何等的缓慢了。也正是因为这一点,紫檀才会如此坚实如此沉重,不是一般硬木所能比拟。许多传世的紫檀家具美极一时,令人较为宽慰的是,皇家贵族为显赫地位所做的一切,毕竟使紫檀这一稀世美材物尽其美了。民间对紫檀的重视和爱惜更是比宫廷有过之而无不及,民间本来紫檀存量就极少,工匠们精打细算,一根紫檀制作到最后,几乎没有剩料,更不用说浪费了。据说,当时不是有顶级手艺、能将紫檀一次加工到近乎完美的程度的工匠是不敢随意动用紫檀的。工匠们深知巧妙地利用各种小料,精确计算,制成栏杆及各种椅背或者摆设,科学、美观而且经济节约。可以说,工匠们在紫檀木料的节约上所花费的心血甚至比在制作上的都多。现在国内外持续升温的古典家具收藏热潮也促使紫檀家具价格上涨。当然,紫檀旧家具价格高的主要原因除了稀少之外,更主要的是其历史价值,很少有其他木材能像紫檀一样特别,即使经过很多年的使用和保存,稍稍擦拭还是熠熠生辉,光鉴如镜。然而,在紫檀来源上我们犯了疑问,据记载,清代宫廷中的紫檀在袁世凯的时候就用了个精光,那么,民间的紫檀又是从何而来呢？莫非有特殊的供货渠道？其实不然，民间紫檀很多都是来自工匠们的精打细算，节俭使用，但这毕竟只是杯水车薪，应付不了巨大的需求，最常见的情况是从损毁的旧紫檀家具上拆下的木料，再加工一下，拼凑出新的家具。当然，这样一来，民间就很难做出大的紫檀家具，通常只有椅凳一类。紫檀家具的制作者，在皇宫内，明代是"御用监"，清代是"造办处"，他们广蓄天下名贵木料，汇集南北名师巧匠，在京城为皇室制作顶级的家具制品。这些宫廷家具充分显示了皇室的尊贵与显赫，制作时往往不计成本，用材粗硕，雕刻细致。但清代所用紫檀木料，大多都是明代郑和下西洋时采集积累下来的，到了清代末年，就悉数用尽了。

我们今天所能见到明式家具中，紫檀的数量显然少于黄花梨的数量，因为明时虽然紫檀木料比较充足，但是大部分都需要存放很长时间，风干之后才适合做家具。所以客观上造成了明代紫檀家具的稀少。为了使家具更具有艺术性和观赏性，明代工匠们制造出各种各样精巧的卯榫，在明式紫檀家具的构件之间，金属的钉子完全不用，黏胶也只作为辅助，但是凭借卯榫就可以做到上下左右的合理连接，面面俱到，一丝不苟。这种工艺的精确程度，即便是现代科技都不易达到，令人不由得佩服先人的智慧。明式家具时至今日，经历数百年的变迁，依旧牢固如初，可见明式家具的卯榫结构，既具有美观性又具有十分严密的科学性。

清式紫檀家具与明式紫檀家具的区别主要就在于风格的不同，基本上可以套用清式家具与明式家具的区分方法来进行辨别。清式紫檀家具大多数就是宫廷紫檀家具，前文已有论述，就不再重复。

彩绘用于紫檀家具的情况是很少的。如果在紫檀制作的家具上出现彩绘无非是这几种情况：一是紫檀表面有缺陷，如开裂、虫蛀等，用漆弥补后上彩。二是紫檀部分不用彩绘，如床围子、座屏、柜门等处，紫檀作框，中间的板心用其他细木上漆上彩。三是确实出于纯粹的装饰目的。清代有些紫檀家具会有金漆装饰，有些还用"剔漆"工艺进行装饰。相比较而言，这种真正紫檀彩绘的家具最有价值。紫檀描金彩绘也是清代宫廷追求奢华心理的体现。

镶嵌则是清代紫檀工艺中比较常见的一种技巧。原因是紫檀色泽凝重，可以和任何浅亮色搭配。镶嵌因所用物料不同而有木嵌、螺钿嵌、象牙嵌、骨嵌等，以方式分则有平嵌和凸嵌两种。总体来看，彩绘与镶嵌在紫檀用品中的使用还是相当少的，但它的确拓展了紫檀工艺实现的可能性。

紫檀家具工艺中，最容易被人忽视，但最为重要的一点就是"打磨"。不少明清紫檀家具的表面光滑如镜，主要是因为使用年限长，人们的触摸客观上都起到了打磨作用，可即便如此，还是会有不平整和细小的擦痕，手的触觉就可以感觉到这种不平整的存在。可见打磨工艺是多么重要，又是多么费时费力了。

紫檀家具的兴衰同我国明清时期国力的兴衰相辅相成，既对应又切合。清代国力最强盛的时期是康、雍、乾三个朝代，而这时的紫檀家具也最为辉煌。国力渐衰，紫檀家具也随之衰落下去了。到20世纪六七十年代，本来就已经十分稀少的紫檀家具再度遭到破坏，或损毁或流失国外。改革开放以后的经济持续发展，各行各业兴旺发达，紫檀家具的生产和研究工作也随之迅速发展壮大。今天有很多研究紫檀家具的专家，北京故宫博物院存放大量的明清紫檀家具实物可供观赏和研究，为当代紫檀复兴提供了理论上的支持。

四、明清家具的镶嵌鉴定

镶，指以饰物相配合；嵌，指将饰物卡在空隙里。镶嵌始于我国商代初期，到清代已近顶峰，不但技艺精湛，而且用材之广泛，装饰效果之华丽是历代所不可比拟的。镶嵌，又名"百宝嵌"，分为两种形式，一种为平嵌，即所嵌之物与家具表面齐平；凸嵌，即所嵌之物高于器物表面，隐起如同浮雕。家具镶嵌材料种类繁多，以螺钿镶嵌居多，其次为各种珐琅、石材、瓷片、金银片等。平嵌法多用于漆器家具上，有些木家具的表面上也用平嵌法。漆家具的平嵌法往往经过多层上打生漆，漆层要高过嵌物。干后，经过打磨，嵌件表面完全露出来，再上一道光漆，就可以完成工序。凸嵌法，就是在各种家具上根据纹饰需要，雕刻出现相应的凹槽，将嵌件黏嵌在家具上，使纹饰显出强烈的立体感。

（一）大理石嵌

大理石嵌，应用之多，范围之广构成了清式家具装饰的特点之一。其镶嵌面积也不同于其他，往往镶嵌于较大面积的桌面、几面、椅凳心面等，与螺钿镶嵌形成了两个极端的对比。尽管螺钿镶嵌遍及家具各个部位，但多是小面积的局部嵌饰。①

（二）螺钿嵌

螺钿嵌始创于我国，有着悠久的发展历史，到了清代，由于清代富丽

---

① 林皎皎．客家聚居建筑及其室内的研究 [D]. 南京：南京林业大学，2004.

堂皇的家具风格,促进了螺钿镶嵌家具的发展,清代成为螺钿镶嵌家具的鼎盛时代。

螺钿嵌,是采用螺蚌之贝壳,雕切研磨成规则的小块按预定图案拼凑起来,漆贴、镶嵌于器物之上。一般是在家具的硬质木材之上雕凿出较深的窝,镶嵌贝壳时蘸漆或在窝中事先点漆后嵌贝,以防贝壳脱落后还有残漆尚在。

(三)百宝嵌

百宝嵌,在明代的《饰录》中已经有了记载,但到了清代又有新的发展。以金、银、宝石、珍珠、珊瑚、碧玉、翡翠、水晶、玛瑙、螺钿、象牙等雕成山水、人物、树木、楼台嵌于檀、梨、漆器之上,大则屏风、桌椅、书架,小则茶具、砚匣等,美轮美奂,难以形容。

(四)其他镶嵌

骨嵌用在器具上虽然很早,但是用于家具上还是清代首创。多取材牛骨,保持多孔、多枝多节、块小而带棱角的特点,多嵌于红木等贵重木材上,更显得古拙、纯朴。

了解了这些方法,对家具的鉴别会有所启发,深入了解则会大有裨益。

五、明清家具的雕刻鉴定

明清家具纹饰的装饰手法非常多,不只镶嵌装饰的手法多,而说到雕刻,也可以分为浮雕、透雕同雕等工艺。

在这些工艺中,浮雕是主要手法,很多人听说过石器浮雕,家具浮雕工艺也一样。浮雕有高浅之分,高浮雕纹饰突起,既醒目又清晰,而浮雕温文尔雅,以刀代笔,又笔下生风,如琢如磨,如绘如摹。由于家具浮雕,尤其是高浮雕对材料的客观要求很高,所以高浮雕的家具大多是硬木家具,而且其韧性、强度都较高透雕的纹饰大多粗犷简练,设计效果往往偏于通透,主要目的在于克服纯粹的功能家具的那种滞闷呆板,给人以美观清新的审美感受。

家具雕刻中,用得最广泛的,就是透雕与浮雕结合,二者交相辉映,互相补充,相得益彰。这样的家具板材并不厚重,但由于使用了透雕加浮雕的双面雕法,故纹饰丰满圆润,兼具浮雕与透雕家具的特点,当然,其艺术和收藏价值也较高。在鉴定中,透雕加浮雕单面工的手法一般用在只有一面可以看到的家具构件如靠背板、床围等处,双面工则用在条案的挡板、隔扇、衣架等两面都可以看到的家具构件上。

圆雕只用于给家具的局部构件做结束处理,用的地方也不多,搞不好弄巧成拙,古代匠师们深谙此理,故尽量少用或者不用圆雕手法。所以,圆雕的家具很少见,也很少有上乘之作出现。

清式家具的雕饰图案中,比较成功的有以下几种。

首先是仿古图案,仿效的大多为古代玉纹,青铜器纹,石雕以及由此演绎的图案。

其次为几何图案,大多数以简练的线条组合变化成极富韵律的几何图形。

具有以上两种雕饰的家具无论从技法、式样,还是结构和做工上,都具有典型的苏式家具风格,应该就是苏式家具作品。

再次是象征皇权的图案,如龙纹、凤纹等。不少家具上雕刻的龙纹栩栩如生,生动传神,极富神韵。

还有西方纹饰以及中西纹饰结合形成的图案。清式家具中,刻有西方纹饰图案的家具不在少数,它们与当时欧洲贵族及西方建筑上的雕饰图案十分相像,具有浪漫的田园色彩,富丽堂皇,显示出尊贵的贵族情怀。有这一类雕饰的家具往往都是广式家具。这也正是广式家具与苏式家具的区别(苏式家具花纹多为缠枝莲,广式家具多为西番莲)相统一。

最后还有一类是以书家的诗文作品作为雕饰。明清两代均盛行在家具上镌刻诗文,有的浮雕,有的填漆或者填金。

家具上的雕饰图案,不仅有其深刻的文化底蕴,还可以用于判定家具的制作年代。根据雕饰图案,与有款识的古代工艺品进行比较,就可以大致推断出家具的年代了。

清式家具雕刻技巧堪称一绝,不仅有木雕,而且还有漆雕。漆雕始于唐宋时期,到明代也只限于盒类的小件器物。发展到清代,已开始在家具上进行雕饰,其工艺程序大体是以木为底胎,逐层堆积色漆,然后施以刀法,雕刻出层次分明,有强弱虚实变化的图案。一般红漆地称"剔红";黑漆地称"剔黑";红黑漆地相间称"剔犀";两种以上色漆相间称"剔彩"。

六、明清家具的装饰鉴定

在古代家具鉴定上,以装饰风格和纹饰来断代识古是一条重要的标准。每个时代的工艺制品都或多或少地含有历史的因素,一种器物的装饰也可能出现在其他器物上。不过明清家具在装饰手法及纹饰上存在着时代的差别。一般地说,明式家具以精致但不淫巧、质朴却不粗俗、厚实而不沉滞为长处,纹饰图案也极为鲜明地体现了明式特有的美学个性和艺术范式。明式家具的纹饰题材许多都具有传承性特点,后代易于继承和趋同。如祥云龙凤、缠枝花草等图案在陶瓷、漆器等工艺品中都很常见,不过明式家具的纹饰题材仍有自己的倾向性和选择性,如松、竹、梅、兰、灵芝等植物题材,山石、村居等风景题材,祥麟、瑞狮等动物题材;另外还有大量的带有吉祥寓意的纹饰题材。与清式家具相比,明式家具纹饰的寓意大都比较雅逸,颇有“明月清泉”“阳春白雪”之类的文儒意趣,显现了明式家庭素雅气质清式家具以雕绘绚烂华丽、富丽堂皇见长,这种美学风格在其纹饰图案中相对应的显现。清代家具纹饰图案的题材在继承明代的基础上有所发展,动植物、风景人物无所不有无所不包,吉祥图案继续流行,但其流行图案大多以贴近老百姓的生活为目的,与明式家具的高雅相比,更倾向于世俗化。

清式的纹饰大多出自老百姓的朴素生活意愿和向往,或者出自统治者炫耀权力财富的功利要求,当然,这也有些缺乏明式的素雅和讲究,成为单纯的显示身份和权势的象征。清代雍正以后,出现了大量以中国传统工艺制作家具主题,而以西方纹饰图案制作雕饰,大多形似牡丹花纹,又称为西番莲纹。看到这种花纹,我们可以断定家具制作年代相对要晚,不可能在雍正年代以前。

还有一些装饰题材,明清两代都有采用,但并不完全一样,在图案内容上有一定的差别,可以作为两代家具的区分和断代方法之一。如瑞兽麒麟,是我国古代工艺制品常用的题材,明代中期,工艺品上的麒麟一定是卧姿,前后两腿全部跪卧在地上;而康熙以后,麒麟站起来了,腿直立,虎视眈眈。而在家具的博古图案上,虽然都是博古,内涵不同。清代流行过两次,差别明显,一次为康熙时期,风格优雅清闲;一次是在同治、光绪年间,推崇金石学问。

龙自古便是炎黄子孙崇拜的图腾,传说中,龙可以兴风雨,利万物,保佑天气风调雨顺,五谷丰登,丰衣足食。中国古代皇帝都宣称自己为真龙天子,以为自己是龙的化身,所以在古代各种器物上,经常可以看到龙的题材。而龙纹在明清家具上的应用也极为普遍。从两代的龙纹比较来看,明代龙纹大多雄劲有力,脖子较细,头略小,龙发大多从两角间向前耸,呈现怒发冲冠的样子,大张其口,龙眉向上,呈竖立状,龙爪的五指成轮状;[①]

---

① 吕九芳.明清古旧家具及其修复与保护的探究[D].南京:南京林业大学,2006.

到明末,龙发变为三绺。进入清代,龙发不再上耸前耸,而是披头散发,龙身渐渐粗大;到了乾隆年间,龙眉向下,龙尾加长,而头上出现一种圆形鼓包样突起,有人称之为七朵梅花包,龙爪出现四指并拢的情形,再晚的龙纹图案,大多数姿态呆板,龙鼻较大,俗称肿鼻子龙。

回纹在中国古代器物上出现也较早,但不能因此就用于作为家具的断代标准,因为家具工艺中使用回纹的年代明显远远晚于其他器物使用回纹的年代。据故宫博物院的专家研究,家具上回纹的出现应当是在清代,特别是在乾隆时期。

漆的使用在中国已有两千多年的历史,到了清代,这一技术已发展到顶峰。其中描金、彩绘在清式家具中占有很重要的地位。有描金彩绘、描银彩绘、朱漆描金、黑漆描金等不同手法,彩绘与描金兼用,堪称五光十色,金碧辉煌。

清式家具的装饰,求多、求满、求富贵、求华丽、求尊崇,色彩缤纷而辉煌富丽。多种材料并用,多种工艺结合,善用大面积的雕嵌或描金彩绘,甚至通体装饰,没有空白。这种装饰手法是其他任何朝代不能比拟,并且形成特殊的、有别于前代的独特风格。

七、家具款识鉴别

家具是很难断代的器物,制作所用的木料,尤其是紫檀木料,可能是清代采伐,也可能是明代采伐,可能是明代制作的,还可能是清代制作,太多的可能性使人们辨识家具的时候,不能不借助一些文化背景和时代烙印。紫檀家具上的装饰花纹是反映时代风格的最好依据,有的甚至可以作为鉴定确切年代的重要依据。不过单纯依靠花纹是不可靠的,因为花纹可以作假,所以在断代时,往往综合考虑多方面的因素。

通常我们在断代时喜欢用纪年款、购置款、题识等来辨别紫檀家具的款识。这些款识可以帮助我们了解家具的产地、用途、历史价值等信息。纪年款,记录的是家具的制作年代,这种纪年款大多出自工匠之手,明代家具有纪年款的较少。在故宫的藏品中,也有些刻"大明宣德年制""大明万历年制"等刻款及写款。清代年款比较常见的有"大清康熙年制""大清乾隆年制"等。清代宫廷家具上一般不铭刻款识,而一些木质小件器物上常有这样的款识。

购置款,记载的是家具的购置地点、购置经过、定制造价或者制作地点等,大多出自预定制者或者购置者之手。比如清代乾隆年间的一对双顶紫檀六件大柜就是典型的购置款。在一扇门内刻有两行款识:"大清乾隆岁在己巳秋月制于广东顺德县署,计工料共费银三百余两,鹤庵冯氏识"。对于这样的家具,只要再略加综合考察,一般可以清晰地作出断代鉴定。

题识是收藏家或者鉴赏家或者文人等题在家具上的墨迹,或者记载家具的来历,或者记载得到家具的感慨与欣喜之情。由于这些做题识的人往往都是很有名气的,所以这些有名人题识的家具往往身价倍增,作为名器受到世人瞩目和珍爱。明代书画家周天球曾在一件紫檀扶手椅背板上刻有五言绝句,而这把椅子,就因为这五言绝句而变得赫赫有名。

有款识的家具和其他文物一样,也有人作伪,因为家具款识经过镌刻,不像墨迹那样可以分辨沉浮来确定写作时间,而且木材的新旧也比较难于识别,不过学识丰富或者对比古书古物进行研究还是比较容易鉴定的,应该说,款识是鉴定家具年代真伪的重要依据,但带款识的家具为数甚少,即使有,也要多方面、全方位的考察,明辨真伪。所以,对于有款识的家具,要结合历史文献,结合家具造型、纹饰、装饰工艺、木材等,与其他器物作精细比较,全面分析,才能获得正确的结论。

八、明清家具的年代鉴定

明清家具的鉴定,最重要的内容是确定年代。

目前,要准确鉴定明清家具制作的绝对时间尚有困难,但从总体风格、用材、品种、形式、构件造法及花纹等方面进行综合考察,判明其相对年代还是可以的。

明清家具在用材方面,有鲜明的时代特点。因此,辨别木材是鉴定家具年代首先要注意的问题。传世的明清家具中,有不少是用紫檀、黄花梨、铁力木等制作。然而上述木材在清代中期以后日见断乏,成为罕见珍材。所以,凡是用这种硬木制成而又看不出改制痕迹的家具,大都是传世已久的明式(包括明代及清前期)家具原件。虽说此类名贵家具近代仿制的也有,终究因材料难得及价格昂贵,为数极少。今存的传世硬木家具中,也有不少是使用红木、新花梨制作的。由于这几种硬木,是在紫檀、黄花梨等名贵木材日益难觅的情况下方被大量使用,所以,用这些木材制作伪家具,多为清代中期以后直至晚清、民国时期的产品。如有用红木、新花梨做的明式家具,因其材料的年代与形式的年代不相吻合,大多是近代的仿制品。值得注意的是,有大量传世的榉木家具,不能以材种来判断年代。因为它在明清两代均被广泛用于制作家具,并在形式上也较多地保持了一致性。许多清代中期乃至更晚的榉木制品,依然沿装着明代的手法。所以,对于木家具的断代,应更多地依靠其他方面的鉴定。

明清家具的附属用材,在一定程度上也可反映家具的制作年代。如家具上使用的大理石与岩山石和广石有些相似,但前者的开采使用,远比后两者为早。此外,白铜饰件一般要早于黄铜饰件。凡有原配的白铜饰件,形制古朴,且锈花斑驳自然的家具,其制作年代一定较早。

明清家具的品种,往往与年代有密切的关系。有些较早出现的家具品种,常在清代后就不再流行。所以,除了极少数后世有意仿制的外,其制作年代不应晚于它们的流行年代。也有一些家具品种,出现的时间较晚,器物的本身,就很好地说明了它们的年代。如圆靠背交椅,入清以后已不流行,从传世品来看,多用黄花梨制作,很少有红木或新黄花梨制品,其造型和雕饰风格也较早,故传世的圆靠背交椅,基本都是明式家具。又如茶几,本身就是为适应清代家具布置方法而产生的品种。它是由明代的长方形香几演变而来,传世的大量实物中,多为红木、新花梨制品,未见有年代较早的,显然,茶几是一种清式家具。

家具的形式是断代的重要依据。许多明清家具的年代早晚,都可以从形式上的变化来判断。如坐墩的形式,即经历了一个由矮胖到瘦高的变化过程。凡具有明式家具特征的坐墩,年代一般要早,形体兼有矮胖、瘦高两种。有一种四足呈如意柄状的常见清式坐墩多为清中期以后的广式家具,苏州家具中也有仿制。在扶手椅中,凡背和扶手三面平直方正的,其制作年代大多较早。从罗汉床的床围子形式变化来看,三块独围板的罗汉床,要比三块攒框装板围子的早,围子尺寸矮的,早于尺寸高的;围子由三扇组成的,比五扇或七扇组成的要早,凡围子形式较早的罗汉床,其床身造法也较早。反之,则较晚。对于架格来说,区别它是明式还是清式,主要看它的横板是通长的一块,还是有立墙分隔;至于架格被分隔成有高低大小许多格子的多宝格,决非明式,它是清乾隆时期开始流行的形式。

鉴定明清家具的年代早晚,有时也可根据某些构件的造法来判断。但这种方法必须结合整体造型和其他构件造法的鉴定。

九、清代宫廷家具常识

宫廷家具是特制品,统治阶层怎么也不会自掉身价,以次充好。宫廷家具必然求精求好,理所应当地成为古代家具中的上乘之作,所以这类家具往往价值不菲。

在清代宫廷家具中,也有广式家具和苏式家具之分,基本的区别与前文所述相同,但还有一个明显的区别在于,二者用料方式截然相反,这也影响着清代宫廷家具在今天的价值。

广式家具的制作风格更能体现皇家的威严和气派,也是清廷比较宠爱的一种家具。广东木匠们推崇"用料唯精",即尽量使用能够得到的最好的木料制作其家具。这样说来,广式家具采用方截面材型,讲究一木连作,制作过程精益求精,在清代宫廷家具占据重要地位。

苏式家具的制作风格则还残留着明式家具的影子,比较文雅秀丽,最重要的,苏式家具大多采用圆截面材型,惜料如金,充分利用小料头,最大限度地利用材料,尤其是那些镂空、拼接等方法可以成倍地节省木材,不仅显示出中国劳动人民传统的朴实节俭美德,也显示出制作工艺的高超。在清代宫廷的竞争之中,由于广式家具与苏式家具两大流派的竞争,使我国古代家具制作的工艺水平达到了我国古代家具制作史上的最高峰。不过在今天的比较之中,广式家具却占尽了豪奢浪费的便宜,因为其材质多为一木连作,从一根木料上挖出,即便今天,也很适合中国家庭的家居环境,所以虽然流传下来的广式家具相对较多,但其价值却比宫廷的苏式家具高。

从整体上看,清代宫廷家具造型庄重,气势不凡,形式上富于变化,种类上也远远超过了明代家具。大多数宫廷家具属于写实风格,又善于结合多种工艺品,装饰繁复,力求瑰丽华美。

在此可以有另外一个断代小窍门,清代宫廷家具无论是紫禁城匠师们制作的,还是来自各地的贡品,除了极个别的品类之外,一般都不会铭刻款识,很难从家具本身看到明显的断代标志,所以凡是有年款或者刻有清宫陈设地点的宫廷家具,恐怕不是后来雕刻上的假款识,就是整个家具都是伪作了。因为清宫的规矩是,某一件家具何年启用,陈设于宫中何处,并不会刻写在家具上,而只是在家具上绑一个黄签,然后在签上标明所属。不过只有一些小件木器上会有用于识别的款识,如乾隆时期宫中的瓷器、玉器、书画等艺术品的底座、木托、匣子、盒子等木器上就常有"乾隆年制"的文字款识。

还有少数宫廷紫檀家具是用紫檀与软木搭配制作,往往以软木为心,外面包有紫檀木板,这样做能够节省珍贵的紫檀木料,从外观上看又不失气度、不失华贵,不失身份,可以说是清代紫檀行将用尽之时人们发挥聪明才智想到的缓兵之计,但是,这一缓兵之计却是作用极为巨大,根据专家研究表明,清代宫廷紫檀家具中采用包镶之法的家具主要出自两个时期:一是年代较早的康熙、雍正时期。另一个就是乾隆后期,因紫檀木即将用尽,又没有新的木源,制作包镶家具主要是出于节省的目的。但是,两个时期的紫檀包镶家具结构都相当考究,制作工艺极为精湛,丝毫不比同期的实木紫檀家具差,同样具有很高的艺术和收藏价值。除了清代宫廷家具,传世的清代家具还有一类,是民间木行和匠师以赢利为目的,迎合消费者需要而制作的家具,这一类是作为商品而出现的家具。这一类家具往往是为追求低成本、高收益,表面功夫做得较多,从外表看有时甚至可以与宫廷家具一比高低,但其内在质量、稳定性、文化底蕴和艺术价值都远远不及宫廷家具,二者的式样、结构、木料、工艺等都有很大的不同,大多数单从外表就可以很容易地看出差异。

宫廷家具精益求精,不仅要求家具的使用功能全面坚实,而且对家具的审美属性要求也极高,清廷为此可以不惜成本,故工匠可以尽量采用各种高超复杂的技法,有些特殊工艺并非民间常见,更不必说常用了,其加工手法细腻精湛,每一道工序都要求极为严格,耗用的工时超乎想象,非民间木行所能承受。因而,清代宫廷家具单从外形就可以显现出极大的震撼力和吸引力,非一般的木行所做家具能够仿效。这是分辨民间和宫廷家具的一种重要方法。不过,在一些有代表性的工艺特征上也可以比较容易地作出辨别。首先,清代宫廷家具用暗榫,家具表面没有任何痕迹,所耗工时是透榫的数倍,而且非手艺高超的匠师不能胜任,而清代民间家具则用透榫,常有与此相配的槽孔,尺寸与透榫常不合宜。其次,家具在刚刚制成的时候如果不倒棱,即不将尖利的棱角适度地修圆磨光,其尖利的边角之处难免有细微的木刺,摸起来难免刺手,一般民间木行制作的家具为了省工时,往往只对看得见摸得着的部件作倒棱处理;而宫廷家具就不同,所有部件无论看得见与否,全部倒棱,而且倒棱的程度更大,摸起来更为光滑,看上去更为圆润。这一点是很重要的辨别方法,许多作伪的宫廷家具往往忽略此点,故可以为众多的收藏者所用,即注重家具的牙子里口是否倒棱。最后,所有的宫廷家具必然注重内部结构的合理性,在拆散后,家具各部件往往都显示出巧妙的构思,体现着设计者对木器的结构体系的透彻理解和把握,各部件之间的连接没有赘余,却不少一件,有十分合理的科学性。而民间家具就做不到这一点了,单是设计思想就远远不及宫廷家具,显示不出制作者对家具结构的独特理解,不过是照葫芦画瓢的实用工具罢了。因此,如果家具外观上看不出一点纰漏,这也可作为鉴别一招。

十、古代家具的作伪手法

古代家具与其他门类的文物一样,也有作假现象。目前,在市场价格不断提高的刺激下,作伪的手法越来越高明,赝品屡屡应市。部分利欲熏心的投机分子,甚至不惜破坏珍贵的古代家具原物,以牟取高额利润。古代家具的作伪,已成为每个家具收藏爱好及研究者无法回避的棘手问题。现将一些常见的作伪手法介绍如下,供鉴定时作参考。

（一）假冒良木

利用硬木家具的材种不易分辨的特点,以较差木材制作的家具,混充较好木材制作的家具。中国古代传统家具的制作材料,如紫檀、黄花梨、花梨、铁力、瘿赖、红木等,虽在比重、色泽、纹理等方面,有其特有的物理性质,但由于生长地的不同,生长年代的差异,木料所处位置的转移（如边材、心材）,以及开料切割时下锯的角度变化,就会出现与书本上的标准木样图相悖的现象,在自然色泽和纹理上极易混淆,以致让钻营者有可乘之机。例如铁力木,原来的自然色泽和纹理即略似瘿赖木,如遇上述种种特殊条件,就更易冒充了。此外,即使自然色泽与高档木料不一致,投机商也会恣意改变木色,冒充高档家具。由于时尚的不同,大约在清中期至20世纪30年代,因受宫廷权贵、封建文人雅士的青睐,硬木家具贵黑不贵黄,所以作假的木料大多被刷成黑色,以冒充紫檀。30年代开始,人们对家具的审美观有所变化,开始崇尚自然色泽和纹理。于是,具有漂亮木纹的黄花梨木色,身价骤增,且被大量冒充。当然,对家具的改色,家具商也是很灵活的,同一时代里作假的木色,绝不止一种。

（二）拼凑改制

许多古代家具往往因保存不善,构件残破缺损严重,极难按原样修复,于是就有人大搞移花接木,移植非同类品种的残余结构,凑成一件难以归属、不伦不类的古代家具。如图8-1所示,是由一件下部残缺而靠背、扶手完整的大椅,与一件长方大几凳相配而成。如分观上下,是地道的古物。然综观通体,原形毕露。因为椅子中有束腰和马蹄的,于千百件中难以寻觅。此外,椅面下的霸王枨,也在实例中从未见过。但是,这种非驴非马,既少实用价值又缺收藏价值的古代家具,一般人极易上当受骗。

上述作伪手法,也见于把架子床改成罗汉床。架子床因上部的构件较多,且可拆卸,故在传世中容易散失不全。家具商常用截去立柱后的架子床座,三面配上架子床的床围子,仿制成罗汉床出售。

图 8-1　大扶手椅（美国纳尔逊美术馆藏）[①]

（三）以常见品改为罕见品

之所以要利用常见古代家具品种改制成罕见品种，是因为"罕见"是古代家具价值的重要体现。因此，不少家具商把传世较多且不太值钱的半桌、大方桌、小方桌等，纷纷改制成较为罕见的抽屉桌、条案、围棋桌。

（四）化整为零

利用完整的古代家具，拆改成多件，以牟取高额利润。具体做法是，将一件古代家具拆散后，依构件原样仿制成一件或多件，然后把新旧部件混合，组装成各含部分旧构件的两件或更多件原式家具。最常见的实例是把一把椅子改成一对椅子，甚至拼凑出 4 件为堂，诡称都是旧物修复。

此种作伪手法最为恶劣，不仅有极大的欺骗性，也严重地破坏了珍贵的古代文物。我们在鉴定中如发现被鉴定的家具有半数以上构件是后配的，就应考虑是否属于这种情况。

（五）更改装饰

为了提高家具的身价，投机者有时任意更改原有结构和装饰。如有

[①]　秦晴 . 文物鉴定与辨伪实用手册 [M]. 上海：上海人民出版社，1996.

人认为,凡看上去比较"素"(无装饰雕饰)的明式家具,年代可能较早,结果就把一些珍贵传世家具上的装饰故意除去,以冒充年代较早的家具。这种作伪的行为,同样也是一种破坏。

（六）贴皮子

在普通木材制成的家具表面"贴皮子"(即包镶家具),伪装成硬木家具,待价而售。包镶家具的拼缝处,往往以上色和填嵌来修饰,做工精细者,外观几可乱真。需要说明的是,有些家具出于功能需要(如琴桌,为了获得良好的共鸣效果,需采用非硬木做框架),或是其他原因,不得不采用包镶法以求统一,不属作伪之列。

（七）调包计

采用"调包计",软屉改成硬屉。软屉,是椅、凳、床、榻等类传世硬木家具的一种由木、藤、棕、丝线等组合成的弹性结构体,多施于椅凳面、床榻面及靠背处,明式家具中较为多见。与硬屉相比,软屉具有舒适柔软的优点,但较易损坏。传世久远的珍贵家具,有软屉者十之八九已损毁。由于制作软屉的匠师(细藤工),近几十年来日臻绝迹,所以,古代珍贵家具上的软屉很多被改成硬屉。硬屉(攒边装板的硬性构件),原是广式家具和徽式家具的传统做法,有较好的工艺基础。若利用明式家具的软屉框架,选用与原器相同的木料,以精工改制成硬屉,很容易令人上当受骗,误以为修复之器为结构完整、保存良好的原物。

（八）改高为低

为适应现代生活的起居方式,把高型家具改为低型家具。家具是实用器物,其造型与人们的起居方式密切相关。进入现代社会后,沙发型椅凳、床榻大量进入寻常百姓家。为了迎合坐具、卧具高度下降的需要,许多传世的椅子和桌案被改矮,以便在椅子上放软垫、沙发前作沙发桌等。

不少人往往在购入改制后的低型古代家具时,还误以为是古人流传给今人的"天成之器"。

第三节　钱币艺术品及其鉴定

中国古代钱币是世界历史上品种、形制、版别、数量最为丰富的古代钱币，几百年来，古钱鉴定辨伪形成一种专门的学问。要掌握这门学问，就要熟悉古代钱币的形制、中国古代钱币发展史、古钱币的作伪技巧和鉴定辨伪的方法及有关古钱币的专书。

一、古钱鉴定基础知识

中国古代钱币的形制、种类繁多。仅币材就有一、二十种，但最主要的币材是铜，其次是铁、银、金、铅、贝、纸等。古钱币的形制种类有贝、刀、布、圆钱、金饼、方孔圆钱、银据、纸币等等。然长期使用的最主要形制是方孔圆钱（图8-2、图8-3）。就钱的性质来分，品种有年号钱、国号钱、记重钱、记值钱、纪年钱、厌胜钱、庙宇钱、对钱等等。就铸造过程来分，有母钱、开炉钱、样钱等。就钱面文字而言有顺读、对读、传形等。就钱背的符号而言，有星、月、祥云、瑞鸟、记数等。就版别而言，有错版、宽廓、广穿、大小字、流铜、合背、合面、剪边等。就装饰特点来说，有重轮、四出等。按大小区分有小平、折二、当三、当五、当十、当五十、当百、当五百、当千等。

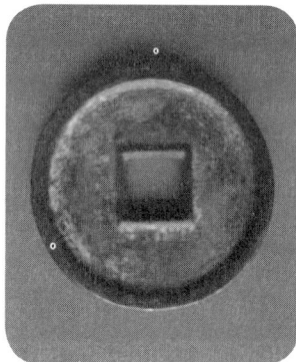

图8-2　　　　　　　　　　　　　　图8-3

（一）古钱形制

1. 方孔圆钱

标准形制是唐初的开元通宝。

面：钱正面，面文为钱正面的文字。

背：钱反面。

郭：外缘称外郭，内方缘称内郭。

穿：钱中间的孔，也称好。

肉：指内外郭之间，无字的部分。

对读：指四字钱文按上下右左的顺序来读。

旋读：指四字钱文按上右下左的顺序来读。

合背：正反面的钱文相同。

传形：钱文位置写反，如"五铢"铸成"铢五"。

对钱：钱的大小、形制一样，只是文字不同。如一惜书、一篇书。

母钱：有雕母，铸前用铜或牙、木等雕成的样品；母钱，由雕母翻铸成的母钱；铁母，铸铁钱的铜质母钱。

样钱：试铸或初钱的样钱。

小平：相当于一文的小钱。最小的货币单位。一般重 3.4 克，直径 2.5 厘米左右，再大有折二、当三、当五，至到当千。

剪轮：剪去周边的钱币。

綖环：剪去中心，只留下外围的钱。

厌胜钱：又叫压胜钱。是避邪求吉意义的钱币。有吉语、符录、各种图案花纹等。不是正式流通的正用钱。

2. 刀币

春秋战国时钱币。

正面称"面"，背面称"幕"，有方首刀、尖首刀、针首刀之分。

3. 布币

春秋战国时期钱币。王莽时也曾铸十布。有方足布、尖足布、圆肩圆足布之分。时期稍前的有空首布。

（二）中国历代钱币

货币是商品交换的媒介，是一般等价物。在中国，货币产生于原始社会的末期。到夏商时，海贝成为主要货币。在河南偃师二里头遗址还出现了夏代的骨贝和石贝。在安阳殷墟墓中还出现了商代的铜贝。在甲骨文、金文中展有赐朋贝的记录，随着生产的发展，金属铸币就应运而生。商周之际出现了一种农具铲形的体形较大的原始布。到西周末年就发展成了较标准的金属铸币——空首布。

春秋时期，由于社会的分工，商业和商人阶级出现。金属铸币就大量产生。当时在黄河中游出现了斜肩、耸肩、平、尖、狐足等各种空首布的变异形态，这些布币上均铸有铭文。在黄河下游的齐国出现了刀币"齐法化"等。而在南方的楚国则出现了铸有铭文的铜贝——蚁鼻钱。

战国时期金属铸币的铸造流通范围扩大。刀币、布币在多国流通并用，而空首布已发展成为平首布，型体变小，重量变轻。型制有方足布、尖足布、圆肩圆足布，还有一种流通于三晋的三孔布。现在成为一级文物。刀币，又增加了燕明刀、尖首刀、针首刀。在楚国出现打印铭文的金版。而非常重要的一点是在黄河中下游的国家出现了圆钱，这是一种圆孔圆形的金属铸币，它为中国古代钱币形制划时代的变化奠定了基础。

秦灭六国以后，以方孔圆形的"半两"钱统一了货币，这是中国货币史上划时代的进步。从此方孔圆形的古代钱币形制统治了中国二千年钱币史。

汉代，除了铸有"半两"钱外，还铸有各种类别的"五铢"钱。均为方孔圆钱，只是形体小于秦半两，而且"五铢"均有了外郭。特别是"五铢"钱的形制，为中国最小的货币单位"小平"钱奠定了基础，这无疑是在货币标准化的道路上前进了一步。"五铢"钱一直沿用到唐初。西汉时期还有黄金货币——马蹄金和金饼。而在两汉之际，王莽的"新朝"曾改币制，铸造了"六泉十布"等，虽造成币制的混乱，但铸造工艺精美。其中的金铸刀——"一刀平五千"竟成了后代人爱情的信物。另外，两汉时期，出现了中国最早的铁钱。

三国两晋和南北朝时期，是中国货币史上的混乱时期，钱币名称繁多，大小各异，币材有铜有铁。其中重要的有："汉兴"钱，是成汉主李寿汉兴元年铸造，为中国最早的年号钱。北周时期的"五行大布"和"永通万国"钱，是中国铸币史上工艺最精美的钱之一。但由于货币流通的恶化，在东汉末年这一时期，也出现了"剪轮钱""綖环钱""鸡目钱""鹅眼钱"等。

　　隋唐的统一,加快了社会经济的发展。从隋"五铢"到唐初的"开元通宝",使中国币制走向成熟阶段。"开元通宝"是中国货币史上的又一个里程碑。从此"宝钱"制一直通行到清末。"通宝""元宝""全宝""之宝"这些钱币的名称,铸造在唐、宋、元、明、清各朝各代的钱币上。唐中后期,铜作为币材已不能满足商品经济的需求,大宗交易客观上促进了贵金属充作货币。于是在唐末五代时白银开始进入流通领域。五代十国时期,由于封建割据,造成经济萎缩,使币制又一次出现混乱。但在钱币鉴定学上这一时期的一些钱应引起重视,如五代时的"开平元宝""天成元宝"(图8-4、图8-5),十国时的"天策府宝""永隆通宝""天德重宝""广政通宝""大齐通宝""保大元宝"等钱,都是铸造流传很少或极少的珍贵钱币。也因为如此,伪造也多。另外十国的南汉曾有中国最早的铅钱——"乾亨重宝"。

图 8-4

图 8-5

　　两宋时期,虽然国力不强,但城市经济发展很快,促进钱币的铸造和流通。两宋铸钱极多,名称多、版别多、数量大。仅钱名就有101种以上。除了两种以外,全部是年号钱。而且大多数是真书、篆书的对钱或真、行、草三种书体的钱。绝大多数钱都有小平、折二或折三钱。也和五代十国一样铜、铁钱并行。南宋的最后一品,是代用货币"钱牌",这在中国货币史上也是唯一的一品。在两宋的铜铸币中也有几品传世极少的珍贵钱，如"圣宋元宝""靖康通宝"九叠文"皇宋通宝"。两宋币制虽是以铜铸币为主，但白银与纸币也逐渐取得了重要地位。北宋的"交子"是中国最早的纸币。南宋纸币为"会子"。

金、元时期币制中主要是纸币，到后来也铸铜币，但种类数量均少于其他朝代。金人在公元1154年，发行"交钞"，先后有大、小钞和特大钞。元代纸币发行种类较多，先后有"会子""交钞""中统钞""至元钞""至大银钞""至正交钞"。元代钞法比其他各代都要严密，在世界币制史上也有特殊地位，创立了最早的纸币流通制度，金元的铜铸币名称不多，但铸造工艺均很精美。金的"大定通宝"可与宋"大观通宝"相媲美。元铸币中"至元通宝""大德通宝""至大通宝"均有蒙文钱。因元代主要使用宝钞，禁铜钱，所以在民间流通一些小型的庙宇钱和供葬钱，这也是元代铜铸币的一个特点。流传至今，金元铸币中有一些珍贵之品，如金"秦和通宝""贞观通宝"，元"中统元宝""大朝通宝"等。

辽和西夏虽然存在时间不长，但铸币的名称都不少，特别是辽约有十八种汉文年号钱，但铸造均较粗劣。西夏铸币有汉文和西夏文两种，铸造均很精致。在辽的铸币中有五种钱，留传极少，甚为珍贵。它们是"天赞通宝""天显通宝""应历通宝""保宁通宝""统和通宝"。

明代铸币从"大中通宝""洪武通宝""洪熙通宝"（图8-6）开始共有十五种，除了三种以外，均是年号钱。有的种类从小平直到当十，版别、大小、记值有多种不同类型，并铸有各地铸局名，仅崇祯钱就有百余种不同的版列，其中一品即所谓"崇祯跑马"，南明诸王也铸造了铜币，如"弘光通宝""永历通宝"等，但均通行不久。明代初年曾沿元制，用钞不用钱，但只有"大明通行宝钞"一种发行。明朝末年起义军首领张献忠，于四川铸造了"西王赏功"（图8-7）清代币制，银、钱并行。大数用银、小数用钱，清代铸币从"顺治通宝"至"宣统通宝"止，共有十种年号钱。

但在入关前，曾有满文、汉文钱几种，如满文"天命汗钱"、汉文"天命通宝"。清代十种年号钱中，每种的大小、记值、铸局都式样繁多，康熙雍正时多达二十一个铸钱局。咸丰朝的"宝钞制"，即复杂又混乱。而材有铜、铁，铜中又分紫、红、黄三种。钱名有"通宝""重宝""元宝"。钱文有满、汉、回文。记值共十五级，从一文到当千，咸丰大钱成为中国货币史上一种极特殊的现象。光绪八年（1882年）吉林首先用机器铸造钱币，这以后机器制币就逐渐代替了方孔圆钱（图8-8、图8-9）。中国古代两千多年的铸币形制，就此消亡了。清代的铸币中有一些局的铸币，如宝浙局（"浙"）

是铸造流传较少的,还有极少的雕母流传下来,这些都成为从收藏角度来看较珍贵的钱。清代的银币,一是清初用的银锭,一是清末光绪、宣统年间铸造的银元。清代的币主要有咸丰三年(1853年)五月印发的"户部官票"和同年十一月发行的"大清宝钞"。

图 8-6

图 8-7

图 8-8

图 8-9

在中国钱币史上,还有一类重要的钱币,应引起足够的重视,那就是历代农民起义军的铸币,目前已知的最早的农民起义军的铸币是北宋初李顺领导的起义军在成都铸的"应运元宝"。这以后有元末明初时的"天佑通宝""龙凤通宝""天启通宝"(徐寿辉)"天定通宝""大义通宝",明末清初时的"永昌通宝""大顺通宝""兴朝通宝"和清太平天国的一些铸币(图8-10)。在这些铸币中有很珍贵的钱币,如"应运元宝""徐天启"等。

以上就是中国古代钱币发展的概况。

图 8-10

二、伪钱铸造概况

古钱币的鉴定和辨伪,应首先从对伪钱的认识开始。

伪钱的铸造时代不同,对它的辨伪也就有难易的不同。伪钱的铸造主要有以下几个时期。

(一)同期私铸

私铸钱币由来已久,汉高祖刘邦就曾令民间私铸。以后新莽时期、三国时期、两宋时期都是私铸钱的重要时期。这种私铸的钱和官铸的钱比较起来,一是形体大小不同,二是文字不规范,三是质轻粗率。如同期私铸的汉"五铢"、三国吴"大泉当千"、宋"绍兴元宝"等等。这些私铸钱虽然和官铸的钱有区别,但因是同期私铸,所以流传下来后,形制、铜质大致相同,特别是绣色完全一样,很难说它是伪钱。长期以来,收藏鉴定家也从不把它们当伪钱来看待,一般称呼其为"同期私铸"钱,也有收藏研究价值。

(二)清代以后的作伪钱

清乾隆、嘉庆时期,金石考据学大兴,收集研究古代钱币之风日盛。名家辈出、著书立说,古钱集市应运而生。由于人们争相猎奇,牟利者就开始作伪钱、假钱来骗人。仿古造假层出不穷,凡是那时已发现的珍稀钱币,都有人用各种不同的方法来翻铸、伪刻、改刻、挖补制造出仿制品,这种仿古钱,在当时尚好辨别,但经过近二百年后,到今天就很难分辨它。如是埋入地下又"出土"者,已是绿锈斑驳;如是一直流传下来,那也已经成为熟坑的传世品了,只有辨伪的高手才能从字形、锈色的细微不同区别出来,属于这时期仿古的钱,曾见到很多很多,如东周的"甫反一钎""齐五字刀"多种圆钱,王莽新的"契刀五百""中泉三十",南北朝的"永通万国",宋的篆书大钱"淳佑通宝",元的"中统元宝"等等。

(三)民国时期的仿古伪造

清末民初京津一带玩古钱成风,继之二、三十年代上海成立了古钱研究社,一时间方药雨、丁福保等人以新的印刷方法出版了不少钱谱,北京、天津、上海等地出现很多专营古钱的店铺。这一时期,由于人们的广泛搜集,出土和发现了不少古钱的珍稀品种,这些都为仿古伪造假钱和销售假钱创造了方便的条件,于是掀起了一个仿古伪造古钱的高潮。几乎所有的上品珍稀钱和很多中品较难得到的钱,都被古钱商人雇工匠仿造出来。由此还产生了一批仿古造伪的有名古钱商人和工匠。仿古伪造的方法也比以前先进了,精确度也超过了前代。曾见到这一时期造的伪钱"精品",如多种空首布、伪"齐九字刀""离石圆钱"、鎏金"文信钱""一刀平五千""六泉十布""汉兴""天成元宝""天策府宝""永隆通宝""应运元宝""大齐通宝""永通泉货"、南宋"钱牌""天赞通宝""天显通宝""泰和通宝"大钱、"贞佑通宝""大朝通宝""延佑元宝""天佑通宝""龙凤通宝"等等。

(四)现代仿古伪造

现代仿造主要是三种情况:一是,商业和旅游单位,为了工艺品销售的需要,仿造一些古钱。这种仿造一般只造常见的年号钱和刀布,而且精确度很差,一看便知只是一种工艺品。二是,由内行人,如钱币收藏者、文物修复的高手来指导,充分利用现代工艺技术仿造的。这种仿造品精确度极高,加工仿旧的工艺处理几能乱真。

以上这几个时期所作的伪钱,用了各种作伪的方法,需要仔细分辨。

三、古钱作伪和辨伪

(一)翻砂

用木质或骨质、软石按钱谱上的图形,雕成古钱的模型来翻砂,或直接用真钱压范浇铸。这种方法以前在北京、上海、天津、成都、苏州、沈阳等地均有,现代在河北、河南等地也有。这种翻砂浇铸的假钱,有几种情况。一是用真钱压范浇铸的假钱,精确度很高,几能乱真,往往可以骗人牟高利,曾见到以真钱翻砂的假钱有"齐刀""契刀五百""天策府宝""泰和通宝"大钱和现代翻铸的"龙凤通宝""祺祥通宝"等钱。二是按钱谱的图型用木、骨、石作模型来翻铸的假钱,除了做得很准确的以外,大多数都和原物有差别,较易辨认。而这几年大量粗制滥造的翻砂钱,一看便知其伪了。这类的作伪钱有"空首布""梁字布""三孔布""殊布当釿""六泉十布""国宝金匮直万""永安一千"和一批特殊的极品钱。

辨伪方法:凡是以真钱翻铸的假钱,虽然精确度很高,但在三点上可以辨出其伪。第一点是由于热胀冷缩的原因,用真钱翻铸的伪钱,在冷却后,总会比真钱缩小一些,第二点是细微观察就会知道伪钱的铜质和真钱不同,色泽新;第三点是新作旧,整个钱的精神气质不同于传世和生坑真钱。现代翻铸的"祺通宝",铜色不对,钱上细小的砂眼不少。而用钱谱图样作模来翻铸的钱,只要和真钱的拓本相对,就可看出文字、精神的差别来。

(二)改刻

将普通的旧钱中较厚者,磨去原来的文字,改刻成其他珍稀品钱。以前在陕西、山东、天津等地均有这种伪作法。如将"货泉"改刻成"中泉三十""凉造新泉",将"半两"改刻成"两两"等。还有将钱上的流铜处改刻为文字、星月、花纹者,来充稀见品。如将背带流铜的乾元重宝改刻背带"祥云"的乾元稀见品。还有将钱文模糊者改刻为其他钱。这种伪钱的骗人之处,往往在于铜质对,钱背真。

辨伪方法:这种改刻的钱,可从三个方面来辨别它。一是凡改刻,必然留有刻痕,钱肉部分不如铸钱那样自然。二是改刻字的边口不像铸造的那样挺拔爽利。三是改刻的文字常有和原钱不一致者。

（三）挖补

这种作伪方法,是将普通旧钱挖去一、二字,再取别的旧钱上需要的文字补到挖空处;或用铜片打刻的字补到挖空的位置,作成珍稀品。如将"半两"钱挖补成"半半"或"两两",将"大唐通宝"挖补成"大齐通宝"等。

辨伪方法:这种挖补的钱,往往钱文的几个字风格不一致,面背的色泽有区别。特别是挖补处,去掉锈后,常常可以查出刀痕来。

（四）拼合

将两个旧钱,各磨平一面,将面文或背文相同的一面,拼贴在一起,作成较少的合背钱或合面钱。另一种方法是将两钱各去掉一半,再黏合拼接起来,如将"五铢"各取一半,拼合成"五五"或"铢铢"。

辨伪方法:这种拼合的钱,如是合背钱,就要一看钱的厚度是不是合适,厚者容易是伪;二看钱外廓的周边,如周边的中间有一圈整齐的细痕,就可能是用两个钱面拼合的。如是各用钱的一半拼合的,往往在上面作锈,只要觉得钱面上有一条较明显的锈色,就要注意是否是拼接的,一般说来,将锈去掉一小部分,就可看出明显的拼接痕迹来。这种拼合的钱,也可用听声的方法来辨伪,凡是拼合的钱,声音不清朗,有破器声。

（五）捶击打印法

这种作伪的方法,往往是在钱背上捶打上星月或单个背文。特别是背上如有流铜,捶打就更方便。曾见不止一枚"开元通宝"的背后流铜处,捶打上"永""福"等罕见字。

辨伪方法:这种捶打的字,总是和真品的字有区别,字不工整,字边缘楞角不硬朗,容易分辨。

（六）作锈作旧法

伪钱的制作过程中,必然有作锈作旧一道工序。作锈是最复杂的,辨锈也是最难的。

1.作绿锈。

方法有四种:(1)将伪造的古钱埋入土中,保持潮湿,日久自然生出绿锈。（2）取下真钱上的绿锈粘在伪品上,可以乱真。（3）用漆和颜料拌和涂在伪钱上;或用胶水、松香调以绿色粉末涂在伪钱上,再加以泥浆,干后便成了"土化绿"。但这种"锈",日久就会脱落。（4）将伪钱浸入硫酸、盐酸或醋中,使之表面生成一层浅绿锈,现代仿旧古钱,常用酸浸法作锈。

2. 作红锈。

方法有三种:（1）伪钱用火锻烧后,没入冷水,使之生成红色锈。如再没入酸溶液中,取出后埋入地下,日久挖出,就生成伪红绿锈色了。但明清时期的黄铜质钱,用此法不成。（2）胶水、松香调以红色粉末,涂在伪钱上,作出红色伪锈来。（3）红瓷漆涂在伪钱上,再适当配以别的方法,作成有红色的硬锈。

3. 作兰锈。

用孔雀兰粉末拌以黏合剂涂于伪钱上,作成兰色锈。此法只用于南方出土的钱,因南方潮湿,易生兰锈,如"凉造新泉"等常带兰锈。

4. 作黑漆古

又称传世古。这种锈色是因钱铸出后,一直在民间流通、保存而生成一层黑褐色。伪造方法有三种:（1）将伪钱入火锻烧,取出后自然冷却,再放包带中自然摩擦,就成为相似的"黑漆古"。（2）将伪钱浸入酸溶液中一、二日,取出后自然磨擦,也可成近似的"传世古"。（3）将伪钱悬挂于厨房,经烟熏火燥,过一段时间后,稍用布擦拭,也可得到"黑漆古"的效果。不过"黑漆古"的旧色只是很薄的一层,需是制作精度高的伪钱,才好用此法作旧色。

锈色辨伪法:（1）用胶水、松香黏上的绿、兰、红色或粘上的真锈,只要用开水一煮泡,锈色即会完全脱落。（2）用瓷漆涂的锈色,只要用酒精等一涂擦,伪锈就会自然脱落。（3）浸酸生成的锈,均较肤浅,和真钱生成的锈不一样,真锈不易掉,伪锈松而不实,用指甲就能抠下来,特别是伪钱上有小砂眼的地方会被腐蚀成小坑,仔细观察,就易区别。（4）伪作"黑漆古",用开水洗涮就会失去色泽,而真的"黑漆古"的包浆是不怕开水洗涮的。

四、古钱辨伪的一般规律

一钱在手,鉴定其真伪价值,一般的规律和步骤是:一看、二望、三观、四查、五听、六核。

一看钱名。首先看钱名是什么？是哪朝哪代的钱？对古钱较熟的人会马上知道此钱是普通钱，还是珍品钱，还是出谱钱（即钱谱中没有的钱），如是珍品钱和出谱钱就更应引起重视。

二望神气。知道了钱名和朝代后，就要观察此钱是否符合时代风格。每个时代的古钱，有不同的风格、不同的特点、不同的气质。对古钱较熟的人，心中、脑子里形成一种潜在的观念和意识。一望既知此钱是否符合时代风格和神气，形制、文字、铸造工艺是否符合那个时代的特点。

三观察锈色，作伪者必然会在锈色上大下功夫。不论是绿、红、兰锈，还是黑漆古，都要观察仔细。看看锈色是否肤浅？是否手一掐锈就要掉下来，钱本身有没有松香的气味，如果此钱已属自己所有，对其锈色又有怀疑，不妨用开水刷洗或开水泡煮的方法来查验一番，便知真伪。

四查伪作。是否用了作伪的方法？是否翻砂作伪？

细看钱文、钱的大小可以分辨出来。是否改刻？是否挖补？仔细查看钱肉和字的边口和周围，有否刻痕和镶痕？是否拼合？是否捶打而成？仔细查看是否有拼接的缝线？是否用锈来遮掩拼合、捶打的痕迹？如有伪作痕迹，必伪无疑。

五听声。先秦时期的钱，很多内部已经腐蚀，声音听起来已不清脆，而是"朴朴"声。如果和新铸的钱一样是铜的"当当"清脆声，必是伪钱。再有一点是；先秦钱轻，如拿在手上很重，也必存在问题。拼合的钱，声音反而不清脆，有破器声。

六核对钱谱和资料。如经过上述辨别鉴定，仍感不放心，可与钱谱、真品的拓本相核对。核对形制、钱文、尺寸等等。是真是伪、是官铸还是私铸、是珍品还是出谱钱？有时还要查看历代史书中的《食货志》部分，钱谱中虽没有，《食货志》里是否有记载？

经过以上六个步骤，才能算对一枚古钱完成了初步的鉴定辨伪工作。在此基础上可导入下一步深入的研究。

五、古钱鉴定基础知识

鉴定古钱既然是一门学问，就要掌握多方面的知识。

（1）历史知识。要熟悉中国古代史，要了解朝代的更替，要努力多记各个朝代、各个统治者的年号。只有历史知识丰富了，鉴定古钱才能得心应手。

（2）经济史、货币史知识。要知道中国古代经济的发展史，何朝何代经济大发展？何朝何代经济衰退？经济状况决定了货币发行铸造的状况。中国古代钱币是怎样发展变化的？为什么南北朝和辽金西夏时期币制混乱？为什么两宋铸造了那样多品种的钱？咸丰时期为什么要铸大钱？中国的方孔圆钱为什么通行了两千年？所有这些问题都应有清楚的概念，才是一个高品味的古钱鉴定者和收藏者。

（3）冶金史知识。中国古代钱币绝大多数是铜铸币，这就需对冶金史有所了解。中国的早中期都是用青铜铸币，而明清则用黄铜铸币。清代在新疆是用红铜铸币，习惯上称为"新疆红钱"，了解了各时期铜铸币的成分，对辨别钱的锈色、真伪是非常必要的。

（4）考古学知识，钱有"生坑""熟坑""传世古"。钱锈的不同颜色，不仅是因为铜质不同造成的，往往是和出土地的土质、气候有关。兰锈常是南方土质潮湿造成的，看到兰锈就会想到此钱可能是南方出土的。

（5）文字学、书法史的知识。先秦钱币上的大篆、秦汉币上的小篆、宋代钱币上的御书，都和文字学、书法史有关。至今有的春秋战国钱币上的文字仍有争论，还是钱币学术界研究的课题。

（6）民俗学、风俗史的知识。在中国钱币中有不少一部分是压胜钱，前人对压胜钱不太重视，认为不是正品钱。实际上这些压胜钱中反映出了很多风俗史、民俗学的问题，对我们研究古代社会生活和民俗习惯非常重要。至今对压胜钱的研究不够深入，应下力量和时间从民俗学、宗教史、文化史等方面对压胜钱作更深的研究。

参考文献

[1] 张全民 . 文物精粹 [M]. 西安：西安出版社 , 2018.

[2] 傅宏星 . 文物通论 [M]. 武汉：华中师范大学出版社 , 2016.

[3] 何秋菊 . 文物色彩分析与保护 [M]. 北京：北京燕山出版社 , 2018.

[4] 王艳玲著 . 文物检测仪器与应用 [M]. 银川：宁夏人民教育出版社 , 2016.

[5] 广东省文物鉴定站编 . 文物鉴定与研究 1[M]. 北京：文物出版社 , 2012.

[6] 叶其峰主编；广东省文物鉴定站编 . 文物鉴定与研究 2[M]. 北京：文物出版社 , 2004.

[7] 广东省文物鉴定站编 . 文物鉴定与研究 3[M]. 北京：文物出版社 , 2007.

[8] 广东省文物鉴定站编 . 文物鉴定与研究 4[M]. 北京：文物出版社 , 2010.

[9] 固晓等 . 文物鉴定与收藏 [M]. 西安：陕西科学技术出版社 , 1994.

[10] 吴镇烽 . 文物鉴定指南 [M]. 西安：三秦出版社 , 1995.

[11] 西北大学文博学院，中国化学会应化委员会考古与文物保护化学委员会，中国科技考古学会 . 文物保护与科技考古 [M]. 西安：三秦出版社 , 2006.

[12] 江琳 . 从"文物保护"到"文化保护"近代中国文物保护的制度与实践研究 1840—1949[M]. 北京：新华出版社 , 2015.

[13] 潘别桐，黄克忠 . 文物保护与环境地质 [M]. 武汉：中国地质大学出版社 , 1992.

[14] 王洁纯 . 文物保护法制概述 [M]. 沈阳：东北大学出版社 , 2012.

[15] 单霖翔 . "从文物保护"走向"文化遗产保护"[M]. 天津：天津大学出版社 , 2008.

[16] 安旭 . 旅游文物艺术 [M]. 天津：南开大学出版社 , 1990.

[17] 李晓东 . 文物保护管理概要 [M]. 北京：文物出版社 , 1987.

[18] 戴南海，张懋镕，周晓陆．文物鉴定秘要 [M]．贵阳：贵州人民出版社，1994.

[19] 秦晴．文物鉴定与辨伪实用手册 [M]．上海：上海人民出版社，1996.

[20] 孙启．民间流散文物鉴定 [M]．北京：华龄出版社，1993.

[21] 铁源．文物保护方法与品相价值 [M]．北京：华龄出版社，2002.

[22] 王成兴，尹慧道．文物保护技术 [M]．合肥：安徽大学出版社，2005.

[23] 康忠镕．文物保护学基础 [M]．成都：四川大学出版社，1995.

[24] 王琦，林健．文物鉴定基础 [M]．兰州：兰州大学出版社，2008.

[25] 朱凤瀚．文物鉴定指南 [M]．西安：陕西人民出版社，1995.

[26] 张之恒．文物鉴定指南 [M]．南京：东南大学出版社，1995.

[27] 吴诗池．文物学概论 [M]．上海：上海文艺出版社，2002.

[28] 郭宏．文物保存环境概论 [M]．北京：科学出版社，2001.

[29] 马清林等．中国文物分析鉴别与科学保护 [M]．北京：科学出版社，2001.

[30] 李家治等．中国科学技术史·陶瓷卷 [M]．北京：科学出版社，1998.

[31] 耿谦等．硅酸盐岩相学 [M]．北京：中国轻工业出版社，1994.

[32] 西北轻工业学院等．陶瓷工艺学 [M]．北京：中国轻工业出版社，1980.

[33] 毛晓沪．古陶瓷修复 [M]．北京：文物出版社，1993.

[34] 贾文忠．古玩保养与修复 [M]．北京：北京出版社，2000.

[35] 华觉明．中国古代金属技术——铜和铁造就的文明 [M]．郑州：大象出版社，1999.

[36] 丁孟．中国青铜器真伪识别 [M]．沈阳：辽宁人民出版社，2004.

[37] 宋迪生等．文物与化学 [M]．成都：四川教育出版社，1992.

[38] 王蕙贞．文物保护材料学 [M]．西安：西北大学出版社，1995.

[39] 马振鹰．实用防霉技术 [M]．上海：上海科学技术出版社，1987.

[40] 关涛，徐欧光．珠宝首饰 [M]．北京：兵器工业出版社，1993.